中国粮食产后损失研究

赵 霞 著

中国农业出版社
北 京

本书获

国家粮食公益性行业科研专项项目（201513004）
国家重点研发计划项目（2018YFD0401405）
国家社会科学基金重点项目（20AZD116）
国家自然科学基金项目（71871110）
现代粮食流通与安全协同创新中心
江苏高校优势学科

资助

序

经过几代人的不懈努力，我国粮食产量已经稳定地达到了 6.5 亿吨以上，满足了全国 14 亿人口的基本需求。然而在粮食从生产到使用的各个环节中，这些粮食是否得到了充分高效的利用，有多少粮食被浪费、被损失，这是需要我们认真研究的问题。"谁知盘中餐，粒粒皆辛苦"，保证国家粮食供求平衡，满足各方面对粮食的需求，只重视增加投入，提高粮食产量，改善供给显然是不够的。千方百计地减少粮食的产后损失，在粮食产后的每个环节厉行节约，减少浪费，无疑是保证国家粮食安全的重要方面。

改革开放以来，随着城乡居民收入水平的提高，食物消费结构不断改善，居民的口粮消费逐渐减少，肉蛋奶等消费在快速增长。这既是生活质量提高的必然要求，也是食物消费升级的普遍规律。在粮食直接消费需求下降的同时，粮食的间接消费需求以更大的幅度增加，粮食消费总需求呈现出持续增长的态势。

为了满足粮食总消费需求，需要从两个方向增加粮食的有效供给：促进粮食产量增长和减少粮食产后损失。如果说粮食产量来自有形粮田的话，那么，减少粮食产后损失就是增加无形粮田。只有在深化改革、优化政策、激发创新的基础上，守好有形粮田，挖掘无形粮田，才能不断增加总需求，实现粮食的供求平衡。

粮食产后系统包括收获、产后处理、储藏、运输、加工、消费等多个环节，并且涉及不同粮食品种、不同经营管理模式、不同技术装备水平，因此粮食产后损失的原因或影响因素错综复杂。对中国粮食产后损失的状况、原因进行深入调查、科学评价、系统分析，是一项极为繁杂的工作。

在承担国家粮食行业公益性科研专项项目研究的过程中，南京财经大学粮食经济研究所赵霞教授作为项目执行负责人带领研究团队，在以往研究的基础上，充分吸取前人的研究成果，在多方面进行了卓有成效的创新。作者充实了指标设置，统一了调查口径，调整了测算方法，完善了评价体系，提出了系统的可操作性的政策建议。特别是首次完成了对我国水稻、小麦、玉米、大豆、油菜籽、花生、马铃薯、红薯等占总产量90％以上的主要粮食品种的产后损失调查，摸清了上述品种在收获、干燥、农户储粮、粮库储藏、加工、运输、销售等环节的损失情况。

本研究项目所构建的我国粮食产后损失调查评估的指标体系、调查体系、测算体系、对策体系，是我国粮食产后损失研究领域的一项标志性成果，对于推进我国粮食产后减损工作有着重大的实践意义和指导意义，同时也为学术界进一步开展粮食产后问题的研究奠定了坚实的基础。

欣阅此书，谨以为序。

郜建伟

国家粮食局原副局长

2021 年 6 月 6 日于北京

前　　言

　　随着我国人口增长、消费升级和资源环境承载压力的持续增加，粮食生产的刚性制约日益突出。粮食产后损失不仅意味着粮食资源和耕地资源的巨大浪费，而且意味着巨额的财政补贴负担。如何减少粮食产后的可控性损失是落实习近平总书记"确保国家粮食安全，把中国人的饭碗牢牢端在自己手中"的指示精神，实现"谷物基本自给、口粮绝对安全"的有力举措。如何有效地促进节粮减损，关键在于科学评估中国的粮食产后损失，识别粮食产后系统中的关键损失点。尽管国内外对粮食产后损失的评估已经积累了丰富的成果，但已有调查研究多是基于少数样本点基础上的粗略估算，无法实现全品种、全环节、多类型地区的全覆盖，方法尚不能满足可验证性、可重复性、可动态化监测的科学要求。

　　本书针对我国粮食产后系统实际，在分析中国粮食产后系统特点的基础上，界定粮食产后损失的概念，设计粮食产后损失的测算方法；基于"粮食产后损失浪费调查信息数据库"研判分品种、分环节、分模式、分区域的粮食产后损失特征；从粮食产后系统的环节、供应链、环境三个维度分析粮食产后损失的主要影响因素；最后在梳理国内外粮食减损措施的基础上，针对我国粮食节粮减损面临的挑战，提出有针对性的对策建议。以期能够为各级党委和政府指导粮食流通工作、促进粮食产后减损、保障国家粮食安全提供决策参考。

　　本书是国家粮食公益性行业科研专项项目"粮食产后损失浪费调查及评估技术研究"（No：201513004）的综合性研究成果。该项目由南京财经大学牵头，中国农业大学、国贸工程设计院、武汉轻工大学、中储粮成都储藏研究院、江南大学、国家粮食局科学研究院共同承担。项目汇聚了曹宝明教授团队、武拉平教授团队、祁华清教授团队、严晓平教授团队、郑沫利教授团队、吴林海教授团队、李丰教授团队、鞠兴荣教授团队、亢霞研究员团队，形成了国内迄今为止最为庞大的粮食产后损失研究团队。本书就是作者作为项目的执行负责人，在项目实施过程中基于各个任务团队的前期调查和研究成果，对我国粮食产后损失进行的总体分析和研究。

　　本书的主要贡献包含三个方面：一是粮食产后损失评估方法的总体框架设计。运用系统理论方法，剖析中国粮食产后系统运转特点，按照不同地区、不同品种（稻谷、小麦、玉米、大豆、甘薯、马铃薯、油菜籽、花生）、不同环节（收获、农户储粮、储藏、运输、干燥、加工、销售）、不同流通模式的自然、经济和技术特征，构建科学系统的粮食产后损失浪费的调查评估总体设计方案，构建适应我国粮食产后系统模式的粮食损失调查评估体系。二是粮食产后损失的影响因素识别。基于项目组分环节实践调研资料，分环节分析不同环节损失的主要影响因素；同时从供应链视角，将各环节看作一个整体，重点分析粮食供应链设施条件、市场偏好以及粮食行业标准对粮食产后损失的影响；最后从系统环境视角，分别探讨了粮食产后系统所处的经济、自然以及社会环境对粮食产后损失的影响。三是粮食产后减损措施的设计。节粮减损具有鲜明的外部性，需要政府主导，全民参与。先从政策、技术、公众意识等方面梳理中外粮食产后减损措施，再针对中国粮食产后损失现状，指出我国节粮减损工作推进面临的主要挑战，最后围绕"粮食全链条减损"从政府、企业、社会公众等多方利益相关者视角提出节粮减损的对策建议。

　　需要注意的是，本书对粮食产后损失的界定以及评估方法的设计还值得进一步研究或推敲；且局限于所获数据的截面特征，粮食产后损失因素及减损对策研究的分析思路采用"经验推断"法。即仅仅通过统计分析方法描述了粮食产后损失分品种、分环节、分区域、分模式的特点，通过阅读项目组相关调研报告，定性分析粮食产后损失的主要影响因素。这种研究方法需要依赖研究人员和分析人员的丰富经验和技巧，囿于作者专业知识及实践经验有限，虽然精益求精，但粮食产后损失影响因素以及所提出的减损措施尚未经过数理模型检验验证，更未经过实证检验，还需要运用动态的粮食产后损失数据，构建计量经济模型，进行更为严谨的研究探索。书中难免存在错误和疏漏，真诚希望各位专家学者和广大读者批评指正。

赵　霞

2021 年 6 月

目　　录

第一章 绪 论

第一节 研究背景

一、问题的提出

粮食安全问题既是一个重要的经济问题，又是一个重要的政治问题。党的十八大以来，以习近平同志为核心的党中央着眼实现"两个一百年"奋斗目标和中华民族伟大复兴的中国梦，将粮食安全与金融安全、能源安全一起列为国家安全的重要组成部分，提出"必须实施以我为主、立足国内、确保产能、适度进口、科技支撑的国家粮食安全战略。要依靠自己保口粮，集中国内资源保重点，做到谷物基本自给、口粮绝对安全"。

随着工业化、城市化进程的快速推进，我国粮食消费量的增长一直快于粮食产量的提高，粮食生产和消费长期处于"紧平衡"状态，世界第一粮食生产大国、世界第一粮食消费大国、世界第一粮食进口大国的"三大第一"将在很长一段时期成为中国粮食供求状况的常态特征。据预测，我国人口到 2030 年达到人口峰值，按照现代化进程部署，"十四五""十五五"要跨过中等收入阶段迈向高收入阶段，居民收入的增加必然带来食物消费结构的升级，肉、蛋、奶消费的持续增长将引致我国粮食需求结构的剧烈变动，以玉米、豆粕为主的饲料粮需求的大幅度增加将对我国粮食安全保障提出新要求、形成新挑战。与此同时，现阶段国际风云变幻，中美贸易摩擦升级，新冠疫情全球肆虐，澳洲大火以及东非、西亚和南亚的蝗灾等相继登场。"双循环"的新发展格局面临路径选择，国家粮食安全风险日益凸显。

在我国粮食安全面临挑战的同时，粮食产后损失问题十分严重，从生产出来到摆上餐桌过程中的每一环节都存在损失浪费，并已经引起了社会广泛关注。2014 年，国家粮食局对我国粮食产后损失情况进行的初步估计，据有关科研单位和专家测算，由于农户家庭储粮设施简陋、粮食装卸运输抛洒遗漏、过度或粗放式加工，我国每年造成的粮食损失至少在700亿斤*以上，相当于2亿人1年的口粮。粮食增产往往需要在已有产量基础上进行，投入的成本往往更高，减少损失和浪费比促进粮食增产更有效率。习近平总书记强调，保障国家粮食安全，任何时候这根弦都不能松，中国人的饭碗任何时候都要牢牢端在自己手上，我们的饭碗应该主要装中国粮。如何减少粮食产后的可控性损失是落实习近平总书记"确保国家粮食安全，把中国人的饭碗牢牢端在自己手中"的指示精神，实现"谷物基本自给、口粮绝对安全"的有力举措。我国是一个资源极度紧缺的国家，粮食供求关系长期偏紧，减少产后损失潜力巨大，具有重要的战略意义。

由南京财经大学牵头的粮食公益性行业科研专项项目"粮食产后损失浪费调查及评估技术研究"（No：201513004）集结了目前代表国内有关粮食产后损失浪费研究领域最先进水平的研究团队，主要承担单位有中国农业大学、国贸工程设计院、武汉轻工大学、中储粮成都粮食储藏科学研究所、江南大学、国家粮食局科学研究院等。项目组在2016年在全国范围内分环节对粮食产后损失进行了调查，获得了全国范围内分品种、分地区、分环节的调查损失率。本书研究内容正是以项目组调查工作和所获数据为基础，对我国粮食产后损失情况进行深入分析，以期能够为我国节粮减损工作的推进提供决策指南。

二、研究意义

据FAO数据，全世界每年损失浪费超过10亿吨粮食，而同时饥饿却在继续增加，这样的现实令人无法接受。FAO已经将节粮减损作为确保世界粮食安全的重要途径，亚太经合组织（APEC）粮食安全政策伙伴关系机制（PPFS）2014年PPFS会议所设定的"密切伙伴关系、保障粮食安全"主题也将节粮减损作为中心议题之一。2021年，联合国秘书长古特雷斯将召开粮食系统峰会，以提高全球意识，落实全球承诺和行动，实现粮食系统转型，从根本上改变食物生产、加工和消费方式，实现零饥饿

---

* 斤为非法定计量单位，1斤＝500克。——编者注

世界。粮食产后损失不仅意味着粮食资源和耕地资源的巨大浪费，而且意味着巨额的财政补贴负担，同时也意味着给生态系统带来额外的压力。

本书在科学测度我国粮食产后损失情况的基础上，分析我国粮食产后损失的内在原因，构建政府主导、企业实施、全民参与共同行动的节粮减损机制，能够有效减少粮食产后各环节的粮食损失，努力形成节约集约、绿色低碳、科学健康的粮食流通方式，提高粮油资源利用率，构筑无形粮田、切实保障国家粮食安全。科学测度我国粮食产后损失情况是促进节粮减损的重要基础性工作，为节粮减损工作实践，增进粮食安全提供指导和奠定基础。本书研究成果可能获得的效益表现为如下几个方面：

（一）具有巨大的经济效益

我国粮食产后损失率每降低一个百分点，相当于开发 600 万亩*吨粮田，"节粮减损"是开发"无形粮田"的有效途径，必将显著提升国家宏观经济效益。"节粮减损"有助于减少粮食产后系统的可控性损失，促进粮食生产者、粮食流通企业、粮食加工企业改善生产和经营技术，降低成本、增加收益，为企业带来巨大的微观经济效益。同时，也为粮食生产现代化和粮食流通现代化，促进以科技进步为支撑的农业和粮食流通业的转型升级，实现现代农业和现代粮食流通产业经济效益的持续增进提供支撑。

（二）具有巨大的社会效益

一方面有助于党和政府全面掌握我国粮食产后系统损失的数量、水平及其变化趋势，为准确预见基于粮食产后系统损失所引致的粮食安全风险状态、科学制定节粮减损政策提供决策依据；一方面通过节粮减损、增加粮食有效供给、确保粮食安全的同时，能够使我国为世界粮食安全做出踏踏实实的贡献，进一步提升我国的国际形象和国际影响力，使我国的粮食与农业技术政策在地区和国际性事务中赢得应有的话语权；最后，"爱粮节粮"是弘扬中华民族勤俭节约美德的重要载体，能够在全社会形成节约爱惜粮食光荣、浪费损失粮食可耻的良好氛围，为确保国家粮食安全、支撑改革开放和社会主义现代化建设奠定坚实的基础。

---

* 亩为非法定计量单位，1 亩＝1/15 公顷。——编者注

(三) 具有巨大的技术效益

"节粮减损"工作的有效开展需要科学测定粮食产后损失，有利于针对粮食产后损失的关键环节进行技术创新，推动粮减损技术装备研发，从而带动相关技术装备的生产和销售，提升粮食产后系统的技术进步水平，极大地促进粮食生产现代化和粮食流通现代化，实现以科技进步为支撑的农业和粮食流通业的转型升级与发展方式的根本性转变。

(四) 具有巨大的生态效益

粮食生产一直对自然生态系统产生很大的压力。粮食产后损失意味着粮食资源利用使用不善。减少粮食产后损失意味着可以使用更少的资源为消费者提供既定数量的粮食，能够改进资源利用效率，降低单位粮食消费所排放的温室气体数量，节省了耕地和水资源，有助于耕地资源的涵养和保护，对自然生态环境的改善有着重要的促进作用。

第二节　文献综述

对于粮食产后损失的研究始于 20 世纪 70 年代，主要侧重于对于粮食产后系统的损失调查与减损技术研发，并且取得了显著成效，其中代表性的研究成果主要有美国[①]、欧盟[②]、非洲[③]的粮食损失浪费的评估 (Buzby&Farah-Wells，2014；Vaqué，2015；Hodges&Bernard，2014)，这些研究出于特定的目标，所界定研究对象的内涵有所差别，所采用的研究方法也有所不同。较有代表性的文献有：Harris 和 Lindblad 在 1978 年合著的《Post - harvest Grain Loss Assessment Methods：A Manual of Methods for the Evaluation of Post - harvest Losses》一书中为调查评估粮食产后损失及浪费提供了科学方法；Hodges 等 (2010) 撰写的《Post -

---

① Buzby J C，Farah - Wells H，Hyman J. The estimated amount，value，and calories of post-harvest food losses at the retail and consumer levels in the United States [J]．USDA - ERS Economic Information Bulletin，2014 (121)．

② Vaqué L G. Food loss and waste in the European Union：a new challenge for the food law? [J]．European Food and Feed Law Review，2015，10 (1)：20 - 33.

③ Hodges R，Bernard M，Rembold F. APHLIS - Postharvest cereal losses in Sub - Saharan Africa，their estimation，assessment and reduction [R]．2014．

harvest Losses and Waste in Developed and Less Developed Countries: Opportunities to Improve Resource Use》对发达国家（美国、英国）和发展中国家粮食产后损失作了评估，FAO（2011）发布的《Global Food Losses and Food Waste-Extent，Causes and Prevention》研究报告对全球不同地区的粮食产后损失及浪费率作出了评估，他们认为中国粮食产后损失率约为 14.5%，其中收割及储藏环节为 8%，加工和包装环节为 3.5%，流通运输环节为 2%，消费环节为 1%。尽管他们分环节对粮食产后损失及浪费进行了调查评估，但是，他们并没有分品种、分地区考察，因此很难制定出实现节粮减损目标的针对性技术和政策建议。

20 世纪 90 年代开始，国内也开始了粮食产后损失的调查与分析，并且提出了若干对策建议，南京粮食经济学院（现南京财经大学）早在 1993 年就关注粮食产后损失问题，撰写的研究报告引起了中央领导同志的高度重视，并对此做了重要批示。目前，国内关于粮食产后损失的代表性的研究成果主要来自南京粮食经济学院（现南京财经大学，主要代表作有曹宝明 1997 年撰写的《粮食产后损失的测定与评价方法》、1999 年曹宝明和姜德波撰写的《江苏省粮食产后损失的状况、原因及对策措施》）、浙江农业大学（现浙江大学，代表作有黄祖辉和王小琴 1990 年撰写的《粮食产后处理技术经济效益分析与评价》）、北京农业大学（现中国农业大学），代表作有詹玉荣 1995 年撰写的《全国粮食产后损失抽样调查及分析》、国家粮食局粮科院（代表作有巫幼华和徐润琪 2004 年撰写的《稻米的收获及产后处理损失因素分析》）、河南工业大学（代表作有吕建华等 2008 年撰写的《中国农村储粮损失的原因及对策》、王若兰 2009 年撰写的《河南省粮食储藏损失现状及分析》、张浩等 2009 年撰写的《河南省饭店粮食消费损失现状调查研究》、白旭光等 2006 年撰写的《农户储粮损失调查统计方法评介》）等。

影响统计粮食产后损失结果的因素非常复杂，很难用一个统一的标准方法计算粮食损失量[①]。然而，正确地测定和评价粮食产后损失和状况，

[①] 白旭光，王若兰，周立波. 农户储粮损失调查统计方法评介 [J]. 粮食科技与经济，2006（1）：7-10.

是寻求减少粮食产后损失对策与途径的前提①，因此，必须确立科学合理的方法，以确保粮食产后损失测定与评价的客观性、精确性。

一、粮食产后损失的环节评估

粮食产后损失的环节评估引起众多学者兴趣，主要集中在收获、储藏、加工、运输和消费环节。

(一) 收获环节

Schuler&Rodakowski 等 (1975) 对美国达科他州不同田地进行实地调查，结果显示收割设备和操作方式会影响粮食损失②。韩宝珍 (1976) 就收割机的效率低下进行了研究，发现经连续四年实践改装后的麦收机收获损失明显下降③。赵守疆 (1995) 在此基础上同样指出可从收割机的各项零件整合程度上减少收获环节的损失④。当然，除了机型自身的整合之外，不同机型的收获效率同样有很大的差别。邓世飚 (2017) 则结合实际调查情况和已有损失数据统计，研究了水稻机收减损技术，从而将收获环节的机收损失划分为拨禾损失、割台损失、脱粒损失、夹带损失以及清选损失，并指出就实地调查的重庆市永川区陈食街道办事处的 0.26 万公顷水稻种植面积来说，在机收覆盖率为 80% 时机收造成的收获环节的损失仍在 45 万千克以上⑤。李世玉等 (2020) 采用实地调研和案例分析法深入分析了稻谷收获环节的损失情况，具体表现为穗掉落及遗漏损失和倒伏造成稻穗遗漏损失⑥。

实验法也是评估收获环节损失的一个重要方法。曾勇军等 (2014) 则通过大田试验研究了不同机型、不同收获时间以及不同留茬高度下的稻谷

---

① 曹宝明. 粮食产后损失的测定与评价方法 [J]. 南京经济学院学报，1997 (1)：31－35.
② Schuler R T, Rodakowski N N, Kucera H L. Grain harvesting losses in North Dakota [J]. Farm Research；32：6；Jul/Aug 1975，1975.
③ 韩宝珍. 牵引式联合收割机减少茎秆裹粮及清选损失的改装 [J]. 农业机械资料，1976 (1)：14－17.
④ 赵守疆. 减少联合收割机清粮损失的相关调节 [J]. 农业机械，1995 (1)：16.
⑤ 邓世飚. 解析水稻机收减损技术 [J]. 农业与技术，2017，37 (17)：67－68.
⑥ 李世玉，何丹，张景晗，白丽. 农户视角下稻谷收获及产后损失的成因与减损策略——来自吉林省 4 个主产区的调查研究 [J]. 河南农业，2020 (2)：8－10.

收获损失率，结果表明性能优良的国产或进口收割机在水稻成熟度为90%时损失率达到最低[①]。谷英楠等（2020）同样采用试验法评估了机械收割过程的水稻损失率，并以主要使用联合收割机的齐齐哈尔泰来县和佳木斯抚远市为试验区，明确了在收割机行驶速度较慢的情况下水稻掉粒损失较低，此外在转角区的损失率要高于直行区[②]。

常志强等（2020）以玉米为研究对象，采用农机大田试验与生产实践相结合的方式，开展不同类型收割机械下玉米损失的对比测定，明确指出摘穗型收获和籽粒型收获的机械总损失率分别为4.63%和3.39%，落粒损失与落穗损失存在显著的线性关系[③]。付乾坤等（2020）针对玉米摘穗割台分析了其减损机理，构建4种摘穗机构作为研究对象，进行摘穗速度下的玉米果穗碰撞试验，通过具体实验评估了收割机型不同于收获环节损失之间的关系[④]。针对玉米倒伏的收获损失研究同样也有涉及，薛军等（2020）通过实地试验设计了不同玉米品种倒伏情况与损失率测度，实验结果表明品种间倒伏差异较大，进而导致损失率各异[⑤]。目前在收获环节的损失测度大多围绕收割机械进行，但是指出主粮机收率相对人工已经较低，继续减损需要多管齐下。

（二）储藏环节

储藏环节粮食损失测度和相关研究成果不少。国际上主要包括美国、日本、英国以及第三世界一些国家储粮损失情况。1948年，FAO估计全世界贮粮每年受到微生物危害的损失在1%~2%。不同学者针对这些数据分别测算了储粮环节的损失情况。英国昆虫学家德翁（1958）据此估计了全世界贮藏谷物每年因虫霉鼠害造成的损失达到3 300万吨，苏联的晓

---

① 曾勇军，吕伟生，石庆华，谭雪明，潘晓华，黄山，商庆银. 水稻机收减损技术研究［J］. 作物杂志，2014（6）：131-134.

② 谷英楠，孙鸿雁，毕洪文，段新宇，王敬元，何晶丽，姜莹，刘国玲，李金鸿. 黑龙江水稻机械收获对产后损失的影响分析［J］. 农业展望，2020，16（7）：114-118.

③ 常志强，何超波，李林鹤，武小燕. 玉米机械化收获减损技术［J］. 农业工程，2020，10（9）：17-20.

④ 付乾坤，付君，陈志，任露泉. 玉米摘穗割台刚柔耦合减损机理分析与试验［J］. 农业机械学报，2020，51（4）：60-68.

⑤ 薛军，董朋飞，胡树平，李璐璐，王克如，高尚，王浥州，李少昆. 玉米倒伏对机械粒收损失的影响及倒伏减损收获技术［J］. 玉米科学，2020，28（6）：116-120，126.

格廖夫（1960）根据 FAO 的统计估算了全世界储粮环节损失每年可达 5 000 万吨，占总产量的 10%，FAO 的多布洛斯基估计了 1961 年因虫霉鼠损失的谷物有 9 600 万吨，损失量可供 3.75 亿多人吃一年。总之，各项数据都表明各国储粮环节的损失巨大，具有较高的减损潜力。

中国的粮食储藏环节包括农户和粮库两个主体。有关中国农户储粮损失率的报道数据差别很大，主要原因是损失调查统计的方法不一致。白旭光等（2006）指出，在对现有国内外农户储粮损失评估方法研究的基础上，分别对虫害、霉变、鼠害、散落等各项损失的测定方法进行了评介，并分别针对储粮过程中发生的虫害、发热霉变、鼠害以及散落损失设计了评估方法和具体公式，力求统计损失方法标准化[1]。不同省份对于储粮损失的测度也不尽相同，2010 年黑龙江省粮食局概述了黑龙江省农户储粮现状，指出我国农户从粮食收获开始到销售环节的损失率约在 8%～10%，而黑龙江省农户的粮食损失率并不低于全国平均水平。在全国层面上，2009 年的国家粮食局统计数据显示我国有粮农 2.4 亿户，平均每年农户储粮总量为 3 000 亿千克，全国每年在农户储粮环节上造成的损失可达 200 亿千克以上，这说明无论是针对地方还是全国，储粮环节的损失都是非常惊人的。而朱万军（2007）评介农户储粮损失调查方法时则指出，由于储存条件、技术等差异，储粮损失率呈现明显差异，虽然大多在 8%～12%，然而有些地区甚至达到 30%，进而对现有储粮损失统计方法进行评介，并将不同原因导致的损失分类[2]。

对于具体地区的储粮损失测度研究同样很多。吕国强（1992）通过抽样调查法探究河南省储粮虫害损失时，全面地划分了储粮方式、害虫种类、贮藏时间等，最终就调查的 5 018 个农户虫害损失率推算出全省每年的此项粮食损失达 15 亿千克以上[3]。曹崇炬等（1998）的划分则主要是针对不同粮食品种，抽样调查了秦皇岛市贮粮虫害的损失，在每户贮粮约 1 000 千克的基础上因虫害导致的储粮损失率为 6.42%，全年粮食损失达

① 白旭光，王若兰，周立波. 农户储粮损失调查统计方法评介 [J]. 粮食科技与经济，2006（1）：7-10.

② 朱万军. 农户储粮损失调查统计方法评介 [J]. 科技信息（科学教研），2007（28）：324.

③ 吕国强. 河南省农户贮粮现状及虫害损失情况调查 [J]. 河南农业科学，1992（8）：21-22.

3.8万吨①。同样运用抽样调查测算储粮环节损失的还有邓精华等（2002），其通过多次抽样调查估计了湖北省崇阳县的虫害损失率为2.8％、鼠害损失率为3％、雀害损失率为0.4％、霉变损失率为1％，而储粮环节的总损失率合计为7.2％②。高树成等（2008）以科技下乡服务小分队为载体，深入多家农户，对其思想意识、储粮现状、损失与收入情况、新型储粮仓需求和原始方式造成的安全隐患进行了深入调查研究，摸清了制约辽宁省农户科学储粮技术发展的因素，提出开展农户科学储粮工程、促进农民持续减损增收的对策③。余志刚（2015）细化了研究对象，基于黑龙江省409个农户的调查数据，运用分位数回归的方法对粮食主产区农户储粮行为及影响因素进行分析，指出不同气候、地理和经济条件下的农户储粮损失率存在显著差异，并针对研究结果提出提高财政和技术支持、多主体储粮、规范投机行为等政策建议④。

在粮库储藏方面，王若兰（2009）采取分层抽样方法对河南省的粮食储藏企业进行抽样，开展粮食产后储藏损失调查。结果显示，粮库储粮的总损失率为0.30％，粮食入仓方式、储藏技术应用、仓房性能、储粮害虫的发生、粮食发热均影响储粮的损失率，并根据调查结果，进一步分析了粮食储藏损失的主要原因⑤。郑元欣等（2016）将粮库储粮损耗划分为自然损耗、风耗以及水分减量，其中储存时间一年以上的粮食损耗率为0.2％，风耗约为0.1％～0.3％，粮食的水分减量则大约从入库的12.5％降到出库时的11.5％⑥。而在对粮库储粮技术对于减损的研究中，赵旭等（2019）通过两种不同储粮技术的对比试验，获得了不同的水分降低幅度，

① 曹崇炬，胡晓东，胡新胜，刘海林，丰晓强，吴金美，安英伟，刘云海.贮粮害虫危害损失的调查［J］.植物检疫，1998（6）：19.
② 邓精华，饶楚奎，张利斌.加强农户储粮管理减少农村产后损失［J］.粮油仓储科技通讯，2002（1）：44-46.
③ 高树成，董殿文，周云，赵学工，董梅，王德华.辽宁农户玉米产后损失现状分析与对策建议［J］.粮食加工，2008（5）：69-70.
④ 余志刚，郭翔宇.主产区农户储粮行为分析——基于黑龙江省409个农户的调查［J］.农业技术经济，2015（8）：35-42.
⑤ 王若兰.河南省粮食储藏损失现状及分析［J］.粮食科技与经济，2009，34（3）：38-40.
⑥ 郑元欣，蔡庆春，钟伟先，胡广明，魏海山.储粮减损降耗技术探讨［J］.粮油仓储科技通讯，2016，32（5）：1-4.

进而推出更优的储粮条件①。

虽然相较于农户储粮，粮库储藏的损失相对较小，但是这部分损失仍然不可忽略，对此的研究主要集中在控温控湿技术与粮食损失之间的关系上，如杨雪花等（2013）通过试验仓和对照仓的实验法，探究了在高温高湿的自然储粮生态环境中，高大平房仓的控温控湿技术对粮食损失的影响，并强调了入库粮食水分较高的对照仓粮食损失率要远远高于控制了水分的试验仓损失率②。而王鑫等（2012）关注亚热带高原盆地气候的滇西地区储粮生态环境以及损失情况，在试验仓和对照仓的比较中明确了通风时间要结合自然生态环境调整，从而达到通风减损的目的的同时也能降低通风成本③。

以上储粮损失的研究对象大都选用稻谷、玉米和小麦等作物，实际上由于品种的特性，马铃薯在储藏环节的损失要远远高于其他作物品种。王希卓等（2016）从技术性、匹配性、效果性、延展性四个角度出发，构建了马铃薯贮藏减损潜力评价三级指标体系，并以内蒙古乌兰察布为例，运用网络层次分析法（ANP）对不同贮藏模式的减损潜力进行了评价，明确了"非"字形自然通风窖可以快速提升马铃薯贮藏减损潜力④。吕宁等（2018）进一步以冀西北坝上马铃薯为研究对象，通过调查法指出坝上窖藏马铃薯的损失率最少在 10%～15% 左右，有的甚至达到 20%～30%，进而探究了坝上马铃薯窖藏技术及损失成因⑤。

（三）加工环节

在粮食加工方面，张玉荣和刘影（2010）采取分层 PPS 随机抽样，将河南省 142 家小麦粉加工企业按照日加工量进行分层后，采取不等概率

---

① 赵旭，庄重，曹毅，王秀丽，武毕克，李佳，陈刚，纪禹. 两种控温储粮技术对东北粳稻保质减损储藏效果研究 [J]. 粮食储藏，2019，48（3）：10－13，55.

② 杨雪花，谢维治. 高大平房仓稻谷储存减损降耗应用试验 [J]. 粮食科技与经济，2013，38（5）：37－39，55.

③ 王鑫，魏刚，李伟，周佳远，潘治，杨永生，杨刚. 储粮通风减损技术在滇西地区的应用 [J]. 粮食流通技术，2012（3）：28－31.

④ 王希卓，白丽，张孝义，舒坤良. 马铃薯贮藏减损潜力评价方法体系的构建及应用 [J]. 农机化研究，2016，38（3）：1－7.

⑤ 吕宁，彭静，赵瑞平. 冀西北坝上窖藏马铃薯损耗成因及减损对策 [J]. 农家参谋，2018（3）：55，11.

抽样方法对其中 40 家进行调查，调查结果显示：小麦粉加工损失率为 1.96%，其中小麦储藏过程、原粮水分、加工中有无撒漏和原粮杂质含量等与小麦粉加工损失率有关系，此次调查对河南省粮食加工损失的原因也作了进一步分析，并提出粮食加工减损的对策①。加工环节的损失主要集中在粮食过度加工上，据此 2014 年农业部在印发《农业部关于加强粮食加工环节减损工作的通知》时指出，根据现有文献和调研测算每年因过度加工导致的粮食损失达 150 亿斤以上，已经成为影响国家粮食安全、农民增收的重要因素。党中央、国务院高度重视粮食减损问题，在 2014 年《农民日报》中进一步强调了加工环节粮食损失折算成经济损失后每年可达 3 000 亿元以上，呼吁加工企业要提高粮食综合利用率。注意到粮油加工环节损失的还有王新华等（2017），其利用国家粮食局的数据概述了我国加工环节的损失现状，指出加工环节损失粮食约 75 亿千克，占粮食储藏、运输和加工三大环节的 21.4%，此外当前我国小麦出粉率约为 75%，稻谷出米率约为 65%，大米存在抛光次数过多、碎米率过高等问题②。同样利用国家粮食局统计和相关数据研究此类问题的还有饶茜等（2019），其总结了当前我国粮油加工环节损失的主要情况，据此提出了加工环节的针对性减损对策③。而具体针对某一品种的过度加工测算也有涉及，陈顺成等（2013）通过所在米业公司的相关数据研究了当前大米过度加工导致损失的现状，过度抛光会导致增碎率达到平均 2%，进而导致加工企业损失差价在 1 500 元/吨，大米中的维生素 B 类将损失 20%，赖氨酸、苏氨酸也会损失 15%左右④。陈哲等（2018）在对比我国与其他国家加工环节损失浪费时批评了加工企业过度追求粮食精度和亮度进而导致加工环节损失浪费大幅度提升的现象，抛光每增加一次出米率就会下降 1%，小麦的

---

① 张玉荣，刘影. 河南省粮食加工环节损失现状与分析研究［C］//中国粮油学会储藏分会全国粮食储藏学术交流会. 中国粮油学会，2010.
② 王新华，胡怡华，邓义. 粮油加工环节的节粮减损问题研究［J］. 粮食科技与经济，2017，42（1）：8-10.
③ 饶茜，周芬，梁正芬，宗焕青. 粮油加工环节的节粮减损问题［J］. 江西农业，2019（12）：121-122.
④ 陈顺成，傅正兵，徐洋，王南兵，邵庆余. 适度加工 节能减损 生产健康米［J］. 农业机械，2013（29）：23-25.

出粉率更甚，为大米的两倍①。

（四）运输环节

在运输环节，席玛芳和应铁进（1991）在评估浙江省粮食产后系统损失时就指出产后系统的科学评估至今未形成标准损失评估程序，只能在区域性调查中遵循抽样原则，采用统一的调查规范，据此其在浙江省粮食局等有关部门的典型调查等分散资料基础上对全省粮食产后系统进行了大致的估计：我国粮食运输的定额损耗率为0.1%（水路）到0.25%（铁路），而1988年浙江全省粮食运输实际损耗0.08%，损失量约为0.38万吨②。王焰（2009）通过对河南省粮食运输环节损失现状的调查，汇总并分析了河南省粮食运输损失的基本情况和原因，在此基础上，提出了减少粮食运输损失的对策③。刘立军（2011）则专门以玉米为研究对象，强调了其产后流通中减损降耗需重点关注流通环节，并以相关权威部门调研数据为依托，测算了玉米公路运输散装损耗为0.35%，包装运输损耗为0.33%，铁路运输损耗为0.89%④。此外，就运输成本而言，包装粮作业所需人员是散装粮的26倍，作业时间是散装粮的4.6倍，作业需要的运营费是散装粮的14倍，明确了散装运输在流通中的优势。侧重运输环节损失的还有魏祖国等（2016），其直接利用相关权威部门的粮食产后损失统计数据，收集整理了近年粮食总产量、产后损失总量、仓储损失、加工损失等指标，从而较为全面地评估我国粮食运输损失数量⑤。以350亿千克作为粮食损失总量、225亿千克作为粮食仓储损失量、65亿千克作为粮食加工损失量为基础，根据相关公式计算出粮食运输损失量应不高于600亿千克，损失率约为1%。李英军（2016）在研究粮食流通环节减损节约对策时同样关注到了运输环节的损失问题，指出每经过一次装卸，散粮就会出现

① 陈哲，邓义，张顺蜜，胡玲燕，王新华．我国粮食加工环节损失浪费问题现状与对策研究[J]．粮食科技与经济，2018，43（5）：96-99．
② 席玛芳，应铁进．浙江省粮食产后损失的分析与对策[J]．科技通报，1991（2）：97-100．
③ 王焰．河南省粮食运输损失调查及对策研究[J]．中国科技博览，2009（4）：125-126．
④ 刘立军．玉米产后流通中减损降耗需重点关注的两个环节[J]．粮食流通技术，2011（5）：49-51．
⑤ 魏祖国，尹国彬，邱坤．我国粮食物流运输损失评估及减损对策[J]．粮油仓储科技通讯，2016，32（2）：55-56．

1‰～3‰的损失，当前我国水运、陆运的损失率高达 3%，且装卸次数越多，损失越严重[①]。据此，严翔等（2017）以所在的山东聊城鲁西国家粮食储备库跨省运输政策性粮食的实际案例研究了运输环节的损失情况，首先玉米跨省移库分为货台装包—铁路运输—货台落地—汽运到库四个步骤，收货业务员在火车到站后按照车皮进行落地作业，到库过磅，计算路耗，并要求包装粮铁路运输 1 001 公里以上的合理损耗率为 0.3%[②]。王亚平（2020）则强调了信息技术在粮食物流系统中的运用，通过将粮食物流体系划分为三个阶段进行对比粮食运输效率，指出信息技术的合理运用可以提高粮食运输环节的效率，有效减少损失[③]。

（五）消费环节

张保霞和付婉霞（2010）对北京市餐饮服务业、高等学校和居民家庭餐厨垃圾产生量的调查，力求为北京市餐厨垃圾的总量预测、处理及再生利用提供参考数据。调查以问卷、现场跟踪及实际称重的形式进行。调查结果显示：餐饮业、高校学生食堂和居民家庭人均餐厨垃圾产量分别为 0.40 千克、0.45 千克和 0.49 千克；餐饮业和高校学生食堂的餐厨垃圾以餐后垃圾为主，人均餐后垃圾量分别占餐厨垃圾总量的 72.5% 和 80%，而居民家庭人均餐后垃圾量仅占餐厨垃圾总量的 14.74%[④]。张浩和姚咏涵（2009）采用分层三阶段 PPS 抽样方法对河南省城乡饭店开展粮食消费损失调查，调查结果显示，饭店粮食消费的综合损失率为 18.63%，其中米饭消费损失率为 23.10%、面制品的消费损失率 16.77%[⑤]。饭店档次、类型、地理位置、人均消费额、就餐方式、就餐人员职业构成等均影响饭店粮食消费的损失率，而饭菜质量和数量、饭店的卫生状况、服务质量以及消费方式则是造成饭店粮食损失的主要因素。孙中叶（2009）从河

---

① 李英军. 粮食流通环节减损节约对策 [J]. 江西农业, 2016 (19)：112.
② 严翔, 吴桂果, 杨枫, 王进刚. 跨省移库玉米减损经验探索 [J]. 粮油仓储科技通讯, 2017, 33 (6)：49 - 50.
③ 王亚平. 信息技术在粮食物流系统中的应用 [J]. 粮食科技与经济, 2020, 45 (8)：77 - 78.
④ 张保霞, 付婉霞. 北京市餐厨垃圾产生量调查分析 [J]. 环境科学与技术, 2010, 33 (S2)：651 - 654.
⑤ 张浩, 姚咏涵. 河南省饭店粮食消费损失现状调查研究 [J]. 粮食科技与经济, 2009, 34 (3)：16 - 18.

南省家庭粮食消费损失现状调查结果看，现阶段我国粮食消费过程中的损失是很大的[①]。曹昱（2014）则利用统计数据指出在消费环节，家庭餐饮每年造成近 10% 左右的粮食被浪费，餐饮行业更是浪费惊人[②]。

二、粮食产后损失的综合评估

FAO 最新发布的《2019 年粮食及农业状况》中指出，当前我们对粮食损失和浪费的数量、位置和原因所知甚少，根据 2011 年粮农组织开展的粗略估计，世界上每年约 1/3 的粮食被损失或浪费掉。而 FAO（2011）发布的《Global Food Losses and Food Waste—Extent，Causes and Prevention》研究报告至今仍然是目前唯一一项具备从生产到消费所有环节粮食损失与浪费相关数据并涵盖渔业在内的所有粮食生产部门的全球性研究，其后 Kummu&De Moel（2012）等研究成果均没有脱离这一框架[③]。该研究报告对全球不同地区的粮食产后损失及浪费率作出了评估，他们认为中国粮食产后损失率约为 14.5%，其中收割及储藏环节为 8%，加工和包装环节为 3.5%，流通运输环节为 2%，消费环节为 1%。尽管他们分环节对粮食产后损失及浪费进行了调查评估，但是并没有分品种、分地区考察，因此很难制定出实现节粮减损目标的针对性的技术和政策建议。

粮食产后综合评估需要进行综合评估方案的设计，并根据分环节特点再设计环节调查方案，这方面的文献相对较少。主要有案例法、问卷调查法、文献挖掘法，而在粮食产后损失测算方面基本都是采用物质流方法。不同文献数据特征差异明显，测算方法的设计也有所差异，但核心思想基本一致。

詹玉荣（1995）从粮食产后的收获、运输、加工、储藏、销售、消费六个环节实地调研了粮食的数量损失，推算出我国当前粮食产后综合损失

① 孙中叶. 解读粮食安全问题的新视角：开源节流并举——兼论河南家庭粮食消费损失现状及对策［J］. 河南工业大学学报（社会科学版），2009，5（3）：1-4.

② 曹昱. 建立粮食节约减损机制［N］. 江淮时报，2014-05-30（005）.

③ Kummu M，De Moel H，Porkka M，et al. Lost food，wasted resources：global food supply chain losses and their impacts on freshwater，cropland，and fertiliser use［J］. Science of the Total Environment，2012，438：477-489.

率为 18.125%①。同样细分产后环节测度损失的还有彭珂珊（1992），将粮食损失划分消费领域前的损失和消费领域中的损失，在消费领域前细分为收获、运输、贮存、加工、播种、病虫鼠害以及自然灾害，分别测度各环节损失率②。其中，进入消费前的损失可达 400 亿～500 亿千克，就水稻在收获环节损失有 76 千克；在全国每年粮食运输达 1 500 亿千克的基础上，1990 年全国运输损失有 5.07 亿千克，且偏远山村运输损失率要显著高于其他地区；贮粮损失则在 2.5%～12.5%之间；在加工环节湖南省的稻谷出品率为 60%～66%，略低于国家标准；在播种环节选用精品种子以及采用机械播种方式也可有效降低播种环节损失；在病虫鼠害导致的损失中，以贵州省 1985—1986 年春季病虫发作为例，受灾面积约占 20%，每年就"四害"导致的损失有 200 亿千克以上；在自然灾害方面，我国每年产生的损失也有 200 亿千克以上。

池仁勇（1997）在研究粮食损失问题时则更加深入细化，利用线性系统的理论方法构建了粮食产后损失行为调控模型，并利用案例对模型进行检验，明确指出要想降低我国每年约 15%的粮食产后损失率，必须要从调控损失行为状态入手，据此提出节粮减损的针对性政策③。唐为民（1998）就中国农业大学对全国 22 个省 574 个县粮食产后损失的抽样调查情况评估了我国产后粮食在收获、储藏、调运、加工、销售、消费中的总损失高达 18.12%，折算成损失量有 850 亿千克④。

21 世纪以来，宋洪远等（2015）用案例研究与问卷调查相结合的方法以河南省小麦为例对产后各环节损失进行实地测量并对农户进行问卷调查得出产后损失率情况⑤。Principato 等（2019）基于单一案例研究分析，首次量化了面食供应链中的粮食损失和浪费及其原因，强调从循环经济的角度使用全球食品损失和浪费核算和报告标准对损失和浪费进行估值，结

①　詹玉荣．全国粮食产后损失抽样调查及分析［J］．中国粮食经济，1995（4）：44-47.
②　彭珂珊．我国成品粮后产系统中的人为损失与减免对策［J］．科学·经济·社会，1992（3）：48-51.
③　池仁勇．粮食产后损失行为调控模型的研究［J］．科技通报，1997（3）：51-54.
④　唐为民．我国粮食产后损失原因及减少损失的有效措施［J］．粮食流通技术，1998（1）：1-5.
⑤　宋洪远，张恒春，李婕，武志刚．中国粮食产后损失问题研究——以河南省小麦为例［J］．华中农业大学学报（社会科学版），2015（4）：1-6.

果显示田间的粮食损失非常有限（小于 2%），小麦和面食生产过程中产生的损失约为 2%，大部分损失和浪费发生在培育和消费过程中①。曹昱（2014）利用以往文献成果以及农业部相关调研报告数据，综合整理出我国每年粮食产后损失浪费达 550 亿千克以上，其中收获环节损失一般在 8%～10%，储存环节损失率平均在 8% 左右波动，流通环节中装卸、运输导致的损失率高达 5% 以上，加工环节中粮食每年损失有 65 亿千克以上，而在消费环节仅家庭餐饮损失率就有 10%，餐饮行业更是浪费惊人②。

国内有关粮食产后各环节损失的界定大多是在曹宝明（1997）研究基础上深入的③，其关于粮食产后损失的测定与评价方法至今仍是国内较为精准客观的。该评估方法不仅对粮食产后系统进行了明确地界定，在划分为收获、脱粒、干燥、运输、储藏、加工和消费七个环节的基础上，进一步指出现实的粮食产后系统有着更复杂的类型，包括农户自留粮产后系统、农户商品粮国家收购产后系统、农户商品粮非国家收购产后系统、农村小农场自留粮产后系统、农村小农场商品粮国家收购产后系统、农村小农场商品粮非国家收购产后系统、国营农场自留粮产后系统、国营农场商品粮售给国有粮食部门产后系统以及国营农场商品粮售给非国有粮食部门产后系统这九大产后系统，为更好地评估粮食产后损失打下了基础，并分析了粮食评价方法中因素分析法和比较分析法的评估方案，构建出一套较为可行的减少粮食产后损失的对策措施。田雨军（2008）分别根据我国的人口基数，根据粮食种植收割、仓储运输、加工利用、综合浪费、饲料工业等，根据粮食产成品结构和科学膳食，根据我国家养宠物数量等方面进行最低浪费推算损失情况，所得的浪费数据惊人，说明节粮减损的潜力巨大④。

---

① Principato L，Ruini L，Guidi M，et al. Adopting the circular economy approach on food loss and waste：the case of Italian pasta production [J]. Resources，Conservation and Recycling，2019，144：82-89.

② 曹昱. 建立粮食节约减损机制 [N]. 江淮时报，2014-05-30 (005).

③ 曹宝明. 粮食产后损失的测定与评价方法 [J]. 南京经济学院学报，1997 (1)：31-35.

④ 田雨军. 从损失浪费粮食的惊人数据看我国爱粮节粮的重大意义 [J]. 中国粮食经济，2008 (8)：36-38.

Abass 等（2014）对坦桑尼亚 333 户农户的调查，结果表明该地区粮食产后损失主要发生在贮藏和加工环节，平均损失比例分别高达 20％和 16.5％[1]。Beretta 等（2013）跨越整个供应链阶段对粮食的损失进行量化分析，发现有 48％的热量在供应链阶段损失掉，其中一半的损失是可以避免的[2]。Kumar&Kalita（2017）主要针对发展中国家的粮食产后损失、储存损失的现状和原因进行全面的评估，并讨论了减少粮食损失的技术干预措施[3]。而在我国粮食安全处于严峻形势的背景下，蒋和平和蒋辉（2015）利用以往文献的调研数据整理后指出我国每年仅在农户储粮、仓储运输和加工这些餐桌之外的环节中的粮食损失量就有 700 亿斤以上，接近我国粮食总量的 6％，如果包括餐桌上的浪费，损失量更是触目惊心，进而呼吁节粮减损对于保障粮食安全的重要性[4]。

还有学者针对某些省份和地区进行小范围的粮食产后调查。李植芬[5]等（1991）根据浙江省主要产粮地区粮食产后处理损失实际测定的结果，对粮食产后损失的构成及影响因素进行剖析，并对不同的处理系统及各处理环节损失的差异进行了比较，发现不同处理系统对产后损失的影响极为显著，清粮、干燥环节的设备简陋也会导致粮食损失，从而提出针对性的对策建议。曹宝明和姜德波[6]（1999）利用大量调查数据全面评估了江苏省粮食产后领域的损失状况，分析了造成这些损失的深层次原因，并指出减少粮食产后损失是增加粮食供给的有效途径，其主要是利用文献挖掘法、问卷调查法等测算了江苏省 1989—1991 年江苏省粮食产后损失情况，

① Abass A B，Ndunguru G，Mamiro P，et al. Post - harvest food losses in a maize - based farming system of semi - arid savannah area of Tanzania [J]. Journal of Stored Products Research，2014，57：49 - 57.
② Beretta C，Stoessel F，Baier U，et al. Quantifying food losses and the potential for reduction in Switzerland [J]. Waste Management，2013, 33 (3)：764 - 773.
③ Kumar D，Kalita P. Reducing postharvest losses during storage of grain crops to strengthen food security in developing countries [J]. Foods，2017, 6 (1)：8.
④ 蒋和平，蒋辉. 促进我国节粮减损刻不容缓 [N]. 粮油市场报，2015 - 10 - 31 (B03).
⑤ 李植芬，夏培焜，汪彰辉，万善杨，何勇. 粮食产后损失的构成分析及防止对策 [J]. 浙江农业大学学报，1991 (4)：52 - 58.
⑥ 曹宝明，姜德波. 江苏省粮食产后损失的状况、原因及对策措施 [J]. 南京经济学院学报，1999 (1)：21 - 27.

得出江苏省农村粮食系统的粮食损失率为 16.8%，高于全社会粮食产后 15.3%的损失率，在各环节的比较中，储藏环节的损失率最高，此外，从可比口径看农村系统的产后损失率要高于城市系统，非国有系统的产后损失率要高于国有系统。而到 21 世纪以来，曹利强和李荣英[1]（2009）综合以往文献研究成果，发现不同调查研究下粮食损失率存在较大偏差，据此以河南省为例开展了全国粮食产后损失现状调查，采用四阶段 PPS 抽样法，对河南省粮食产后损失进行了调查研究，调查对象包括饭店、食堂、家庭户、粮食储藏企业、粮食加工企业、粮食运输企业。调查内容在粮食消费环节主要有家庭粮食消费损失，饭店粮食消费损失，食堂粮食消费损失；粮食储备环节主要有粮库储粮损失；运输环节是粮食运输损失；加工环节主要是小麦加工损失。就消费环节而言家庭粮食消费综合损失达 7.34%；饭店就餐综合损失更高，为 18.63%；食堂粮食综合损失率相对较低，为 2.42%。储备环节中，粮库综合损失率为 0.30%，运输总损失率有 0.198%，加工环节中小麦损失率为 1.96%，进而以这些调研数据为依托提出有关粮食减损的针对性政策建议。

为摸清粮食产后损失状况和保证全国粮食产后损失调查的有效进展，全国粮食产后损失现状与对策课题组 2009 年在河南省粮食产后的消费、储藏、加工和运输环节分别提出了不同的抽样调查方案，并根据抽样调查结果，初步估算了河南省粮食产后的损失总量和综合损失率。陈波和王雅鹏（2007）则完全从不同的视角——粮食机会损失形成与补偿角度出发，通过案例法、问卷调查等形式考察了河南省 100 户粮农种粮的机会损失，强调了适当补贴可有效提高农户种粮积极性，促进农民增收[2]。毛春霞等（2014）以贵州省粮食主产地毕节市为研究对象，实地调研了当地农产品产后各环节损失情况，剖析了产后减损的主要原因进而提出防范对策[3]。就某一品种的综合损失评估时，杨琴等（2012）考察了玉米产后各环节的

① 曹利强，李荣英. 粮食产后损失不容忽视 [J]. 中国统计，2009 (3)：34-35.

② 陈波，王雅鹏. 粮食机会损失形成与补偿研究 [J]. 华中科技大学学报 (社会科学版)，2007 (2)：44-48.

③ 毛春霞，褚崇胜，陈林，支兴. 毕节试验区农产品产后减损原因及对策 [J]. 现代农业科技，2014 (16)：311, 313.

损失情况，其认为农户玉米损失的主要环节在干燥和储藏，基于吉林省14个县的实地调查，综合得出玉米产地损失率有 11.77%，其中霉变损失占 5% 左右，鼠害损失占 4% 左右，自然损耗占 3% 左右[1]。张磊[2]等（2020）则以水稻为调研对象，利用文献挖掘法综合了水稻产后损失评估方案，强调了现有文献多是对产后单一环节的减损提出对策，而对各环节之间如何协调处理产后损失较少涉及。

FAO 的物质流分析法是将 FAOSTAT 平衡表作为数据来源，简便灵活地将损失和浪费转化为热量单位，便于跨国比较[3]。胡越等（2013）将食物供应链分为生产环节、收获后处理和储藏环节、加工环节、流通环节和消费环节，再利用 FAO 食物平衡表计算相应食物损耗量和浪费量，测算结果显示，我国食物浪费总量为 1.2 亿吨，占国内产量的 8.5%，其中谷物的浪费量为 3 394.8 万吨，占国内产量的 8.1%，根茎类浪费量为697.4 万吨，占国内产量的 4.5%；油料浪费量为 318.9 万吨，占国内产量的 5.5%；水果蔬菜浪费量为 6 772.7 万吨，占国内产量的 10.6%；肉类浪费量为 624.1 万吨，占国内产量的 7.5%；水产品浪费量为 355 万吨，占国内产量的 5.8%；乳制品浪费量为 198.1 万吨，占国内产量的4.9%[4]。相比较而言，谷物和水果蔬菜的浪费是最严重的，占到总浪费量的 82.3%。

Gustavsson[5]等（2011）结合物质流分析法对全球不同地区的粮食损失和浪费进行了测算，结果显示全球浪费总量达到 13 亿吨。Ju 等（2017）同样测算了日本供应链中各环节的损失率，结果表明可避免的损失约占 15%，损失率因供应链部门、加工水平、种类、消费场所等因素

① 杨琴，刘清，沈瑾，谢奇珍. 我国农户玉米产后损失现状及原因分析 [J]. 农业工程技术（农产品加工业），2012 (4)：46-49.
② 张磊，段嘉欣，李世玉，白丽. 水稻产后减损研究综述 [J]. 现代食品，2020 (4)：44-46.
③ 周晓梅. 小麦加工环节损失及影响因素的实证研究 [D]. 武汉：武汉轻工大学，2019.
④ 胡越，周应恒，韩一军，徐锐钊. 减少食物浪费的资源及经济效应分析 [J]. 中国人口·资源与环境，2013，23 (12)：150-155.
⑤ Gustavsson J，Cederberg C，Sonesson U，et al. Global food losses and food waste. FAO，Rome [J]. Retrieved March，2011，20：2018.

而异①。在此基础上，高利伟等（2016）进一步结合物质流分析方法和农产品流流动特征，重点分析了 2010 年中国三大粮食作物（水稻、小麦和玉米）产后（包括收获、运输、干燥和储藏）损失特征及其减损潜力②。结果显示，中国作物产后损失率较高，水稻、小麦和玉米产后综合损失率分别为 6.9%、7.8% 和 9.0%，三者平均损失率高于发达国家作物产后损失水平，粮食产后损失中，储藏环节损失比重最高，达到 40.3%，其次是收获环节，为 31.4%，运输和干燥环节损失较小，分别为 11.1% 和 17.2%。Salihoglu 等（2018）对土耳其整个食品供应链中食品损失和浪费进行了检查，并使用粮农组织模型对其进行了量化，结果显示可食用产后损失浪费估计约为 2 600 万吨/年③。García - Herrero④ 等（2019）估计了西班牙农业食品系统的营养食品损失和浪费，包括整个供应链的能量、大量营养素、纤维、维生素和矿物质。对分配水平之前发生的营养食物损失和零售和消费阶段的营养食物浪费进行了区分，对 48 种代表性食物和 32 种营养素进行了表征。

三、粮食产后损失的影响因素

粮食产后损失的影响因素非常复杂，不少学者尝试从每个单独环节来分析粮食产后分环节的影响因素。Basavaraja⑤ 等（2007）评估了印度卡纳塔克邦小麦和大米的不同阶段的产后损失，进而分析了农业水平上的社会经济因素对产后损失的影响。

就收获环节而言，大多学者将粮食损失归因于机械设备的使用。曾勇

---

① Ju M, Osako M, Harashina S. Food loss rate in food supply chain using material flow analysis [J]. Waste Management, 2017, 61: 443 - 454.

② 高利伟，许世卫，李哲敏，成升魁，喻闻，张永恩，李灯华，王禹，吴晨. 中国主要粮食作物产后损失特征及减损潜力研究 [J]. 农业工程学报，2016，32（23）：1 - 11.

③ Salihoglu G, Salihoglu N K, Ucaroglu S, et al. Food loss and waste management in Turkey [J]. Bioresource technology, 2018, 248: 88 - 99.

④ García - Herrero L, De Menna F, Vittuari M. Food waste at school. The environmental and cost impact of a canteen meal [J]. Waste Management, 2019, 100: 249 - 258.

⑤ Basavaraja H, Mahajanashetti S B, Udagatti N C. Economic analysis of post - harvest losses in food grains in India: a case study of Karnataka [J]. Agricultural Economics Research Review, 2007, 20 (347 - 2016 - 16622): 117 - 126.

军等（2014）在研究水稻收获环节损失时检验了不同机型与稻谷损失率之间的关系，并且将机收时间、留茬高度与机型相结合，结果表明不同的收获时期、留茬高度、机型档位以及机型本身都会对稻谷收获环节损失产生影响①。邓世飚（2017）在此基础上解析了水稻收获过程中机收损失的类别，并将机收损失归因于机器设备不够优化②。而常志强等（2020）也就玉米收获环节原因进行了探讨，指出不同机械收获方式以及籽粒含水率都会对收获环节损失造成影响③。也有学者从其他因素影响机械收割进而影响产后损失率的角度出发，如于晓芳等（2021）以农户浅旋的土壤肥力作为对照，强调了不同土壤肥力也会导致产后损失存在显著差异。除了收割设备会对粮食损失造成影响，还有学者就自然灾害以及其他外部因素对于粮食产后损失的影响进行了探讨④。薛军等（2020）调查了玉米倒伏率对产后损失率的影响，建立了倒伏率与机械粒收损失率之间的量化关系，明确指出玉米倒伏会显著影响产后损失率，且茎折较根折对产量损失的影响更加显著⑤。邹成佳和李晓（2018）就暴雨灾后玉米减损对策研究时指出自然灾害也是导致产后储藏损失的主要因素，如玉米灾后极容易出现倒伏、涝害、病虫害等现象，进而导致产后损失增加⑥。

就储藏环节损失的影响因素来看，大多数学者都考虑了病虫鼠害和霉变发热这几类因素。王若兰（2009）对河南省的粮食储藏企业进行抽样，开展粮食产后储藏损失调查时，发现粮食入仓方式、储藏技术应用、仓房性能、储粮害虫的发生、粮食发热均影响储粮的损失率⑦。白旭光等

---

① 曾勇军，吕伟生，石庆华，谭雪明，潘晓华，黄山，商庆银．水稻机收减损技术研究［J］．作物杂志，2014（6）：131 - 134.

② 邓世飚．解析水稻机收减损技术［J］．农业与技术，2017，37（17）：67 - 68.

③ 常志强，何超波，李林鹤，武小燕．玉米机械化收获减损技术［J］．农业工程，2020，10（9）：17 - 20.

④ 于晓芳，雷娟玮，高聚林，马达灵，王志刚，胡树平，孙继颖，青格尔，屈佳伟，王富贵．提升土壤肥力可实现玉米机械粒收增产减损［J/OL］．中国生态农业学报（中英文）：1 - 15［2021 - 05 - 17］．https：//doi.org/10.13930/j.cnki.cjea.200695.

⑤ 薛军，董朋飞，胡树平，李璐璐，王克如，高尚，王浥州，李少昆．玉米倒伏对机械粒收损失的影响及倒伏减损收获技术［J］．玉米科学，2020，28（6）：116 - 120，126.

⑥ 邹成佳，李晓．玉米暴雨灾后减损措施［J］．四川农业科技，2018（7）：45.

⑦ 王若兰．河南省粮食储藏损失现状及分析［J］．粮食科技与经济，2009，34（3）：38 - 40.

（2006）在农户储粮损失的调查评估中专门针对虫害、发热霉变、鼠害这三类主要影响因素进行了分析①。而就虫害本身对于粮食产后损失的影响，早在吕国强（1992）② 和曹崇炬等（1998）③ 的研究中就有所涉及。李传杰（2020）从仓储管理水平角度探究了储藏环节损失的影响因素，其按照粮食出入库操作流程，将储粮损失影响因素划分为过磅计量误差、出入仓作业撒漏、入仓粮食高水分高杂质产生损耗、储存中干物质消耗、通风损失，这不仅摆脱了传统研究视角下诸如病虫害霉变等影响因素的探讨，还将储藏环节的损失进行细节刻画，可以更好地提出针对性的减损对策④。其中提到的通风方式会影响储粮环节损失在李孟泽等（2018）的研究中更加详细，专门就同一仓型冬季新入库稻谷为研究对象，分别采取不同通风方式进行试验，结果表明不同通风方式下粮食综合损失率的确表现不同，这说明通风方式也是储粮环节损失的主要影响因素⑤。Kumar&Kalita（2017）在研究发展中国家的粮食产后损失时发现谷物在收获环节后损失热量最大是因为仓储条件差，技术水平低，使用科学的储存方法将会使得损失减小 1% 到 2%⑥。

在关于各品种储藏环节损失的调查中，可以发现马铃薯是调研品种中储藏环节损失率最高的。吕宁等（2018）就冀西北坝上窖藏马铃薯，研究了其损耗成因，最终将影响马铃薯贮藏的损失因素划分为储藏温度、物理因素、生理因素、病理因素。其中，物理因素与其他文献中指出的通风方式等相近，生理因素与粮食入库后发热霉变等同理，病理因素则与病虫害等有关，储藏温度要求严格则是马铃薯储藏环节损失率显著区别于其他品种储藏环节损失率的主要原因，可见储藏环节温度也是产后损失中不可忽

---

① 白旭光，王若兰，周立波．农户储粮损失调查统计方法评介 [J]．粮食科技与经济，2006（1）：7-10.

② 吕国强．河南省农户贮粮现状及虫害损失情况调查 [J]．河南农业科学，1992（8）：21-22.

③ 曹崇炬，胡晓东，胡新胜，刘海林，丰晓强，吴金美，安英伟，刘云海．贮粮害虫危害损失的调查 [J]．植物检疫，1998（6）：19.

④ 李传杰．储粮减损降耗技术的相关思考 [J]．粮食科技与经济，2020，45（6）：72-73.

⑤ 李孟泽，闵炎芳，章波，王飞，张檬达．不同通风方式对储粮保水均温减损效果研究 [J]．粮油仓储科技通讯，2018，34（5）：16-20，28.

⑥ Kumar D，Kalita P. Reducing postharvest losses during storage of grain crops to strengthen food security in developing countries [J]. Foods，2017，6（1）：8.

略的因素[①]。据此，赵旭等（2019）通过两种不同控温储粮技术下东北粳稻损失表现的对照试验，强调了温度在粮食储藏环节的重要地位，低温储粮环境能有效抑制粮食损失[②]。

在加工环节损失的影响因素研究中，除了使用设备简陋和人工不熟练等客观因素外，主要集中在消费预期和消费习惯导致企业过度加工进而使得损失率增加上。陈哲等（2018）分析中国粮食加工环节损失原因时就指出加工环节损失的主要影响因素在于两点：人们对于粮食消费的预期和消费习惯误区造成加工环节损失增加、粮食加工企业为迎合市场需求，生产精细白的粮食导致综合副产物没有得到充分利用[③]。王新华[④]等（2017）对于粮油加工环节损失成因的研究更加全面，不仅指出加工工艺设置过度以及消费者对粮油产品存在误区会导致损失增加，在加工企业过度要求产品精度上还强调了企业不考虑产品多元化一味追求产品外观也会间接导致粮食损失增加。在此基础上，饶茜等（2019）总结了粮油加工环节损失成因，并进一步指出粮油加工监测方法单一也是该环节出现浪费的一大原因[⑤]。Parfitt 等（2010）研究发现由于加工处理不当，大部分副产品被用于动物饲料或者直接丢弃，造成了加工环节的巨大浪费[⑥]。

运输环节的损失成因研究大多集中在粮食包装方式和运输方式上。刘立军（2011）强调了玉米产后流通的关键环节，其中运输环节的损失主要

① 吕宁，彭静，赵瑞平. 冀西北坝上窖藏马铃薯损耗成因及减损对策 [J]. 农家参谋，2018（3）：55，11.

② 赵旭，庄重，曹毅，王秀丽，武毕克，李佳，陈刚，纪禹. 两种控温储粮技术对东北粳稻保质减损储藏效果研究 [J]. 粮食储藏，2019，48（3）：10-13，55.

③ 陈哲，邓义，张顺蜜，胡玲燕，王新华. 我国粮食加工环节损失浪费问题现状与对策研究 [J]. 粮食科技与经济，2018，43（5）：96-99.

④ 王新华，胡怡华，邓义. 粮油加工环节的节粮减损问题研究 [J]. 粮食科技与经济，2017，42（1）：8-10.

⑤ 饶茜，周芬，梁正芬，宗焕青. 粮油加工环节的节粮减损问题 [J]. 江西农业，2019（12）：121-122.

⑥ Parfitt J，Barthel M，Macnaughton S. Food waste within food supply chains：quantification and potential for change to 2050 [J]. Philosophical Transactions of the Royal Society B：Biological Sciences，2010，365（1554）：3065-3081.

源于包装粮拆卸重装的撒漏以及运输设备的简陋。魏祖国[①]等（2016）进一步细化了我国粮食运输损失的主要成因，包括包粮运输数量占比较高和散粮装卸运输次数较多[②]。而王亚平（2020）另辟蹊径，认为信息技术未能在粮食物流体系中充分应用也是运输环节损失的影响因素[③]。

在消费环节的损失影响因素研究中，田雨军（2008）在测算我国粮食损失浪费数据时指出节粮意识不足是消费环节损失巨大的主要原因[④]。张浩和姚咏涵（2009）在对河南省城乡饭店开展粮食消费损失调查时发现饭店档次、类型、地理位置、人均消费额、就餐方式、就餐人员职业构成等均影响饭店粮食消费的损失率，而饭菜质量和数量、饭店的卫生状况、服务质量以及消费方式则是造成饭店粮食损失的主要因素[⑤]。王建华等（2017）指出政府监管与地方规制不到位也是餐桌浪费的一大原因[⑥]。Bradford[⑦]等（2018）指出约 1/3 供人类消费的粮食被浪费，发展中国家的大部分损失发生在收获和消费之间，据此提出减少干产品中霉菌毒素积累和虫害，保证储存的不易腐烂，减少食物损失。

也有文献尝试系统性地探索粮食产后损失的原因。2014 年，一份 FAO 报告从系统化视角、可持续性视角、粮食安全与营养视角分析粮食损失浪费现象并在此基础上分析造成粮食损失浪费的微观、中观和宏观层面的根源，并提出了相应的解决方案[⑧]。Hodges 等（2011）综合对比了

① 魏祖国，尹国彬，邸坤.我国粮食物流运输损失评估及减损对策 [J].粮油仓储科技通讯，2016，32（2）：55-56.

② 刘立军.玉米产后流通中减损降耗需重点关注的两个环节 [J].粮食流通技术，2011（5）：49-51.

③ 王亚平.信息技术在粮食物流系统中的应用 [J].粮食科技与经济，2020，45（8）：77-78.

④ 田雨军.从损失浪费粮食的惊人数据看我国爱粮节粮的重大意义 [J].中国粮食经济，2008（8）：36-38.

⑤ 张浩，姚咏涵.河南省饭店粮食消费损失现状调查研究 [J].粮食科技与经济，2009，34（3）：16-18.

⑥ 王建华，王思瑶，吴林海.政府监管与地方规治：粮食销售减损中的主体行为研究 [J].江南大学学报（人文社会科学版），2017，16（5）：114-122.

⑦ Bradford K J，Dahal P，Van Asbrouck J，et al. The dry chain：reducing postharvest losses and improving food safety in humid climates [J]. Trends in Food Science & Technology，2018，71：84-93.

⑧ Kiaya V. Post-harvest losses and strategies to reduce them [J]. Technical Paper on Postharvest Losses，Action Contre la Faim（ACF），2014，25.

发达国家（主要是美国和英国）和欠发达国家（最不发达国家）收获后的粮食损失和浪费，结论表明，减少粮食损失的关键因素在发达国家和不发达国家是不同的，在发达国家是粮食出售之后（主要是消费环节），而在欠发达地区则是出售之前①。Adenso‐Diaz②（2014）研究认为发达国家损失浪费主要集中在粮食供应链两端，而发展中国家的损失浪费主要发生在供应链的中间阶段。何静（2014）通过相关部门数据分析了当前我国粮食损失浪费现象严重，并将粮食损失浪费划分为餐桌浪费、收获浪费、储藏浪费、运输浪费、加工浪费，从而更好地剖析粮食损失浪费严重现象背后的深层次原因，如节约粮食观念未形成、机械化程度低、储粮条件差、粮食物流方式落后、加工设备规模小等③。黎晓东等（2020）分别从粮食收购、储存、出库各个环节剖析了损耗主要成因，在收购入库期间主要有计量误差、增扣量不足、飞耗撒落减量以及水分减量等原因，在储存期间有粮食呼吸作用消耗、异常粮情消耗、害虫蛀蚀和水分减量等原因，在出库期间损耗成因则大致与入库相同④。

四、粮食产后的节粮减损措施

节粮减损可以有效增加粮食供给，充分利用粮食资源。现有文献主要是在识别出损失较为严重的环节后，提出有针对性的节粮减损措施。Bourne（2014）定义了产后损失，描述了造成损失的向量，防止损失的技术以及世界上关于产后损失大小的数据，得出减少产后损失有利于农民、消费者和环境，对改善发展中国家居民的营养状况和财政实力的结论⑤。

---

① Hodges R J，Buzby J C，Bennett B. Postharvest losses and waste in developed and less developed countries：opportunities to improve resource use［J］. The Journal of Agricultural Science，2011，149（S1）：37.

② Adenso‐Diaz B，Mena C. Food industry waste management［J］. Sustainable food processing，2013：435‐462.

③ 何静. 遏制现阶段中国粮食浪费措施的有效性分析［J］. 商，2014（5）：197‐201.

④ 黎晓东，林春华，贺克军，任炳华. 粮食减损降耗综合控制措施［J］. 粮油仓储科技通讯，2020，36（2）：32‐34，38.

⑤ Bourne R R A，Jonas J B，Flaxman S R，et al. Prevalence and causes of vision loss in high‐income countries and in Eastern and Central Europe：1990—2010［J］. British Journal of Ophthalmology，2014，98（5）：629‐638.

在区域粮食产后损失方面，李植芬等（1991）强调要根据各地实际情况，选配适当的产后处理系统、在清粮和干燥环节大力推广电动木风车等提高效率、增加脱粒机数量改进脱粒性能、推广新型碾米设备改进碾米工艺等[①]。席玛芳和应铁进（1991）就浙江省粮食产后损失情况研究时指出，要有效地推动节粮减损首先要摸清粮食产后损失的实际状况，提高认识、加强领导，粮食作物育种工作中要重视产后特性，开展适合农村的产后处理技术的研究与推广，研发农村适用的贮粮装备和技术等[②]。曹宝明和姜德波（1999）以江苏省粮食产后损失为例，认为更新观念，将节粮减损作为省粮食工作重点、加强粮食产后技术、重视储粮技术研发、合理确定农户储粮组织形式、解决好脱粒问题、进一步加强农村社会服务体系建设、加强国有粮食系统产后损失的监督管理等可以有效促进节粮减损[③]。

同样地，白玉兴和王金水（1999）以河南省小麦为调研对象分析粮食产后损失情况时，提出要加强国情和粮情教育，引起社会对节约粮食的重视、应用价值观念适当调整粮食收购价格、在生产领域大力推广精播技术、完善农村综合服务体系，提倡合理消费、在流通领域革新技术，将损失降到最低等[④]。而在处于高温高湿储粮环境的华南地区，包中平等（2017）指出要结合当地储粮生态特点与粮库设施设备条件，综合应用冬季缓速通风降温、春季压盖隔热、夏季空调控温与氮气气调等多项技术优化组合，充分利用多技术的协同效应，有效控制仓温从而减少玉米水分消耗，总之是从技术层次的优化达到节粮减损的目的。而在地方政府可以主导的范围内，优化各地粮食产后服务中心的工作效率也是一项有力的举措[⑤]。据此，陈冬贵（2021）提出在湖南省实施"优质粮油工程"的过程

---

① 李植芬，夏培焜，汪彰辉，万善杨，何勇．粮食产后损失的构成分析及防止对策 [J]．浙江农业大学学报，1991（4）：52-58.

② 席玛芳，应铁进．浙江省粮食产后损失的分析与对策 [J]．科技通报，1991（2）：97-100.

③ 曹宝明，姜德波．江苏省粮食产后损失的状况、原因及对策措施 [J]．南京经济学院学报，1999（1）：21-27.

④ 白玉兴，王金水．河南省粮油产后损失调查及减少损失的对策 [J]．粮食储藏，1999（2）：47-50.

⑤ 包中平，刘涛，陈志刚，江夏帆，颜伟才，陶琳岩．华南地区玉米保质减损技术集成应用试验 [J]．粮食储藏，2017，46（3）：13-17.

中要督促粮食产后服务中心主动对接种粮大户、合作社，加班加点提供代清理、代干燥、代收储、代加工、代销售等"五代"服务，粮食产后服务中心较农户拥有更加完善的设备和技术，因此要充分发挥好中介的功能，切实做到节粮减损①。覃世民（2020）在号召加强湖南省节粮减损、保障粮食安全时指出要抓好粮食收购，努力做到应收尽收，颗粒归仓；开展科学储粮，最大限度减少粮食在储存环节的损失；引导粮食加工企业适度加工，保证营养的同时增加产出；倡导科学营养膳食，减少餐桌主食浪费等②。

　　在全国粮食产后损失层面，孙中叶（2009）提出要树立合理饮食观念，提倡适度消费；普及粮食营养知识，倡导科学消费；调整粮食结构，使消费结构、种植结构和营养结构相互促进、互为引导；完善粮食利用体系，提高粮食利用率和转化率等粮食消费减损对策③。蒋和平和蒋辉（2015）呼吁节粮减损重要性的同时，提出可以强化制度建设使节粮减损上升到法律层面、加大节粮减损的投入和条件建设力度、加强节粮减损技术研发和推广使用，引导全社会形成科学合理的粮食消费观等④。魏祖国等（2016）则从流通视角出发，认为有效推荐节粮减损要加快建设粮食现代化物流体系，提高散粮运输数量、积极推广新型粮食运输包装应用、加快实施粮食产后集约化储存、粮食运输企业要做好精细化管理，减少作业过程中的粮食撒漏等⑤。胡冰川（2016）则将宏观层面和微观层面相结合，指出促进粮食减损增效要关注粮食浪费的经济行为，宏观层面上要提升仓储质量，市场上要支持"市场定价、价补分离"，从而尽可能减少农户长期储粮的可能性；微观层面上要加强节粮意识，适当出台规定管理"酒桌浪费"现象⑥。赵红雷（2016）在分析粮食产后损失主要原因的基

① 陈冬贵. 立足湖南实际　扛稳抓牢粮食安全重任 [J]. 中国粮食经济，2021（2）：60-63.
② 覃世民. 加强节粮减损　保障粮食安全 [N]. 粮油市场报，2020-08-25（B03）.
③ 孙中叶. 解读粮食安全问题的新视角：开源节流并举——兼论河南家庭粮食消费损失现状及对策 [J]. 河南工业大学学报（社会科学版），2009，5（3）：1-4.
④ 蒋和平，蒋辉. 促进我国节粮减损刻不容缓 [N]. 粮油市场报，2015-10-31（B03）.
⑤ 魏祖国，尹国彬，邸坤. 我国粮食物流运输损失评估及减损对策 [J]. 粮油仓储科技通讯，2016，32（2）：55-56.
⑥ 胡冰川. 促进粮食减损增效需大处着眼小处着手 [N]. 粮油市场报，2016-10-18（A01）.

础上，从建设现代粮食流通体系、改善仓储物流设施，引导企业适度加工、促进副产物综合利用和理顺粮食价格引导居民合理消费等方面提出治理措施[①]。王舒娟和赵霞（2015）通过分环节的研究发现，我国粮食流通损失浪费主要发生在粮食收获、收购、储存、运输、加工、消费等诸多环节，提出立法推进"节粮减损"、提高政府重视程度、加大政府补贴力度、深化财政金融政策改革等对策建议[②]。陈执（2016）在呼吁节粮减损时同样指出新型贮藏、烘干设施延长了农产品的贮藏期、加工期，财政投入建设的新型粮库可以有效降低粮食储藏环节损失[③]。除政府补贴力度要加大之外，常钦（2020）不仅强调了粮食产后服务中心要充分发挥"粮食银行"的作用，还指出耕好"无形粮田"还需研发科学仓储，通过科技创新挖掘米糠、大米蛋白等粮食的综合利用潜力，从不同环节出发探究减损的新思路[④]。此外，除了大多数学者都强调的研发投入、技术改进等措施之外，刘北辰（2009）还提出减少粮食损失要因地制宜，对农民进行粮食产后处理有关的技术培训，采用"干什么、学什么、缺什么、补什么"的办学方式，尽量更多地培养技术骨干，再通过他们提高广大农民的技术素质[⑤]。

五、文献述评

国内外对粮食产后损失的评估已经积累了丰富的成果，对本书的研究有着重要的参考意义。然而，在粮食损失与浪费的定义和测算方法上缺乏明确标准，相关研究都存在不同程度的数据缺损问题。从国内研究来看，当前我国粮食产后损失调查研究在如下几个方面有待进一步完善：①数据欠准确，缺乏权威性。目前已有的研究多是基于少数样本点基础上的粗略估算，无法实现全品种、全环节、多类型地区的全覆盖。②方法欠系统，

---

① 赵红雷. 我国粮食损失的发生机制与治理举措分析［J］. 中国农业资源与区划，2016，37（11）：92-98.

② 王舒娟，赵霞. 中国粮食流通环节减损节约对策研究［J］. 粮食科技与经济，2015，40（4）：3-4，25.

③ 陈执. 找回产后损失的3 000亿［J］. 农产品市场周刊，2016（15）：26-27.

④ 常钦. 耕好节粮减损的"无形粮田"［N］. 人民日报，2020-09-16（005）.

⑤ 刘北辰. 如何减少粮食产后损失［J］. 中国粮食经济，2009（3）：61.

缺乏标准化和可重复性。已有的研究尚未形成指标化、指数化、可验证的指标体系和方法体系，无法满足可验证性、可重复性、可动态化监测的科学要求。③技术欠先进，缺乏先进的调查、统计、预警、决策的技术体系。已有的研究未能充分运用现代信息技术、网络技术、数据技术，无法实现数据与预警和决策之间的有效衔接。④目标不完善，缺乏与粮食产后减损技术的有效衔接。已有的研究多半局限于简单的产后损失和浪费数量的描述，对于引起损失和浪费的技术因素缺乏深层解析，无法形成对粮食产后损失技术创新的促进和支持作用。

与以往相关研究不同，本书以水稻、小麦、玉米、大豆、油菜籽、花生、马铃薯、红薯等主要粮食品种为研究对象，构建适应我国粮食产后系统模式的粮食损失调查评估的指标体系、调查体系、测算体系、对策体系，能够为我国粮食产后损失评估提供科学参考和决策依据。针对现有研究有待进一步完善的问题，提供如下完善思路：①按照不同地区、不同品种、不同环节、不同流通模式的自然、经济和技术特征，构建科学系统的粮食产后损失浪费的调查评估方法及技术方案；②对粮食产后损失浪费调查评估的数据标准、数据规范、数据存储、数据传输中的关键技术问题进行统一解决；③对不同环节、不同品种、不同地区的粮食损失浪费进行调查评估，获得科学的基础数据，设计粮食产后综合损失测算方法，对我国粮食产后损失进行综合评估。④基于粮食全产业链视角，提出实现粮食产后减损的技术与政策解决方案。

第三节　本书结构安排

一、研究思路

本书根据我国粮食产后系统特点，构建粮食产后损失评估方法体系，科学测定我国粮食产后损失情况，识别不同粮食品种的产后损失特征，分析造成粮食产后损失的主要因素，最后提出节粮减损措施，以便为我国节粮减损工作的推进提供科学决策依据和参考。研究思路如图1-1所示。

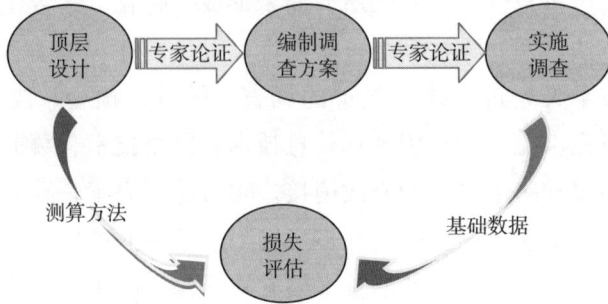

图 1-1 本书研究思路图

二、研究内容

本书共包括五部分研究内容，结构安排如下：

（1）中国粮食产后损失界定

主要包括中国的粮食产后系统、粮食产后损失与浪费概念界定、粮食产后损失分类。

（2）粮食产后损失的评估方法

主要包括粮食产后损失评估的总体设计、粮食产后损失测算方法设计和粮食产后损失调查方法设计。

（3）粮食产后损失情况

主要利用调查数据，详细分析稻谷、小麦、玉米、大豆、甘薯、马铃薯、油菜籽、花生等粮油作物产后损失的环节特征、模式特征以及区域特征。进一步分析谷物类、豆类、薯类、油料作物产后损失的环节特征、模式特征以及区域特征。

（4）粮食产后损失的影响因素

主要包括梳理粮食产后损失的分环节影响因素，再从宏观视角探讨经济、社会、自然等环境影响因素；最后基于供应链视角分析影响产后损失的供应链因素。

（5）粮食产后减损的对策建议

主要是在梳理国内外粮食产后现行减损措施的基础上，分析中国节粮减损面临的挑战，最后提出节粮减损的对策建议。

第二章　中国粮食产后损失界定

第一节　中国的粮食产后系统

一、粮食内涵

按照国际惯例，粮食就是食物（Food），所有保证肌体生长和维持生命体日常所需的物质都可以称之为食物。按照 FAO 定义，食物指任何供人类食用的加工、半加工或未加工物质，包括饮品、口香糖和在食品生产、制作或处理过程中使用的任何物质，但不包括化妆品或烟草或作为药物的物质。

在中国"粮食"与"食物"并不是同一个概念（表 2-1），其内涵随着社会经济发展水平的变化而变化。夏、商和周时期的粮食主要指黍和稷。到了春秋战国时期出现了五谷的概念，粮食主要品种（按地位排序，下同）包括粟（禾、稷）、菽（大豆）、黍、稻、小麦、大麦、麻七种。秦汉时期的粮食与春秋战国时期差异不大，但由于关中地区小麦种植扩大致使粮食品种的重要程度发生了变化，主要粮食品种包括粟、稻、小麦、大麦、黍和大豆。隋唐时期，南方水稻产业发展迅速，稻麦地位明显上升，此时粮食品种主要为稻、粟和麦。宋元时期，双季稻品种受到极大欢迎。明代之后水稻发展更快，到了明代中后期，国内引进了甘薯、玉米和马铃薯，扩充了粮食的内涵，之后相当长的一段时间内，我国粮食种类包括水稻、小麦、玉米、谷子和豆类[①]。

当前，我国所指的粮食是谷物、豆类、薯类的集合，是一个统计意义上的概念，包括农业生产的各种粮食作物。"谷物"又可分为麦、稻、粗粮三大类。其中，麦类包括小麦，大麦，青稞（元麦），黑麦，燕麦等；

[①]　高帆. 中国粮食安全的理论研究与实证分析［M］. 上海：上海人民出版社，2005.

稻类包括粳稻，籼稻，糯稻，陆稻（旱稻），深水稻等；粗粮类包括玉米，高粱，荞麦，粟（谷子、小米），黍（糜子）等。"薯类"是指根茎类作物，主要包括甘薯、马铃薯、山药、芋类等。豆类作物是指豆科中的一类栽培作物，主要包括大豆、蚕豆、豌豆、绿豆、赤豆、菜豆、豇豆、刀豆、扁豆等。油料作物是以榨取油脂为主要用途的一类作物，主要包括油菜、大豆、花生、芝麻、向日葵、棉籽、蓖麻、苏子、油用亚麻和大麻等。

表 2 - 1　与粮食有关的名词辨析

名词	国际解释	国内解释
食物	谷物、淀粉块茎、糖类、豆类、调料、茶、咖啡、酒类、动物脂肪、食用蛋白等 18 类	指粮食、食用植物油、肉禽蛋奶及水产品
粮食	无对应分类	统计意义上的名词，指稻谷、小麦、玉米、高粱、谷子、薯类、豆类及其他杂粮
谷物	小麦、稻谷、玉米等	小麦、稻谷、玉米等
口粮	食物	粮食中用于食用部分，主要指小麦和稻谷

注：根据 FAO 报告，中国相关政府文件梳理获得。

为便于与国际粮食概念接轨，表 2 - 1 梳理了与粮食有关的相关名词。本书所定义的粮食就指谷物、豆类、薯类等初级、半加工及深加工物质中可供人类食用的产品。粮食中很大部分作为饲料间接转化为可供人类食用的肉蛋奶物质，也包含在粮食范畴（本项目有关饲料转化这部分仅考虑饲料加工）。油料作物也是本书的考察对象，在本书进行单列。

二、粮食产后系统界定

粮食产后系统仅仅是整个粮食系统的一个子系统。粮食系统涵盖了整个粮食再生产过程，它从粮食生产的要素供应与投入开始，一直延伸到粮食消费过程的结束。具体而言，整个粮食经济系统由三个子系统构成[1]：

---

[1]　曹宝明，姜德波. 江苏省粮食产后损失的状况、原因及对策措施 [J]. 南京经济学院学报，1999 (1)：21 - 27.

①粮食产前系统；②粮食生产系统；③粮食产后系统。粮食产前系统为粮食生产提供必需的生产要素，包括土地、资金、劳动力、技术、信息、农业生产资料以及农业生产基本条件（如水利、电力）等；粮食生产系统将这些要素进行组合和配置，转化为一定的粮食产品，粮食产后系统则是将粮食产品收获起来转化为最终消费品的一个系统。因此，粮食产后系统连接着粮食生产与消费，以生产过程的终结为起点，以消费过程的终点为终点。

粮食产后系统从粮食收获开始到粮食被消费结束，包括七个基本环节，即收获、干燥、储藏、运输、加工、销售、消费。其中收获、干燥、消费3个环节一律属于单一环节，即同一批粮食只流经这些环节一次；而运输、储藏、销售、加工则有可能为非单一环节，即同一批粮食有可能经过多次运输、储藏、加工和销售。对于单一环节的粮食产后的损失而言，损失数量的测定比较简单，因为它往往属于同一主体行为下的数量减少，而且这类环节一经完成则不再重复；但非单一环节下损失数量的测定则比较复杂，因为非单一环节的可重复性一般意味着粮食权属主体的变更，而不同主体的技术、观念、价值标准或效用评价尺度的不同，将导致同一批粮食在同一环节的不同重复过程中具有不同的损失。图2-1描述了粮食产后系统结构以及粮食经过不同环节时的形态。

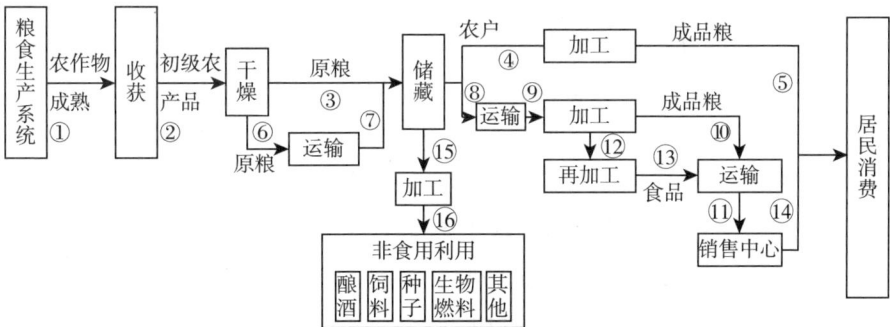

图2-1　中国粮食产后系统结构

注：这里没有包含饲料用途类的转化为肉蛋奶类的产后系统。加工是指碾磨，再加工则是除碾磨以外的产品生产。

从粮食产后流转过程来看，可以将粮食产后系统划分为农村和城市两个粮食产后子系统：图 2-1 描述了粮食产后系统结构以及粮食经过不同环节时的形态：①～⑤构成农村粮食产后系统；⑥～⑩构成城市粮食产后系统。根据国家粮食与物资储备局的统计数据，农户曾一度是我国粮食储备的主要承担者，但是随着农业产业的发展，城市模式逐渐占据主导地位。

三、粮食产后流转特征

水稻、小麦和玉米是满足我国人民日常生活所需的主要品种，三大粮食品种占我国粮食总产量比重也超过了 90%。在食用油消费方面，豆油、花生油、菜籽油是我国居民的主要消费品种，以下将围绕这六个粮食品种的产后系统特征展开。

(一) 稻谷

稻谷历来在粮食生产中占据举足轻重的地位，我国稻作分布广泛，从南到北稻区跨越了热带、亚热带、暖温带、中温带和寒温带 5 个温度带。从总体看，我国稻作区域的分布呈东南部地区多而集中，西北部地区少而分散，西南部垂直分布、从南到北逐渐减少的格局。水稻种植区域以南方为主，长江流域又是南方水稻的主产区。在种植品种方面，南方省份多为双季稻，以种植杂交籼稻和常规稻为主，而北方稻区大多种植单季稻，以种植粳稻为主。

从图 2-2 可以看出，稻谷供需呈现供给大于消费趋势。从 2013 年起，稻谷的年度总供应量实现 8 连增，即将迈入 4 亿吨的新台阶，年度总消耗量虽然也在逐年上涨，但 8 年仅上涨 10.61%，可以说每年稻谷的可供给量远远超过当年的消费需求。但是对稻谷可供给量的进一步分析我们可以看出（图 2-3），稻谷的实际生产能力并没有得到提升，年产量基本维持在 2.1 亿吨左右，进口量在 2015—2017 年度虽然有所上涨，但很快回落到 300 万吨的水平，支撑供应量上涨的是急剧膨胀的库存量，2020年稻米库存已经达到 1.9 亿吨，是 2013 年的 7.9 倍，因此巨大且不断上涨的库存是稻米产后系统最大的特征。

(二) 小麦

我国生产的小麦，有 50% 以上都研磨成粉食用，制作面包、馒头、

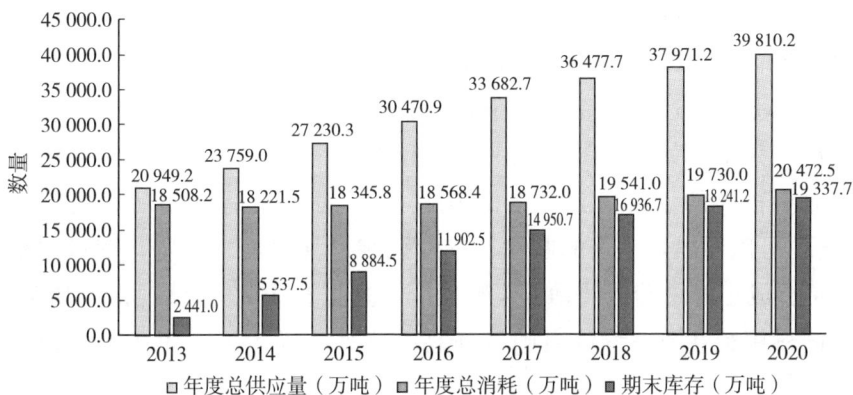

图 2-2　中国的稻谷供需情况

数据来源：天下粮仓数据中心。

图 2-3　稻谷供应情况分解表

数据来源：天下粮仓数据中心。

饼干、面条等食物，饲料和工业用小麦占比不到四成。按照播种季节的不同，可将小麦分为春小麦和冬小麦。春小麦是指春季播种，当年夏或秋两季收割的小麦，主要分布在长城以北，该区气温普遍较低，生产季节短，故以一年一熟为主，主产省区有黑龙江、新疆、甘肃和内蒙古。冬小麦是指秋、冬两季播种，第二年夏季收割的小麦，冬小麦分为南北两个产区，北方冬小麦区，主要分布在秦岭、淮河以北，长城以南，即河南、河北、山东、陕西、山西诸省区；南方冬麦区，主要分布在秦岭淮河以南，与水稻主产区重叠，在这里种植冬小麦有利于提高复种指数，增加粮食产量，主产区是江苏、四川、安徽、湖北等省。

图 2-4 展示了 2013—2020 年度我国小麦的供需情况，小麦的年度供应量上涨迅速远超消费量。小麦的总消费量呈现一种波动中上升的趋势，在部分年份如 2015 年、2017 年出现了下降的局面，在 2020 年又突然有一个较大的上涨，这主要是用作饲料的小麦消费波动导致的，从图 2-5 可以看出，小麦的制粉、工业用粮、种粮需求稳定，饲料用粮的波动是造成小麦总消费波动的主要原因，这点在 2020 年体现得尤其明显，小麦饲料用粮达到 3 600 万吨的新高，这直接导致了该年小麦消耗量的增长。

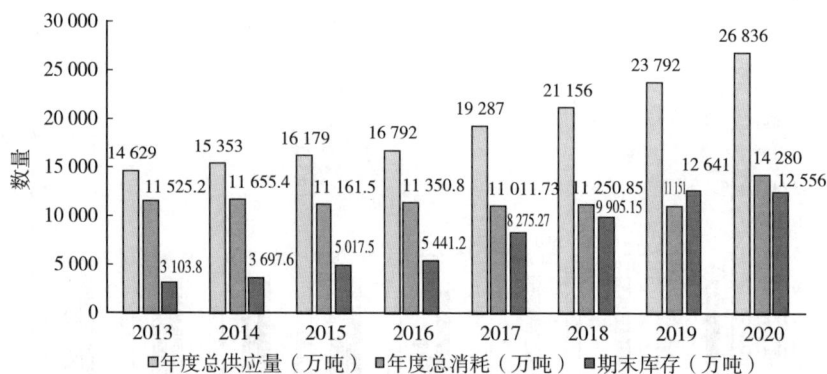

图 2-4　中国的小麦供需情况

数据来源：天下粮仓数据中心。

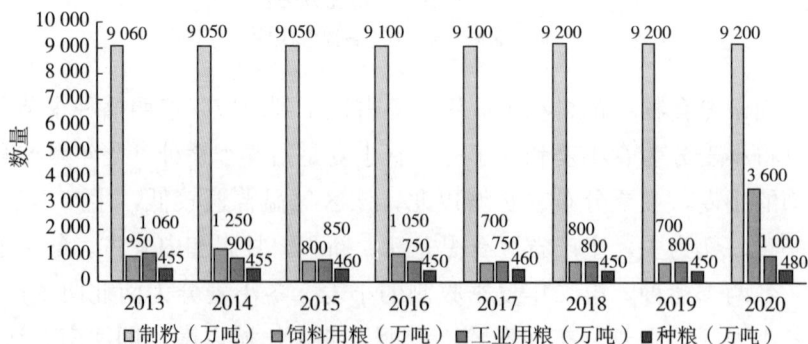

图 2-5　小麦需求分解表

数据来源：天下粮仓数据中心。

小麦的期末库存量在 2019 年突破了万亿吨，但在 2020 年又有所下降，目前已经是 2013 年储备量的四倍，要加大对小麦储藏环节的重视，合理控制小麦的收储数量，制定灵活的轮换方案，避免小麦出现与稻米一样尾大不掉的情况。综上，小麦产后系统最大的特征有两点：一是库存总量增长快速；二是饲料用粮的急剧波动。

（三）玉米

目前，人们已经很少直接食用玉米，更多的作为畜牧业、养殖业、水产养殖业等的重要饲料来源和工业上不可或缺的原料。玉米在我国各地均有栽培，全国可分为北方春播玉米区、黄淮海平原夏播玉米区、西北灌溉玉米区、西南山地玉米区、南方丘陵玉米区、青藏高原玉米区六大区域。

从图 2-6 可以发现，玉米一直处在一种紧平衡状态之下。玉米的年度总供应量在 2017 年达到峰值 3.77 亿吨，2018 年有一次较为明显的下跌，2019 年基本维持不变，2020 年又有一次较大的下跌，从时间节点上来看，这波产量的下跌与 2016 年国家取消玉米的临储政策密切相关，改为生产者价格补贴政策之后玉米种植的比较收益下降，玉米的产量也逐年下滑。与此同时玉米的年度需求量呈一种波动中上涨的态势，从 2013 年的 1.8 亿吨攀升到 2.7 亿吨左右。不难看出，造成玉米紧平衡局面出现的

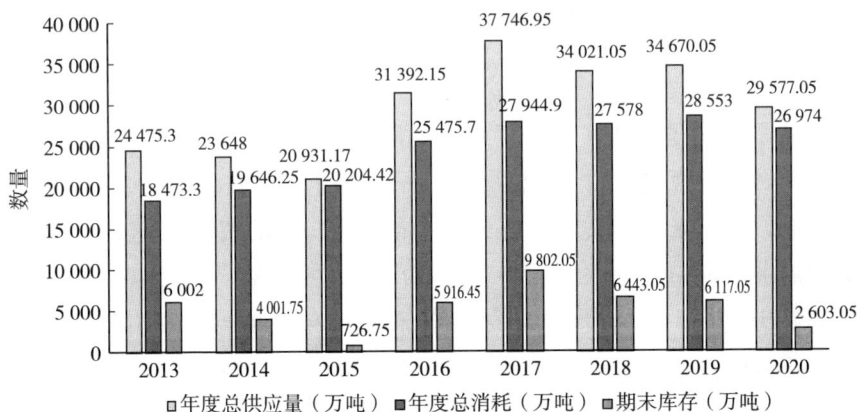

图 2-6　玉米供需平衡表

数据来源：天下粮仓数据中心。

主要原因就是玉米供应能力不足,而造成玉米供应不足的主要原因是玉米产量的连年下降,玉米的产能在 2015 年达到了最高点 2.698 亿吨(图 2-7),到 2020 年只有 2.066 亿吨。玉米生产的减少造成了两点后果,一是玉米期末库存的迅速下降,大量储备玉米被消化,极大地缓解了库存压力,并未形成类似稻谷和小麦库存尾大不掉的局面;二是玉米进口的快速增长,针对国内玉米生产不足的困境,2020 年玉米进口量创历史新高,达到一年 2 800 万吨,几乎是 2019 年玉米进口量的四倍,并且玉米进口水平的大幅度上涨在未来可能成为常态,因此在分析玉米的产后系统时,应更加注重进口环节的产后损失。

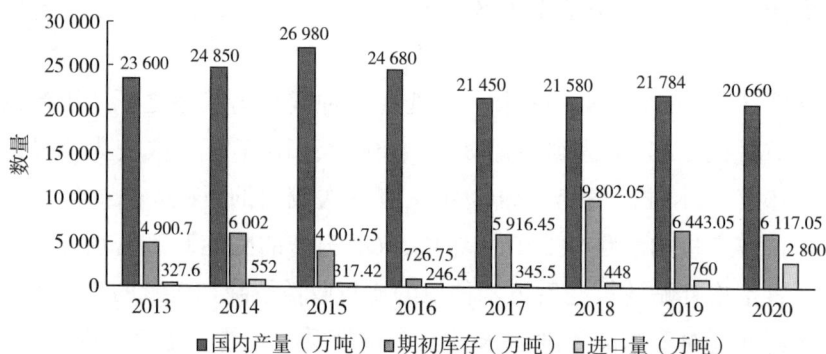

图 2-7 玉米供应分解表

数据来源:天下粮仓数据中心。

(四)大豆

大豆原产中国,已有五千年栽培历史,古称菽,中国东北为主产区,最常用来做各种豆制品、榨取豆油、酿造酱油和提取蛋白质。从图 2-8 可以知道,与玉米一样大豆也处于紧平衡情况,但是相较于玉米,大豆的产量和需求呈现稳步上涨的态势,没有出现大的波动,且大豆和玉米存在种植的替代关系,国内大豆生产在玉米种植面积调整、政策扶持的影响下连续 2 年有所恢复,这也推动了大豆库存的进一步上涨,储存大豆有利于缓解大豆供应紧张的局面。

大豆供需紧平衡和玉米供需紧平衡的第二个不同点在于,玉米只是表现出了对于国外供给的依赖可能,大豆已经完全依赖于进口来满足需求,

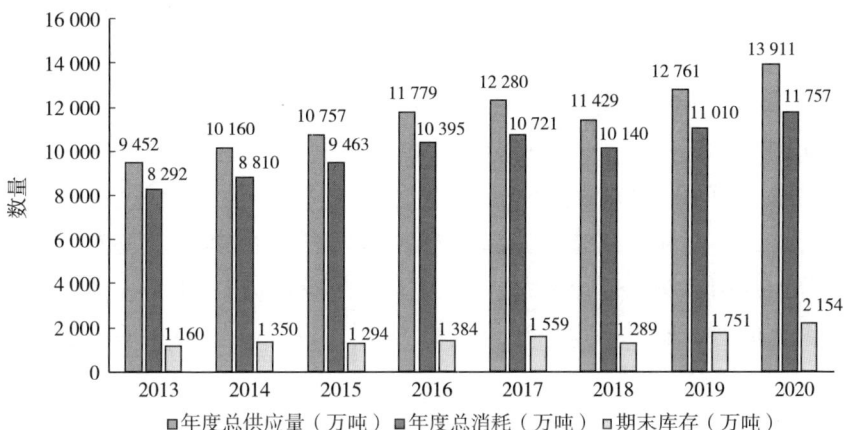

图 2-8　大豆供需平衡表

数据来源：天下粮仓数据中心。

我国大豆每年消费量高达 1 亿多吨，产需缺口巨大（图 2-9）。以大豆消费的最主要途径榨油为例，国产大豆占比小于 5%，其余均采用进口大豆榨油，我国主要的大豆进口来源在 2018 年之前是美国，中美贸易摩擦后改为从巴西和阿根廷进口大豆，来源虽然改变了，但受制于人的情况并没有得到完全改善，因此在分析大豆产后系统特征时要将大豆进口作为重点。

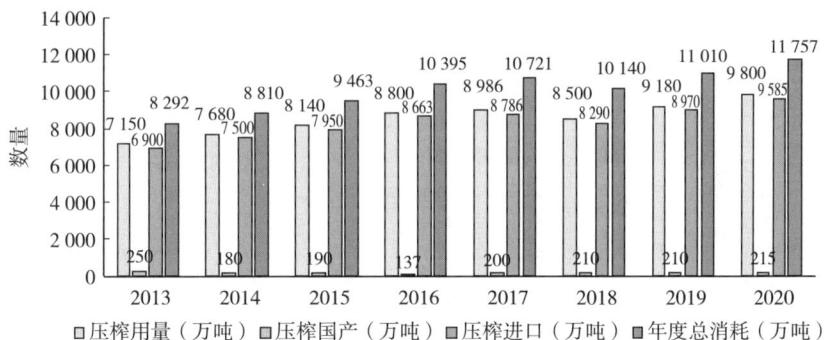

图 2-9　压榨用大豆消费表

数据来源：天下粮仓数据中心。

（五）花生

我国是花生的第一生产国，2020 年产量达到了 1 738 万吨。我国花生种植分布范围广泛，但生产布局相对集中，种植面积较多的省份有豫、鲁、冀、粤、辽、川、皖、桂、鄂、赣、吉、湘、苏、闽 14 个，它们的种植面积占全国的九成以上。

从图 2-10 和图 2-11 我们可以看出，花生的供需基本平衡有余。供给随需求在 2013—2020 年呈波动性上涨，始终保有一定程度的富余，且供给对外依存度和过剩储备量都维持在一个很低的水准。我国花生消费主要可分为食用消费、压榨消费、出口及农民留种自用三类。上述三种消费形式占总消费的比重平均分别为 44%、50% 及 6%。总体来看，近十年间

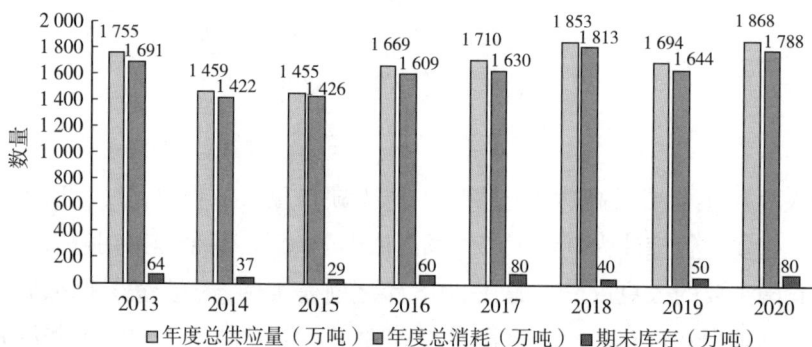

图 2-10 花生供需平衡表

数据来源：天下粮仓数据中心。

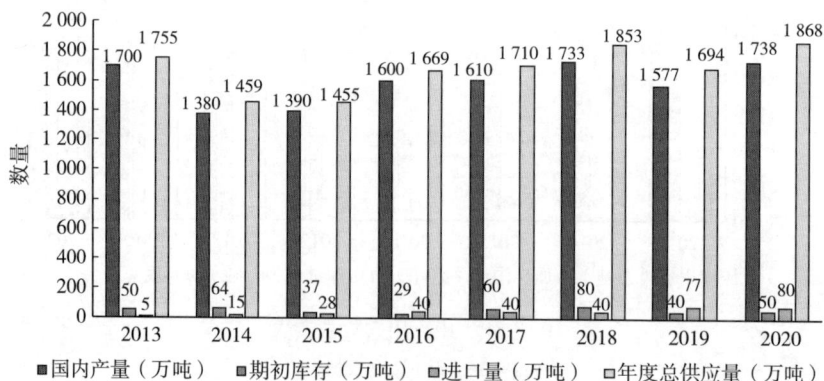

图 2-11 花生供应分解表

数据来源：天下粮仓数据中心。

我国花生食用和压榨消费比例相近，出口及种用比例出现明显下降。随着居民消费水平提升和消费偏好转变，花生压榨消费比例将继续稳步提升，因此花生加工环节的损失与浪费应是我们研究的重点。

（六）菜籽

菜籽一般指油菜籽，分为冬油菜和春油菜两种，是中国主要油料作物和蜜源作物之一，其种植面积占中国油料作物总面积的40%以上，产量占中国油料总产量的30%以上，居世界首位。

从图2-12可以看出，菜籽的供需平衡有余，年度总供应量相较年度总需求始终保持一定的余裕，期末库存量也始终维持在一个合理的水平。但与上述五种粮食不同，菜籽的供给量与需求量是逐年下降的，供给量从2013年的1 430万吨下降到2020年的714万吨，降幅近一半，压榨用菜籽消费量从2013年的1 320万吨下降到2020年的665万吨，降幅也接近一半。作为中国消费者喜爱的食用油品，尤其是中国长江以南地区，菜籽油是当地消费者的主导产品，产量的下降一方面是因为农户种植菜籽的积极性下降（种植补贴少、收获麻烦、产量低），另一方面的原因是受进口菜籽油价格冲击，国产油菜种植与加工均出现明显减种和减产，而菜籽油进口总量逐年递增，形成目前国内油企进口油菜籽或进口菜籽油加工和国产菜籽油压榨并行的局面，从图2-13可以看出，2017年和2018年进口菜籽压榨量超过了国产菜籽。菜籽作为一种油料作物，加工环节是其产后系统的重点环节。

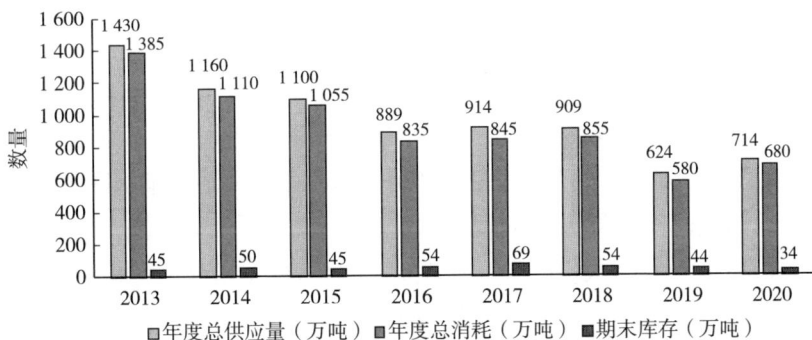

图2-12　菜籽供需平衡表

数据来源：天下粮仓数据中心。

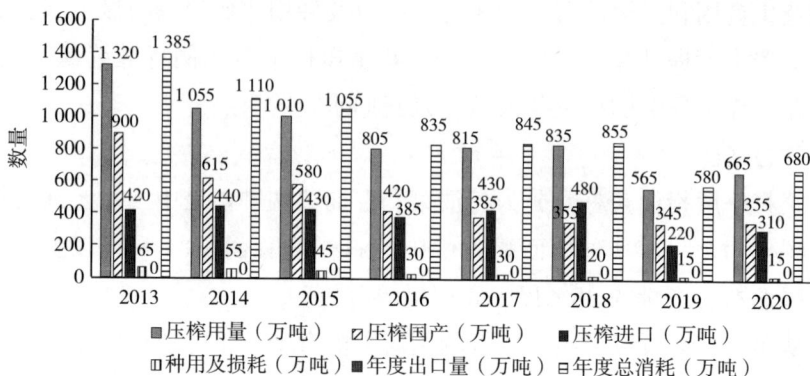

图 2-13 菜籽需求分解表

数据来源：天下粮仓数据中心。

四、需要进一步说明的问题

本书的粮食产后损失，是假定在封闭条件下（即和国际市场不存在进出口贸易），分析在中国境内生产出的粮食经过粮食产后系统过程中所出现的损失。而从我国粮食主要品种产后流转特征可以看出，各粮食品种均存在不同程度的国际贸易，是在一个开放条件下的粮食流转过程。在计算损失数量的过程中，必然会出现一定的测算偏误。在此，对不同的损失度量指标做进一步说明。

1. 分品种分环节损失率

分环节损失率以调研数据为基础，分为城市与农村两个子系统，该部分数据受到粮食产后系统特征影响很小，基本不存在误差。

2. 分品种分环节的损失量

分环节损失量通过粮食产量与分环节损失率相乘得到，不同粮食品种分环节流转数量和停留时间存在差异，该部分数据偏误明显。举例说明如下：

（1）储藏时间差异导致的偏误

稻谷和小麦的储藏量巨大、储藏时间长，部分甚至出现长期储藏的情况，但在计算储藏环节损失量时仅依据现有库存计算一次损失量，这就造成稻谷和小麦在储藏环节的实际损失量要高于估计损失量，储藏超过一年的粮食越多，该部分的误差就越大。玉米也存在储存环节预估损失量较小的问题，但随着临时收储政策取消，玉米期末库存下降很快，这部分误差也随之降低。大豆虽然也有部分库存，但其库存轮换速度较快，基本实现一年一换，实际损耗与计算差距不大。花生和菜籽的库存量均不超过100万吨/年，且也基本实现一年一换，这部分误差也可忽略不计。

（2）粮食进口产生的偏误

我国大豆90%以上依赖于进口，玉米进口量也呈逐年增加的趋势。本书在测算过程中仅以大豆的国内产量作为基准，该基准远低于大豆每年的实际消费量，因此对于大豆而言，本书有关损失量的测算结果与实际情况相比，估计结果偏低，且存在较大偏误；玉米的进口量如果在未来进一步增长，偏误也会进一步加剧。

（3）加工环节产生的偏误

这部分偏误主要发生在油料作物（大豆、菜籽）上，压榨用大豆占到大豆消费的九成左右，菜籽的压榨用量也达到其一年消费的九成以上，这就造成了大豆与菜籽的加工环节以压榨为主，但在计算分环节损失率时是将大豆与菜籽的所有加工环节作为一个整体来加以考量的，并未体现该环节的特性（以压榨工艺为主），因此该环节的损失量预估较实际情况可能存在偏误。

第二节　粮食产后损失与浪费

一、损失与浪费的概念辨析

粮食损失与浪费的含义在不同文献中有不同的界定，有学者将损失与浪费混用，均指粮食系统中出现的粮食的减少。FAO作为对粮食损失与浪费研究的主要机构，其对损失与浪费的界定也在发生变化。

FAO（2011）对粮食的损失与浪费进行了详尽的定义，是指在食品链从收获到消费所有环节中原本供人类食用的粮食无论因何种原因出现的量的减少。需要注意的是，食品供应链中被剔除的不可食用部分（如被淘汰部分）都不属于粮食损失与浪费[1]。此外，减产、植物产品在动物产品

---

[1]　FAO G. Global food losses and food waste - extent, causes and prevention [R]. Save Food: An Initiative on Food Loss and Waste Reduction, 2011.

中的转换以及营养过剩也不属于粮食损失与浪费，因为这些都与粮食系统效率方面的考虑更加相关。其中，粮食损失指在食品链消费层面之前各环节中原本供人类食用的粮食无论因何种原因出现的量的减少。其中，粮食浪费是粮食损失的一个重要组成部分，指由于经济行为、不良的库存管理或忽视所引起的从食品供应链中所剔除的那些适合消费、或已变质或过期的粮食，主要包括：

（1）可供人类食用的，但由于技术限制、市场进入条件限制，只能丢弃或转为非食品用途的副产品或次级产品。

（2）可供人类食用的，但在穗期故意丢弃或转为非食品用途的粮食。

（3）在收获成熟期和在穗期无意被毁坏的粮食。

（4）可供人类食用，但在产后处理阶段，由于产品分级原因，而丢弃或转化为非食用用途的粮食。

（5）被转化为动物饲料或肥料，没有重新进入在本项目研究范围内界定的粮食供应链中的粮食。

而在 2019 年的《世界粮食和农业状况》报告中，对损失与浪费进行了区分[①]。粮食损失和浪费是指食品供应链上质量或者数量的下降，但在环节上存在区别：

粮食损失是指食物供应链上供应商的决定和行动导致食物质量或数量下降，不包括零售商、食物服务提供商以及消费者，也即粮食损失涉及食物供应链直至但不包括到达最终消费者手中的所有阶段。

粮食浪费则指零售商、食物服务提供商以及消费者的决定和行动导致食物质量或数量的下降。这样的区分主要是从减损干预措施角度来看，以影响消费者行为和以影响食物供应者行为的措施着力点存在明显差异。虽然零售商和食物服务提供方也属于食物供应者，但其决策在很大程度上受消费者行为影响。因此，FAO 将损失和浪费做如下区分：零售和消费者层面的食物的减少称之为"浪费"；食物供应链其他环节的食物的减少称之为"损失"。

FAO 在 2019 年对粮食损失与浪费的界定，与 2011 年相比，存在如

---

① 联合国粮食和农业组织 . 2019 年粮食及农业状况 [R]. 2019.

下两大区别：

1. 食物用途差异

FAO 2011 年的研究将所有的非食物用途（饲料、种用和工业用途）都视作损失或浪费；且仅考虑了粮食的可食用部位，而 2019 年则考虑的是商品整体，包括可食用和不可食用部位，是指在零售阶段之前（不包括零售阶段）因丢弃、焚烧或其他处置而直接或间接完全退出收获后/屠宰后/捕捞后供应链，并未再用于任何其他用途（如动物饲料、工业用途等）的所有作物、畜牧和渔业部门中人类可食用的商品数量。因此，发生在储藏、运输和加工阶段的损失以及进口产品的损失也都计入在内。

2. 食物供应链阶段差异

FAO 2011 年的研究没有区分损失与浪费，考察了农业生产、收获和收获后作业、收获后处理和储存、加工和包装、批发和零售、家庭消费等阶段。2019 年区分了损失与浪费，考察了农场收货后作业、运输、储存和分销、加工和包装等阶段。

二、本书界定的损失与浪费

出于评估粮食产后损失与浪费的需要，也便于为节粮减损工作提供实践参考，本书对损失与浪费的概念进行了区分。本书的调查对象确定为供人类食用的粮食及其加工产品，并以可食用粮食数量的减少作为损失的调查、评估对象，不区分粮食的有形/无形损失、使用价值/价值损失。有关粮食的质量损失，也仅考虑其造成粮食不可食用或做非食用用途造成的粮食数量减少的情形。具体描述如下：

（1）粮食产后食品供应链中的粮食是供人类消费的可食用粮食（含初级、半加工及深加工产品），剔除产后粮食中不可食用部分不计入粮食产后损失与浪费。

（2）粮食产后损失是指在餐前环节由于设备、设施、技术、经济行为和管理等因素造成的粮食丢弃、变质或虫害，使粮食因不可再食用或转为非食用用途而引起的可食用粮食数量的减少，本报告特指在收获、干燥、储藏、运输、加工、销售（特指批发）这几个环节所产生的粮食数量的减少。

（3）粮食产后浪费特指在消费环节由于人们消费行为的原因所导致的可食用食物数量的减少。

第三节　粮食产后损失分类

粮食损失与浪费通常用数量来测算。有些研究还使用卡路里指标和其他经济指标。粮食质量损失与浪费的评估和测算则更具难度，因为它涉及不同的质量和营养属性，且相互之间缺乏关联。此外，随着粮食质量损失与浪费加剧，通常其经济价值也会流失，例如肉眼可见的质量下降（新鲜产品或保质期）等。FAO（2011）提供了下面几种指标，其中"数量"和"卡路里"用来衡量粮食的数量损失与浪费；"营养价值"用来衡量粮食质量损失与浪费；"货币价值"可以同时用来衡量粮食数量和质量的损失与浪费。本书分别从数量视角、热量与营养价值视角、货币视角对粮食产后损失进行梳理。

一、数量损失视角

常见的测算指标是评估粮食损失与浪费的数量，这是各分析层面最容易使用和最容易比较的数据，也是迄今为止已发表的大多数研究所采用的方法。具体可以分为以下几个类别。

（一）有形损失与无形损失

按照粮食损失是否可以被计量，可以分为有形损失和无形损失。有形损失即粮食由于各个方面的原因而不能进入最终的消费领域的部分，粮食的有形损失比较直观，能很容易被人们认识到，可以用一定的仪器、设备测定、观察。也有一部分粮食，尽管进入了最终的消费领域，但由于不能充分有效利用，或虽被利用，但从经济角度和健康角度来讲，会对消费者的生命运动和再生产活动产生明显的不利影响，从而形成的间接粮食损失，这部分损失称为无形损失。无形损失的确定，不仅是一个比较难以统计的项目，而且是一个动态的、相对的、复杂的估计项目。实际上，在现实生活中，特别是粮食生活性消费和生产性消费交织在一起的粮食损失系统中，粮食的无形损失和有形损失也是交织在一起的，不能明确区分开来。

（二）绝对损失与相对损失

从绝对性和相对性角度来考虑，粮食损失浪费可分为绝对损失和相对损失。绝对损失就是粮食在生产、加工、消费等子系统中，按照某个路径流通时，所有的损失和浪费总和。粮食按照任何路径流通，即使产中系统没有任何大的自然灾害、产后系统技术如何先进、消费系统人们的节约意识多么强，损失总是存在的，因此，现实的粮食损失系统中一部分损失属于正常的损失。绝对损失尽管在理论上存在，但是无法进行测定和衡量。相对损失在产中、产后子系统中，是利用某一技术组合的处理过程与采用另一种技术组合相比较，所增加或减少的粮食损失。一般来讲，我们可以将某一种技术组合或社会一般的技术组合，作为对某一特定技术组合的比较基础。

二、热量损失视角

用数量来测算粮食损失与浪费这种方法未能充分考虑热量因素，从数量上看，数量可能已得到保存（粮食损失与浪费水平较低），但这不一定意味着蛋白质和营养素也同样得到保存。粮食的卡路里损失就是用数量表示的粮食损失与浪费数据转换成了用卡路里表示。Kummu 等（2012）利用各种食品的卡路里含量，将 FAO（2011）[1] 用量表示的粮食损失与浪费数据转换成了用卡路里表示[2]。这种做法在计算粮食损失与浪费时，通过给予热量不同的食品在粮食损失与浪费中不同的"权重"来达到统计的目的。

三、营养价值损失视角

粮食的营养价值损失不一定与粮食数量的损失与浪费相关联。从数量

---

① FAO G. Global food losses and food waste – extent，causes and prevention［R］. Save Food：An Initiative on Food Loss and Waste Reduction，2011.

② Kummu M，De Moel H，Porkka M，et al. Lost food，wasted resources：global food supply chain losses and their impacts on freshwater，cropland，and fertiliser use［J］. Science of the Total Environment，2012，438：477 – 489.

上看，数量可能已得到保存（粮食损失与浪费水平较低），但这不一定意味着蛋白质和营养素也同样得到保存。比如新鲜食品的储存、大米精碾、小麦去糠、水果压榨等都会造成营养素含量的降低。

四、货币损失视角

粮食作为一种商品，具有商品的两重性，即使用价值和价值。同样，粮食的损失也可以分为使用价值损失和价值损失两个方面。粮食的价值损失就是凝聚在粮食这种商品中的一般人类劳动的损失，使生产粮食的劳动变化成为无效劳动。因此，在食物供应链层面，物理意义上的粮食损失与浪费以及粮食质量损失与浪费会导致经济价值的降低。在食物价值链中，从生产到最终销售环节，价值通常会随最终成品的逐步成形不断呈累加趋势。对于不断升级、加工的产品而言，这是一个显而易见的过程，对于食物链较短的新鲜产品而言，情况也是如此。在食品链各环节中，由于随着产品变质（粮食质量损失与浪费）或粮食损失与浪费的出现，经济价值都可能会出现下降趋势。

第三章 粮食产后损失的评估方法

第一节 粮食产后损失评估总体设计

一、粮食产后损失评估原则

本书针对我国粮食产后损失情况，以科学测定粮食产后损失、提出有针对性的节粮减损措施为目标，厘清引致粮食产后损失的系统性因素，按照不同地区、不同品种、不同环节、不同技术装备、不同流通模式的自然、经济和技术特征，构建适应我国粮食产后系统模式的粮食损失调查评估的指标体系、方法体系、数据体系、标准体系、模型体系、方案体系和对策体系，解决粮食产后损失调查评估所存在的数据欠准确、方法欠系统、技术欠先进、目标不完善、平台有缺失的现实问题，促进节粮减损、构筑无形粮田、增进粮食安全。遵循如下原则：

1. 有限目标、突出重点

围绕科学调查评估粮食产后损失状况、提出有针对性的节粮减损措施的目标，重点针对稻谷、小麦、玉米、大豆、油菜籽、花生 6 种作物在收获、干燥、农户储粮、储藏、运输、加工、销售 7 个环节，兼顾区域层面，在全国范围内深入开展详细调查评估；以大样本抽样调查为主，以实验室样本数据为辅；以调查评估为主，分析模拟为辅。

2. 统筹部署，综合协调

统筹考虑不同品种、不同地区、不同环节的粮食损失状况及其影响因素，整体部署各子任务的粮食产后损失调查评估工作。由项目牵头单位南京财经大学总体负责，中国农业大学、中储粮成都粮食储藏科学研究所、国贸工程设计院、武汉轻工大学、江南大学、国家粮食局发展交流中心等单位密切合作。充分衔接和利用各单位的优势资源和成果，共同完成粮食产后损失调查工作。

3. 总体谋划，分步实施

集中力量在调查评估开展初期制定尽可能详尽可行的粮食产后损失调查评估的实施方案和技术指南，全面、系统和科学谋划粮食产后损失调查评估研究工作安排，分步骤、分环节、分品种、分区域有序推进调查评估工作。

4. 先行预研，统一规范

针对不同品种和环节进行小样本预调研，检验各项调查评估技术路线、工作流程和数据采集方法的可行性，在总结经验的基础上，进一步完善调查评估的实施方案、技术指南和组织形式，对同一环节同一品种采用统一模式、统一规范、统一方法开展产后损失调查评估。

二、粮食产后损失评估总体设计思路

粮食产后分环节具有独特特点，考虑到调查过程的可行性和可检查性，以及各环节之间的数据的衔接性，采用"遵循总体顶层设计要求、实

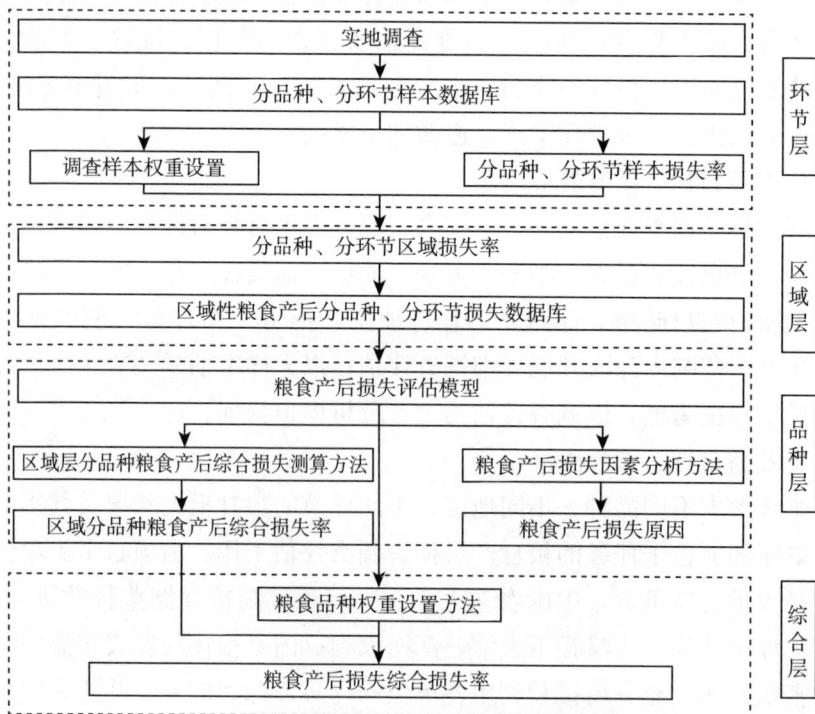

图 3-1　粮食产后损失评估方法设计思路

施分环节调查方案调查"方法完成粮食产后损失评估的研究工作。然后在分环节课题组获取的分环节、分品种、分地区的粮食产后损失率的基础上，进行综合测算。粮食产后损失评估方法总体设计如图3-1所示。粮食产后损失评估体系包括调查和测算两大部分。其中，测算体系主要是依据粮食供应链，根据中国粮食流转特征，采用物质流方法，构建粮食产后损失测算模型；调查体系主要是分品种分环节调查获取分品种、分环节、分区域的损失率数据，构建区域性粮食产后分品种、分环节损失数据库为测算模型提供数据基础。

第二节　粮食产后损失测算方法设计

一、分环节损失测算方法设计

分环节损失测算主要是基于实践调查所获得的各样本损失率以及样本权重，通过加权平均法，获得分地区（包括全国层次）、分环节、分品种的粮食产后调查损失率。具体步骤如下：

首先，基于调研样本的环节损失数量和流通量这两个数据之比获得样本损失率；然后，再根据各自不同的调查样本筛选方法，设置相应的权重，采用加权平均法获得分环节、分品种、分地区（包括全国层次）的调查粮食品种损失率；最后，再根据各环节所调查品种和原粮之间的转化率，表达为以原粮作为标准计量单位的损失率。

二、分品种损失测算方法设计

分品种粮食产后损失率的综合测算按照如下步骤：首先基于各环节损失率，计算1单位粮食分别流经粮食产后收获、干燥、农户储粮/储藏、加工、运输、销售各环节的绝对损失量；然后根据粮食产后农村和城市2个模式所包括的环节差异进行累加，计算分模式粮食产后损失率；最后根据两种模式中所流通的粮食比例设置权重，计算出分品种综合损失率。

1. 分环节绝对损失量的计算

由于流经每一环节的粮食数量以及粮食形态存在差异，因此某品种的粮食产后损失浪费率，不能把各个环节的损失率简单加总。假设有 1 单位粮食流经产后每个环节，各环节的损失浪费如表 3-1 所示。

表 3-1　单位粮食产后不同环节绝对损失浪费量的计算公式

环节	计算方法	变量说明
收获	Ⅰ：s_{ij}	s_{ij}，某地区某品种收获环节的损失率
干燥	Ⅱ：$g_{ijk}(1-s_{ij})$	g_{ijk}，某地区某品种干燥环节的损失率
农户储粮	Ⅲ：$f_{ij}(1-g_{ij2})(1-s_{ij})$	f_{ij}，某地区某品种农户储粮环节的损失率
储藏	Ⅳ：$c_{ij}(1-g_{ij1})(1-s_{ij})$	c_{ij}，某地区某品种储藏环节的损失率
加工	Ⅴ：城市 $p_{ij}(1-c_{ij})(1-g_{ij1})(1-s_{ij})$ Ⅵ：农村 $p_{ij}(1-f_{ij})(1-g_{ij2})(1-s_{ij})$	p_{ij}，某地区某品种加工环节的损失率
运输	Ⅶ：$y_{ij}(1-p_{ij})(1-c_{ij})(1-g_{ij1})(1-s_{ij})$	y_{ij}，某地区某品种运输环节的损失率
销售	Ⅷ：$x_{ij}(1-y_{ij})(1-p_{ij})(1-c_{ij})(1-g_{ij1})$ $(1-s_{ij})$	x_{ij}，某地区某品种销售环节的损失率

注：①i 表示粮食品种，取值 1，2，…，8，分别表示水稻、小麦、玉米、大豆、甘薯、马铃薯、油菜籽、花生；j 表示地区，取值 10，11，12，…，41，分别表示全国以及 31 个省区市；k 表示不同模式，取 1 时代表粮食产后城市系统，取 2 时代表粮食产后农村系统。②运输、销售环节的损失计算仅在城市模式适用。

2. 分模式产后损失率的计算

通过表 3-1，可以进一步计算出不同模式的粮食产后综合损失率，即计算 1 单位粮食流转不同系统时的总损失量。计算公式如下：

城市模式：$\qquad w_{ij1}=$ Ⅰ＋Ⅱ＋Ⅳ＋Ⅴ＋Ⅶ＋Ⅷ $\qquad$ (3-1)

农村模式：$\qquad w_{ij2}=$ Ⅰ＋Ⅱ＋Ⅲ＋Ⅵ $\qquad\qquad$ (3-2)

其中，公式（3-1）表示城市模式的粮食产后综合损失率；公式（3-2）表示农村模式的粮食产后损失率。

3. 分品种产后损失率的计算

粮食分品种综合损失率的计算公式如下：

$$w_{ij}=Ⅰ＋Ⅱ＋m(Ⅲ＋Ⅵ)＋(1-m)(Ⅳ＋Ⅴ＋Ⅶ＋Ⅷ) \qquad (3-3)$$

其中，m 表示农户储粮占比。

三、粮食综合损失测算方法设计

粮食综合损失浪费率测算是基于粮食分品种综合损失浪费率的计算结

果进一步计算获得,关键在于如何设置各粮食品种的权重。本报告以某地区粮食品种产量数据作为基础数据进行权重设置。据《中国统计年鉴》对粮油品种的分类,其中粮食包括谷物、豆类、薯类,油料作物包括花生、油菜籽、芝麻等;而在实际调查中主要对水稻、小麦、玉米、大豆、油菜籽、花生、甘薯、土豆 8 种粮食品种进行了调查。

1. 粮食综合损失测算权重设置

考虑到相似粮食品种的损失率最为接近以及数据的可获得性,本项目基于稻谷、小麦、玉米的产量之比设置相应权重,推算出谷物的综合损失率;基于大豆的损失率,推算豆类的综合损失率;基于马铃薯、甘薯的产量之比设置相应权重,推算出薯类的综合损失率;最后,基于谷物、豆类、薯类的产量之比设置相应权重,推算粮食的综合损失率。同时,基于花生、油菜籽的产量推算油料作物的综合损失率。相关的权重设置如表 3-2 所示。

表 3-2　粮食综合损失率测算的权重设置

类别	第一层次权重	第二层次权重
粮食	谷物：$r_1=$谷物/(谷物+豆类+薯类)	水稻：$r_{11}=$水稻/(水稻+小麦+玉米)
		小麦：$r_{12}=$小麦/(水稻+小麦+玉米)
		玉米：$r_{13}=$玉米/(水稻+小麦+玉米)
	豆类：$r_2=$豆类/(谷物+豆类+薯类)	大豆：$r_{21}=1$
	薯类：$r_3=$薯类/(谷物+豆类+薯类)	马铃薯：$r_{31}=$马铃薯/(马铃薯+甘薯)
		甘薯：$r_{32}=$甘薯/(马铃薯+甘薯)
油料	油料：$r_4=1$	油菜籽：$r_{41}=$油菜籽/(油菜籽+花生)
		花生：$r_{42}=$花生/(油菜籽+花生)

注:r 表示权重系数。

2. 粮食综合损失率的计算

第一层次的粮食综合损失率计算方式如下:

$$w_s = \sum_i r_{si} w_{ij} \qquad (3-4)$$

其中,s 表示谷物、豆类、薯类、油料;w_s 表示第一层次各粮食品种的综合损失率。

粮食综合损失率计算方式如下:

$$w = \sum_s r_s w_s \qquad (3-5)$$

其中，w 表示粮食综合损失率。

3. 粮食综合损失量的计算

按照各粮食品种的产量和综合损失浪费率相乘，即可获得。

第三节　粮食产后损失调查方法设计

一、粮食产后损失调查方法设计原则

为准确掌握全国范围内粮食产后损失状况，客观评价我国玉米、小麦、水稻、薯类等粮食作物以及大豆、花生、油菜籽等油料作物的产后收获、干燥、农户储粮、储藏、运输、加工、销售 7 个环节损失的详细状况，更好地满足研究制定有效节粮减损措施的需要，为解决粮食产后损失调查评估所存在的一系列现实问题，促进节粮减损，增进粮食安全提供基础调查数据。遵循以下三大原则：

1. 客观性原则

要从各环节粮食损失浪费的具体情况出发，认识不同调查对象的差别和变化；充分分析已有文献资料，分析各环节内在的发展特点和过程，抓住各环节粮食损失浪费的本质特征，在研究和认识粮食产后各环节特殊性基础上，编制分环节调查方案。

2. 科学性原则

调查方案的编制要用数据、资料说话，观点、意见、建议不能凭空臆造；调查问卷的设计必须有效符合总项目的研究目标，能够通过分环节调查工作的实施获得相应的基础数据；调查方案、调查数据以及调查结论之间要有严密的逻辑性。

3. 系统性原则

各环节作为粮食产后系统的子系统，必须清晰界定各环节的边界，同时注意分环节的内在结构与整个粮食产后系统之间的联系；注意分环节调查全过程的层次性和顺序性；注意分环节内部的相对独立性以及与其他环节的有效衔接性。

二、粮食产后损失调查对象界定

粮食产后损失调查除能够提供进行粮食产后损失率和损失量测算的基础数据外，还需要能够为进一步构建科学系统的粮食产后损失浪费的评估模型与分析提供基础。

1. 调查样本地区

据预调研显示，因我国幅员辽阔，因自然气候条件以及人文环境的差异，不同地区粮食作物品质、产后处理以及消费习惯存在一定的差异，为了能够更好地对我国粮食产后损失情况进行评估，针对不同环节在全国范围内进行了粮食损失调查。本书根据经济发展程度以及粮食产销格局对我国 31 个省区市（不含港澳台地区，下同）进行划分，如表 3-3 所示。

表 3-3　调查样本地区划分

样本分区	主产区	主销区	产销平衡区
东部	辽宁、河北、山东、江苏	北京、天津、上海、浙江、福建、广东、海南	
中部	吉林、黑龙江、安徽、江西、河南、湖北、湖南		山西
西部	四川、内蒙古		陕西、甘肃、青海、宁夏、新疆、重庆、云南、贵州、西藏、广西

注：分环节调查过程中，囿于种种客观原因，有些环节或品种的损失调查未能覆盖全国，因此在获取基础数据后，对缺失省份的数据则会根据相邻省份进行推算。

2. 粮食调查品种确定

根据本书界定的粮食内涵，本研究确定的调查品种为谷物类、薯类、豆类和油料作物类粮食类别。根据本项目粮食内涵的定义，可将粮食调查品种分类如表 3-4 所示。

3. 粮食产后损失环节的确定

根据粮食产后系统结构图，粮食产后损失调查需要调查评估餐前环节即收获、干燥、运输、储存、加工、销售的损失情况，描述如下。

收获：收获作业中的机械损失和泄漏损失，以及拣选弃收损失等。

表 3 - 4　本项目调查的粮食品种

调查品种类别	所调查的粮食包括
谷物类	小麦、水稻、玉米
薯类	马铃薯、甘薯
豆类	大豆
油料作物类	花生、油菜籽

产后处理和储存：在作物收货后的干燥、储存和运输过程中出现的抛洒和降解等损失。其中干燥和储存在农村和城市产后系统中的技术和方法存在很大的差别，因此本项目针对这两个环节分别进行 2 个系统的调查；其中"储存"这一环节在城市系统中对应着储藏环节，在农村系统环节中对应着农户储粮环节。

加工：在碾磨、再加工环节出现的抛洒和降解等损失，如面包烘焙、粮食类饮品生产等。还有可能因加工中断、意外泄漏或者不适合加工或洗涤、切片和煮沸等工序而选漏的损失。

销售：在市场体系中出现的损失，如批发市场、超市、零售商和农贸市场等。

三、粮食产后损失调查结构

粮食产后损失调查结构可以分解成五层维度：第一层为综合层，即总的粮食产后损失率；第二层为品种层，包括稻谷、小麦、玉米、大豆、油料作物等主要粮食品种的产后损失率；第三层为地区层，按照经济发展情况划分三类不同区域，即东、中、西部，包括 31 个省区市；第四层为环节层，包括收获、干燥、农户储粮、运输、储藏、加工、销售环节的损失率；第五层为因素层，主要是影响各环节、各品种粮食产后损失率的自然因素、技术因素、组织因素和政策因素等。具体维度结构见图 3 - 2，第五层根据不同环节的特征，结构有所不同，所设的因素数量和结构也有所不同。具体由各环节子任务根据环节特征进行设置。

结合粮食产后系统结构，我国粮食产后损失浪费调查实际包含 4 个维度，品种层、地区层、环节层、模式层（城市和农村）可以根据研究目

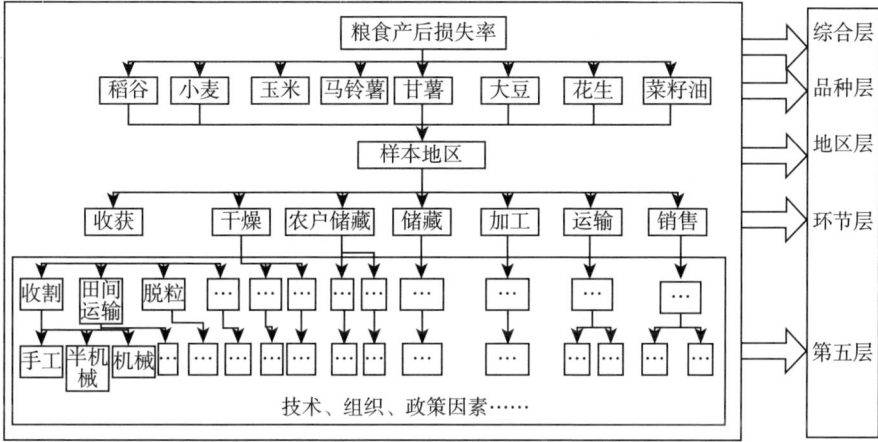

图 3-2 粮食产后损失浪费调查结构

标，用来对不同地区、不同品种、不同环节的粮食损失浪费调查进行评估
分析。各调查环节所必须调查的维度参见表 3-5。

表 3-5 粮食产后各环节损失调查维度

维度	收获	干燥	农户储粮	加工	储藏	销售	运输
调查品种	小麦、水稻、玉米、大豆、花生、油菜籽、薯类等						
样本地区	东、中、西部；粮食主产区、平衡区、主销区						
模式维度	—	农村、城市	农村	—	城市	—	—

注：表中"—"表示所获得的数据两种模式通用。在实际调查中，在农户储粮环节，还需要调查
农户储粮占比这一数据。

四、分环节粮食产后损失调查设计

1. 分环节损失调查设计的基本要求

各调查环节具有各自的独特特点，为便于数据能够进行综合处理，需
要遵循以下要求：

（1）严格按照四个维度的设计，采集相应数据。

（2）第五层设计本着先模式、再工序、后因素的原则。即由于各个环
节具有不同特征，有些环节还可以再行分为相应的工序，如城市产后系统
中的加工环节，则必然有碾磨工序和再加工过程，其中再加工还可以根据

食品加工特点（饲料加工也在考虑之列）再行细分。

（3）为了便于计算粮食损失绝对量，有必要采集城市和农村两大产后模式的粮食分流占比，各个环节需要提供这一数据。

（4）调查区域样本选择数量必须科学。可以根据各个环节的特点在全国范围内分区域确定样本数量。如收获、干燥、农户储粮，可以根据国内粮食生产总量的区域特点确定各样本区域的样本数量；加工环节可以根据国内粮食加工总量的区域特点确定各样本区域的样本数量；运输环节则可以根据国内粮食流通总量的区域特点确定各样本区域的样本数量；储藏环节可以根据国内粮食库存总量的区域特点确定各样本区域的样本数量；销售环节则可以根据国内人口规模的区域特点确定各样本区域的样本数量。各个样本数量确定的依据可以作为某环节地区层面的权重。

（5）第五层可以看作是各环节损失子系统，需要根据各环节特点，科学设置各环节粮食损失第五层子系统内部的权重，以便能够获得分区域分品种分环节调查损失数据。

2. 分环节调查样本选择

（1）收获、农户储粮、农户干燥环节：根据不同粮食品种的生产布局选择相应的调研地区。调查地区为华南水稻产区，华中水稻、小麦、油菜籽产区，华东水稻、小麦、油菜籽产区，华北小麦、玉米、花生产区，东北水稻、大豆、玉米产区，西南水稻、油菜籽产区，西北小麦、花生产区。

（2）粮库干燥、储藏、运输环节：按照不同品种、不同地区、不同干燥模式、不同运输形式、不同仓储形式及不同经济类别主体，选择调查样本。

（3）加工环节：按照不同品种、不同地区、不同加工技术装备，选择调查样本。

（4）销售环节：主要调查农贸批发市场，按照不同品种、不同地区、不同销售主体，选择调查样本。

3. 分环节调查内容设计[①]

表 3-6 对粮食产后损失调查工作进行粗略概述。具体分析如下：

———————————

① 本部分内容主要根据各任务调查方案进行粗略梳理。

表3-6　粮食产后损失调查概述

环节	品种	样本总量	调查区域	调查对象	样本选取方法
收获	稻谷、小麦、玉米、油料（大豆、油菜籽、花生）、马铃薯	7 400+28[b]	根据农业农村部农村经济研究中心固定观察点所确定的行政村和农户确定28个省级区域	种植经营主体：专业大户、家庭农场、农业合作社、农业龙头企业和普通农户	分层随机等距抽样
干燥		5 161	根据粮食产量排名选择三大主粮排前10的省区市，其他调查品种排前5的省区市		分层随机等距抽样
		200		粮库	三阶段分层抽样
农户储粮		4 230	七大储粮生态区	农户、专业种植农户和种植业联合体	分层三阶段不等概率PPS抽样与线性系统随机抽样相结合
储藏[a]		360	全国范围	6个月及以上的粮库中有代表性的样本粮库	三阶段分层抽样
运输		488	全国范围	全国具有研究代表性的港口、铁路部门、第三方公路物流等运输客体，以及中粮、中储粮、地方粮库和加工企业等运输主体	
加工		230+40[b]	22个省级区域	各类加工企业	
销售	玉米、面粉、大米、马铃薯、甘薯以及主要制品	1 864	全国范围	超市、批发市场、零售商和农贸市场	分层抽样和系统抽样

注：a. 这里的"储藏"特指粮库仓储；b. "+"后的数字指的是实验数量。

（1）收获环节

调查品种包括玉米、小麦、稻谷、甘薯、马铃薯、大豆。调查方法采用农户大样本调研及典型地区收获环节实验两种组织形式。农户问卷调研环节的调查对象为种植经营主体，主要有专业大户、家庭农场、农业合作社、农业龙头企业和普通农户。综合考虑各地区粮食产量、粮食种植和收获方式以及农业农村部农村经济研究中心固定观察点所确定的行政村和农户，最终确定全国 28 个省区市为调研地区。其中：稻谷调研省份为 17 个，总调研户数为 1 030 户；小麦调研省份为 15 个、总调研户数为 1 010 户；玉米调研省份为 18 个，总调研户数为 1 090 户。调研样本量为 3 130 个。薯类调研省份为 17 个，总调研户数为 620 户；大豆调研省份为 14 个，总调研户数为 520 户。调查内容包括四大类：一是农户家庭特征，如户主年龄、受教育程度、家庭农业劳动力等信息；二是农户家庭生产经营特征，包括种植的品种、收入和成本，地块经营情况，家庭收入和农业补贴等基本情况；三是关于粮食收获环节可能造成损失的自然天气、地形、收割方式、收割机械、收运工具、田间道路情况，脱粒方式和清粮方式等各种因素的基本信息情况，以及在收获环节中每个收获步骤所导致的粮食损失量和比例；四是一些开放性问题调研，主要用于了解农户对于粮食损失的态度，以便能够进行后续的研究。实验部分根据 2012—2014 年全国 31 个省区市的 6 类作物产量三年的平均值，在产量的基础上综合考虑区位上的东中西，以及粮食主产区、粮食主销区和粮食产销平衡区，分别选择 6 类品种的典型省份进行实验。6 类作物共需实验点为 28 个。实验内容包括：一部分是测算 6 类品种的主要机械化收获的损失率；另一部分是测算 6 类品种半机械化或纯人工收获的损失率。

（2）干燥环节

调查品种包括稻谷、小麦、玉米、大豆、甘薯、马铃薯。依照干燥环节操作执行者类型划分为农户干燥以及粮库干燥两种类型，并结合大样本问卷调查与小样本典型试验两种方式来组织。农户干燥调查样本：通过专家访谈对项目中 8 种粮油品种的主要种植和干燥方式进行调研。然后根据各省区市主要粮食品种的产量排序，结合不同地区的粮食种植和干燥方式，选择稻谷、小麦、玉米总产量排前 10 的省区市，大豆、薯类（含红薯、马铃薯）总产量排前 5 的省区市，进行种植经营主体（包括农户、农业合作社、农业企业等）调研，搜集多个维度交叉的粮食干燥环节的损失数据。调查样本共 5 161 户。粮库干燥调查样本：粮库储藏样本省级区域的确定采用非随机抽样形式，经确定的样本省级区域内样本县级区域的选择则采用随机抽样的组织形式。具体样本点的选择则采用非随机配额抽样的组织形式进行，对样本县级区域内调研总体中每一个国有粮库都给予平等的抽取机会，根据调查对象的性质和本次调查的实际情况，通过三阶段分层抽样的方式确定样本容量为 200 个。调查内容包括两部分：在干燥损失率调查方面，调查作物在干燥环节出现丢损、碎粒、发霉、发芽等问题而无法进入下一步农户或粮库储藏环节的质量与理论质量的百分比；在影响因素方面，调查影响干燥环节损失的技术经济水平（种植规模、干燥机械投入水平等）、技术水平（干燥机械类型与处理量等）等情况。

（3）农户储粮环节

调查品种包括稻谷、小麦、玉米、大豆、甘薯、马铃薯。主要采用三阶段抽样调查法对农户进行抽样调查，由问卷人员随机从农户家中抽取答卷后邮寄；同时从 3 大主要储粮生态区抽取农户进行跟踪实测。共发出问卷 4 230 份，分布于 221 个县，217 个村。调查内容包括：①农户的粮食生产、储藏和消费的基本情况；②农户储粮规模和储粮方式（储藏量和储具）；③农户储粮管理情况；④农户储粮投入情况；⑤农户家庭基本情况；⑥农户储粮损失情况（数量和质量）。

（4）储藏环节

调查品种为稻谷、小麦、玉米、大豆和薯类，从全国所有储存时间在 6 个月及以上的粮库中，抽取的具有研究代表性的 360 个粮库。调查内容包括：受访者素质，受访企业所属生态储粮区域，企业类别，储藏品种，储藏规模，储藏时间，仓型，储藏形式，进出仓工艺，储粮设施，储粮技术，虫害、鼠害及霉变等状况，油罐有无保温层，变质、混杂、渗漏等状况，保管员素质等。

（5）运输环节

调查品种为水稻、小麦、玉米、大豆、薯类，从全运输客体（包括港口、铁路部门、第三方公路物流等）、粮库（包括中粮、中储粮、地方粮库）和加工企业中选取的具有代表性的 488 个企业。调查内容包括：受访者素质，受访企业类型，运输品种，运输规模，运输方式，装卸方式，包散形式，运输工具密闭性，装卸人员素质等。

（6）加工环节

调查品种包括玉米、小麦、稻谷、马铃薯、挂面、大豆。调查方法采用问卷调研及建立加工实验合作企业 2 种方式。累计调查企业 230 家，实验合作企业 40 家。调查内容包括：所调查品种的加工工序、加工企业规模、企业生产能力，加工产品的生产成本，生产设备、节粮意识、粮食出品率、营养素以及可食用副产物利用等损失浪费情况。

（7）销售环节

调查品种包括玉米、面粉、大米、马铃薯、甘薯以及相关的主要制品等；调查对象包括超市、批发市场、零售商和农贸市场，包括城市和农村两个调查区域。城市调查区域主要侧重于超市，农村调查区域主要侧重于农贸市场。有效样本量达 1 864 份。调查内容包括：被调查者的基本信息，搬运装卸，存储，展销三流程的流通量和损失量；以及粮食装卸方式（人工、机械），员工的经验、技巧，搬运距离，搬运工具，粮食外包装质量，粮食包装封口方式，粮食包装大小，粮食装卸时的天气状况，仓储设备条件，仓库通风、湿热环境，鼠害、虫害、鸟类啄食，霉变，产品保质期，产品展示方式，运输车类型，运输道路状况等影响因素情况。

五、粮食产后损失调查数据库

粮食产后损失调查数据库是在分环节、分品种问卷调查所获样本数据的基础上，根据区域样本权重计算获得的分 31 个省区市以及全国层次的分环节、分品种的省级粮食产后损失调查数据。该数据库是本书进行粮食产后损失分析的基础数据，该数据库的数据结构特征如表 3-7 所示，共有样本量 256 个。

表 3-7　粮食产后损失调查数据库描述性统计

统计量	收获	农户储粮	干燥	储藏	运输	加工	销售	农户储粮占比
平均	0.037 6	0.168 6	0.049 6	0.003 6	0.002 5	0.022 9	0.006 3	0.320 1
标准误差	0.001 4	0.007 6	0.001 2	0.000 1	0.000 1	0.003 4	0.000 2	0.008 6
中位数	0.034 1	0.165 5	0.046 6	0.003 2	0.002 9	0.000 2	0.006 2	0.324 6
标准差	0.022 8	0.122 3	0.018 6	0.002 3	0.001 5	0.054 2	0.003 6	0.137 2
方差	0.000 5	0.015 0	0.000 3	0.000 0	0.000 0	0.002 9	0.000 0	0.018 8
峰度	0.465 7	8.428 2	10.413 2	7.483 0	−0.668 5	3.531 2	2.079 1	0.175 5
偏度	0.837 1	1.962 2	1.888 6	1.869 9	−0.063 4	2.327 6	0.858 3	0.132 6
最小值	—	—	—	—	—	—	0.000 1	—
最大值	0.105 0	0.940 1	0.180 9	0.016 5	0.007 1	0.194 5	0.021 0	0.753 7
观测数	256	256	256	256	256	256	256	256
置信度（95.0%）	0.002 8	0.015 1	0.002 3	0.000 3	0.000 2	0.006 7	0.000 4	0.016 9

注：最小值标记为"—"，是指某品种、某环节、某地区未进行粮食产后损失调查。

数据来源：粮食产后损失浪费调查信息数据库，除特殊说明的外，本书后续分析所使用的数据均来源于该数据库。

第四章　分品种粮食产后损失情况

第一节　稻谷产后损失情况

一、环节特征

（一）加工环节损失最高

表4-1描述了全国31省区市稻谷分环节产后损失率的描述性统计特征。稻谷加工环节损失调查过程中，将加工环节分解为毛谷投入、筛理、去石、其他、砻谷、稻壳分离、碾米、白米分级、抛光、色选、成品分级、磁选、打包等11个工序。加工环节的"平均数"统计量与其他环节相比，数值达0.167 9，调查损失率最大[①]；农户储粮环节次之，全国层次上损失率平均值有0.083 1；干燥和收获环节的损失率在产后各环节中处于中等水平，平均值分别达0.049 1和0.029 5；销售、储藏和运输环节损失率平均则相对较低，依次为0.007 5、0.003 5和0.001 0。可以看出加工环节损失率平均值远远高于其他环节，说明加工环节损失率总体上处于一个较高的水平。

中位数则摆脱了极端损失率数值的影响，在该统计量的分析中，加工环节损失仍然最严重，达到0.167 4；农户储粮环节次之，有0.081 5；干燥和收获环节损失率的中位数分别为0.047 4和0.027 7，而销售、储藏和运输环节的损失率中位数仍然处于一个低水平上。可见即使去除极端损失率的影响，加工环节的损失水平依然很高。并且加工环节中损失率的中位数和众数一致，表明在各区域间该环节损失率大多保持在高水平上。

[①]　本书报告的稻谷加工损失率与国家粮食和物资储备局（2014年）报告的2%相比，偏高，主要原因在于测算依据不同，对于口粮加工，是以进入到口粮消费环节的大米作为基准，没有进入口粮消费的这部分则均作为损失；对于酿酒、副食品加工领域的碎米不算作损失；对于在加工中残留在米糠、机器中的没有进入食物链的碎米则算入损失。

　　图 4-1 描述了全国层次的稻谷产后损失分环节调查损失率。从全国层次看，稻谷产后加工环节的损失率达到 16.95%。图 4-2 描述了全国层次稻谷产后损失各环节占比，加工环节损失量约占稻谷产后总损失量的 65%。以国家统计局公布的数据为准，2016 年我国粮食总产量达 61 625 万吨。其中稻谷产量有 20 707.51 万吨，占三大主粮的 37.28%。而我国稻谷产后综合损失率达 23.98%，产后损失量有 4 965.66 万吨，按照每人一天一斤的消费量，可供 2.7 亿人吃一年。其中，稻谷在收获环节损失量有 150.46 万吨；在农户储粮环节损失量有 464.79 万吨；在干燥环节损失量有 231.90 万吨；在储藏环节损失量有 17.38 万吨；在运输环节损失量有 5.46 万吨；在销售环节损失量有 37.74 万吨；而在加工环节损失量则有 841.68 万吨，远远高于稻谷在其他环节的损失量。可以发现全国层次上稻谷加工环节的损失量是非常巨大的，按照每人一天一斤的消费量，仅加工环节的损失量约可供 4 600 万人一年的消费量。

表 4-1　稻谷分环节分地区产后损失率描述性统计

统计量	收获	农户储粮	干燥	储藏	运输	加工	销售
平均	0.029 5	0.083 1	0.049 1	0.003 5	0.001 0	0.167 9	0.007 5
标准误差	0.001 1	0.010 0	0.004 0	0.000 3	0.000 2	0.001 7	0.000 4
中位数	0.027 7	0.081 5	0.047 4	0.002 8	0.000 9	0.167 4	0.007 7
标准差	0.005 9	0.055 8	0.022 4	0.001 9	0.001 1	0.009 4	0.002 4
方差	0.000 0	0.003 1	0.000 5	0.000 0	0.000 0	0.000 1	0.000 0
峰度	−1.172 1	2.392 0	2.537 4	−1.239 2	4.174 5	1.779 5	−1.040 5
偏度	0.342 3	1.365 4	1.380 1	0.203 4	1.800 7	0.532 9	−0.082 0
区域	0.019 9	0.248 9	0.104 2	0.006 6	0.005 0	0.048 3	0.008 2
最小值	0.021 3	0.000 0	0.010 3	0.000 0	0.000 0	0.146 2	0.003 0
最大值	0.041 2	0.248 9	0.114 5	0.006 6	0.005 0	0.194 5	0.011 2
观测数	31	31	31	31	31	31	31
置信度（95.0%）	0.002 2	0.020 5	0.008 2	0.000 7	0.000 4	0.003 5	0.000 9

　　注：统计量"最小值"某些环节为 0，说明存在个别区域的某环节未获取到调查样本。这里主要是指青海省的稻谷产后损失率缺失，由于 2015 年青海省未进行水稻的种植，损失率记为 0，因此在下列稻谷损失分析中均剔除该省。"—"表示数值不存在。

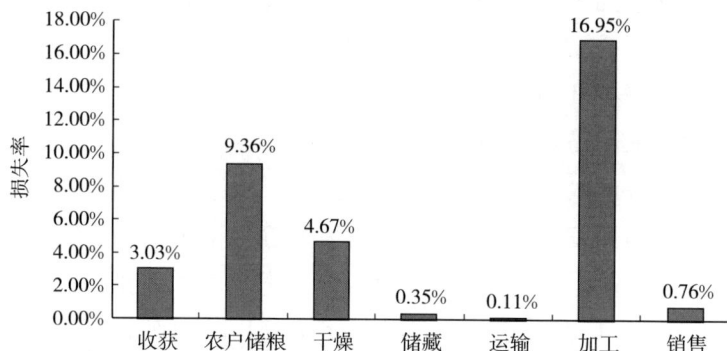

图 4-1　全国层次稻谷分环节调查损失率情况

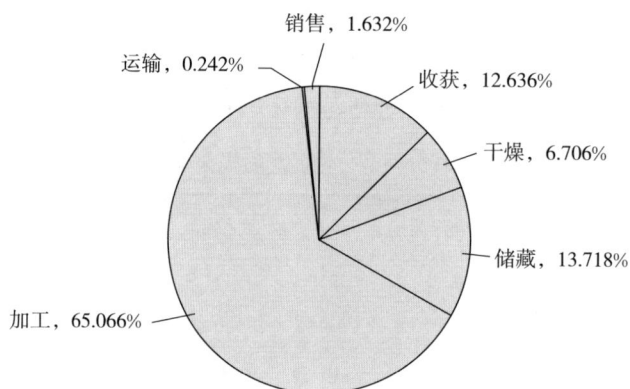

图 4-2　全国层次稻谷产后损失分环节占比

（二）运输环节损失分布差异明显

根据稻谷产后各环节损失率的偏度和峰度数值（表 4-1），发现稻谷在运输环节的损失分布与其他环节显著不同，具体表现出"高峰肥尾"的特征，且损失分布显著右偏。在稻谷产后各环节损失率的峰度值比较中，运输环节损失的峰度值最高，达到 4.174 5，超过标准正态分布下的"3"，表明稻谷运输环节损失率波动幅度较大，存在区域间差异。而在收获、农户储粮、干燥、加工和储藏环节中的峰度值都小于 3，大多表现出"低峰瘦尾"的特征，峰形顶端较正态分布更加平缓。说明在 31 个省区市中稻谷在产后这些环节的损失率波动幅度较小，区域性差异并不显著。

运输环节损失率的偏度值为 1.800 7，显著异于 0，表明稻谷在运输环节的损失表现为"右偏分布"，结合峰度值和偏度值，可以看出全国层次上稻谷在运输环节的产后损失率大多处于较低水平，少数省份处于极端高损失的水平上。而稻谷在收获、农户储粮、干燥、储藏和加工环节的偏度值虽然均为正，表现为右偏分布，但就偏度的绝对值比较来看，数值都小于运输环节损失率的偏度值，可以发现运输环节的非正态分布特征是最为显著的。

（三）农户储粮环节损失波动显著

据表 4-1，在统计量"标准差"的比较中，农户储粮环节损失率的标准差数值达到最大。其中，收获环节标准差有 0.005 9，干燥环节损失率标准差有 0.022 4，储藏、运输、加工和销售损失率标准差相对较小，分别为 0.001 9、0.001 1、0.009 4 和 0.002 4。而农户储粮环节损失率的标准差则达到了 0.055 8，明显大于其他环节损失率的标准差，表明在全国层次上稻谷农户储粮环节损失率波动性很大，存在极端损失率的可能性较高。

通过计算稻谷在各环节损失率的最大值和最小值的差值，可以得出极差大小。其中，稻谷在储藏和运输环节的损失率的极差相对较小，几乎可忽略不计，而在干燥环节中，极差有 0.104 2；加工环节中损失率极差为 0.048 3；收获和销售环节损失率的极差分别为 0.019 9 和 0.008 2；农户储粮环节的极差则为 0.248 9，同样远远大于其他环节损失率的极差。农户储粮环节损失率的标准差和极差分析说明了稻谷在该环节不同地区间的损失率存在显著差异，农户储粮环节损失波动非常明显。

二、模式特征

（一）稻谷城市损失率相对较低

稻谷在城市模式和农村模式中表现存在显著差异，表 4-2 描述分析了不同模式下稻谷损失率的数据特征。从平均数和中位数统计量比较中，可以得出城市模式下的稻谷损失率都是显著低于综合损失率的，表明城市模式下稻谷损失水平是低于全国平均水平的，稻谷产后损失问题相对轻缓。标准差的数值同样小于综合损失率，即全国各地区城市的稻谷损失率波动平缓，大多维持在同一个水平上。从极值的计算中，同样可以得出城市模式下的损失率极差低于全国综合水平，各地区间的损失波动差异并不显著。而在统计量峰度和偏度值的比较中，城市模式下稻谷损失率的峰度达到 1.235 2，显著小于 3，表明损失分布中的峰形比较平缓，呈现为"低峰瘦尾"的特征。偏度值 0.829 3 表明损失分布是右偏的。

表 4-2　稻谷产后不同模式的综合损失率描述性统计

统计量	城市模式	农村模式	综合损失率	城村差异
平均	0.202 1	0.295 4	0.235 2	0.093 3
标准误差	0.001 9	0.009 6	0.004 8	0.008 9
中位数	0.201 1	0.287 4	0.235 8	0.085 0
标准差	0.010 6	0.053 5	0.026 5	0.049 4
方差	0.000 1	0.002 9	0.000 7	0.002 4
峰度	1.235 2	1.413 7	0.315 3	1.818 9
偏度	0.829 3	1.114 5	0.751 4	1.333 1
区域	0.048 5	0.235 9	0.108 1	0.215 1
最小值	0.185 1	0.205 2	0.191 2	0.016 2
最大值	0.233 6	0.441 1	0.299 3	0.231 4
观测数	31.000 0	31.000 0	31.000 0	31.000 0
置信度（95.0%）	0.003 9	0.019 6	0.009 7	0.018 1

注：统计量"最小值"某些环节为 0，青海省 2015 年尚未有水稻种植，故未统计，为了便于粮食综合损失率测算，该省水稻损失率设为 0。"—"表示数值不存在。

图 4-3 分别刻画了城村模式下各地区的稻谷产后损失率以及城村差异。在全国层次上，城市模式中的稻谷产后损失率为 20.44%，显著低于全国稻谷综合损失率 23.98%，表明城市模式下的稻谷产后损失率是处于综合水平之下的，相对损失比较小。城市模式下的各地区稻谷产后损失率几乎成一条直线，即表明损失率波动平缓，各省份城市间的稻谷损失率相差无几，差异较小。根据图 4-3 可知，城市模式下损失率最大值为湖北的 23.36%；损失率最小值为河南的 18.51%，城市间的损失水平相差的确较小，极差仅为 4.85%。

（二）稻谷农村损失率波动明显

结合表 4-2 和图 4-3，可知农村模式下稻谷全国损失率达到

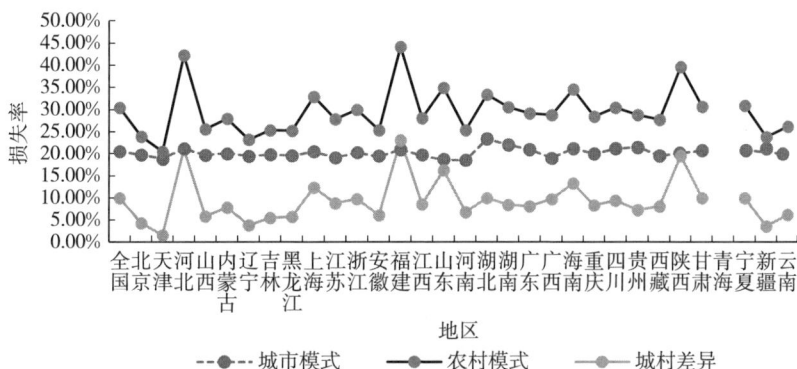

图 4 - 3　稻谷产后分模式情况

注：青海省 2016 年尚未种植水稻，故不同模式下的综合损失率有缺失。

30.41%，与城市模式中的稻谷损失率相差接近 10%，可见稻谷在农村中的损失形势更加严峻，农村模式下的稻谷产后减损空间也比城市模式更大。在农村模式中稻谷产后主要包括收获、农户储粮、干燥和加工环节，其中农户储粮环节的损失尤为严重。

从图 4 - 3 中可以明显看出，农村模式中福建的稻谷产后损失率是最高的，达到了 44.11%，远远高于全国平均水平下的 23.98%。此外，河北和陕西的农村模式中稻谷损失率也非常高，分别达到 42.19% 和 39.68%。农村模式中除数据缺失的青海以外，损失率最低的是天津，为 20.52%。

农村模式下的稻谷产后损失率波动较为明显，有少数省份如河北、福建和陕西的损失率处于非常高的水平，也有少数省份如天津损失率处于较低的水平，而其他多数省份也并非均匀地分散在区间内，总之农村模式下各地区稻谷损失率存在的差异较为显著。

（三）稻谷城村损差区域特征显著

从上述的分析中可以发现稻谷产后损失率在城村之间表现出巨大的不同。图 4 - 4 以城村损失率差值的分位数为划分依据，区分了各地区稻谷城村差异的损失率大小。分别为损失率差异小于 5.7% 的地区，损失率差异在 5.7%～13.3% 之间的地区以及损失率差异值大于 13.3% 的地区。

图 4 - 4 可以看出，仅有东北地区以及新疆的城村损失差异较小，大多数地区稻谷损失率的城村差异都是比较大的，主要有湖北、上海、海

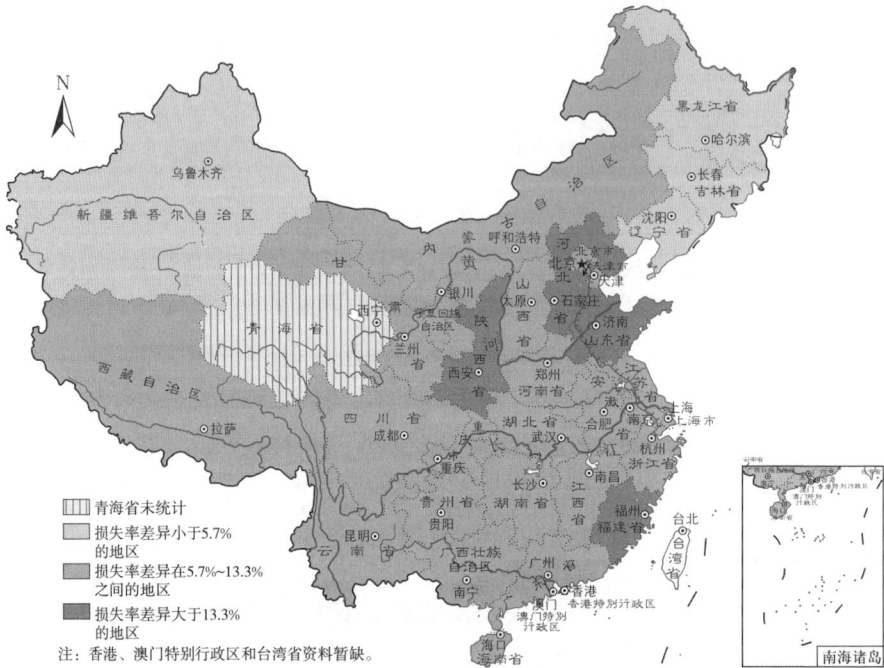

图 4-4　各地区稻谷城村损失率差异情况

南、山东、陕西、河北以及福建等沿海和中部地区。其中福建省的城村模式下稻谷产后损失差异最为严重，不仅表明福建农村的稻谷产后损失现象非常严重，还表明福建的城市和农村稻谷产后减损效果表现出显著差别。与福建表现相同的还有河北和陕西，二者的稻谷产后损失率城村差异分别为 20.93% 和 19.57%，农村稻谷损失现象同样十分严重。损失差异处于中间水平并不能说明这些地区的城村差异较小，只是损失差异不及福建、山东等地，如重庆的城村损失率差异达 8.36%，城村损失率差异最小的天津损失差值也有 1.62%。

三、区域特征

（一）北部沿海省份、华中地区以及福建损失形势严峻

以 31 个省级行政区划单位为基本研究单元来分析粮食产后损失率的地区特征，按照分位数将 31 个省区市划分为损失率居于前 20%、后 66%

以及中间水平的区间。分别是损失率大于 24.7% 的地区、损失率在
24.2%～24.7% 的地区和损失率小于 24.2% 的地区。图 4-5 绘制了全国
各地稻谷产后损失率分布情况。

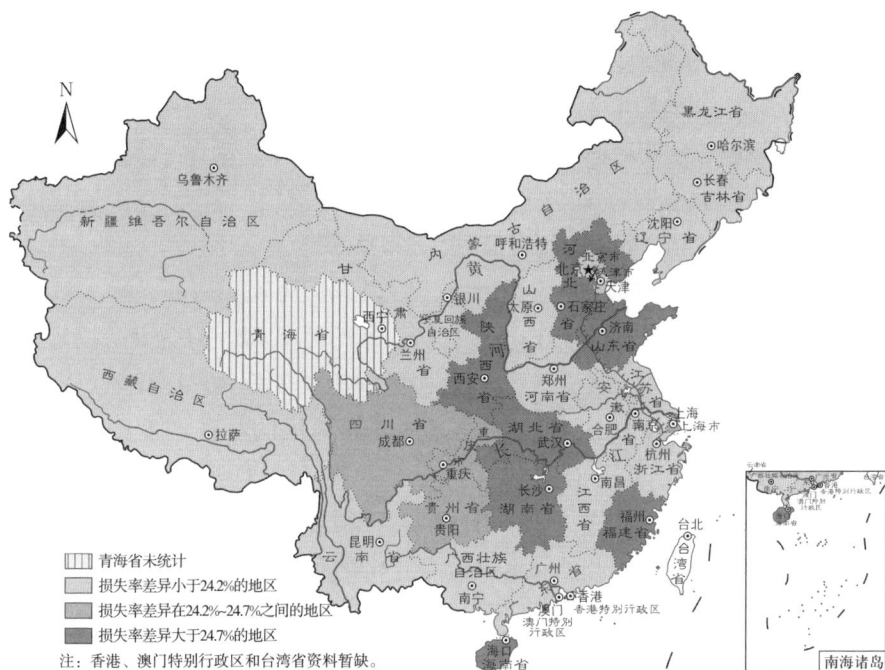

图 4-5　全国各地区稻谷损失率分布

如图 4-5 所示，稻谷产后损失率最大值位于福建，可达 29.93%，最
小值为天津，损失率为 19.12%。除福建损失率最高外，我国稻谷产后损
失比较严重的区域多集中在华中以及北部沿海省份，主要包括陕西、湖
北、海南、河北和山东。其中陕西和山东的损失率与福建的最高损失率非
常相近，几乎达到 29%。按照 2016 年国家统计局公布的稻谷产量数据，
可以得出这六省一年的稻谷产后损失量超过了 5 156.17 万吨，在产后环
节的损失可供 2.8 亿人一年的稻谷消费。

（二）处于中间水平的损失率多集中在西南地区

由图 4-5 可以看出，稻谷产后损失率处于中间水平上的主要有四川、
贵州、重庆和上海。这几个省份的损失率趋向一致，均在 24.5% 上下波

动。和福建等省份比较，西南地区的损失率水平相对较低，但是与天津等低损失率的地区相比，损失形势仍然是不容乐观的。

（三）损失率表现为"沿着中心点陕西向四周由高到低"的分布特征

根据图4-5描绘的全国各地区稻谷产后损失分布，可以发现陕西处于中国的中心点，其损失率比较高，而在它的周围，四川、重庆等地处于中等损失水平，继续往外"扩散"，边缘地区的损失率继续下降。除少部分沿海省份外，其他边界地区的损失率相对处于较低水平，损失率表现为"中心高、四周低"的特征。

（四）西北等偏远地区稻谷产后损失相对轻微

在西北和东北等偏远地区，稻谷产后损失是比较轻微的。除了因调查统计数据未能获取的青海省外，损失率最低的是天津，仅为19.12%。其他损失率较低的也仅略微超过20%，如新疆的损失率为21.30%，吉林的损失率为20.69%，西北、东北以及其他少数地区的稻谷产后损失率相对较低可能与当地经济水平有关。

从地理位置和稻谷损失率的划分来看，稻谷产后损失表现出区域间的差异。直观看来，华中地区和北部沿海省份的稻谷损失率最高，除上海市之外的华东地区以及西北地区的稻谷产后损失率最低。在损失率统计分析中，除青海数据缺失外，稻谷最高损失的福建和最低损失的天津相差10.81%以及0.026 5的标准差都表明各地损失率差异比较显著。0.315 3的峰度值明显小于3，说明就全国各地的稻谷损失分布来看，其峰型比正态分布要平缓，0.751 4的偏度表明各地损失率分布并非对称，而是为右偏分布，即全国各地的损失率统计中少数省份存在极端高损失率数值。

第二节　小麦产后损失情况

一、环节特征

（一）农户储粮环节损失最高且波动幅度大

表4-3描述了全国31个省区市小麦分环节产后损失率的描述性统计特征。对小麦产后各环节"平均数"统计量进行比较，农户储粮环节远远高于其他环节，损失率平均数达到0.122；干燥和收获环节次之，损失率

平均数分别达到 0.045 和 0.030；加工、销售、储藏和运输环节的损失率则相对处于较低水平，均未超过 0.01，其中储藏和运输环节的损失率平均数趋向一致，为 0.004。可看出小麦产后农户储粮环节的损失率总体上处于较高的水平。

表 4-3 小麦分环节分地区产后损失率描述性统计

	收获	农户储粮	干燥	储藏	运输	加工	销售
平均	0.030	0.122	0.045	0.004	0.004	0.009	0.006
标准误差	0.002	0.014	0.002	0.000	0.000	0.000	0.001
中位数	0.030	0.124	0.047	0.004	0.004	0.010	0.006
标准差	0.011	0.079	0.013	0.002	0.001	0.002	0.003
方差	0.000	0.006	0.000	0.000	0.000	0.000	0.000
峰度	2.019	3.757	3.188	−1.493	5.279	17.053	−1.031
偏度	0.406	1.082	−1.275	0.011	−1.613	−3.475	0.056
区域	0.063	0.399	0.067	0.007	0.005	0.013	0.011
最小值	0.000	0.000	0.000	0.000	0.000	0.000	0.001
最大值	0.063	0.399	0.067	0.007	0.005	0.013	0.012
观测数	32	32	32	32	32	32	32
置信度（95.0%）	0.004	0.028	0.005	0.001	0.000	0.001	0.001

注：统计量"最小值"某些环节为 0，说明存在个别区域的某环节未获取到调查样本。这里主要是指海南的小麦产后损失率缺失，由于 2017 年海南未进行小麦的种植，损失率缺失，故小麦损失分析中均剔除该省。"−"表示数值不存在。

统计量"中位数"摆脱了极端损失率的影响。在各环节的比较中，农户储粮损失率最高，达到 0.124；干燥、收获和加工环节损失率次之，分别为 0.047、0.030 和 0.010。销售、储藏和运输环节的损失程度相对轻微，损失率中位数大小均未超过 0.010，其中储藏和运输环节的损失率中位数趋向一致，为 0.004。可以发现即使在剔除极端损失率后，小麦在农户储粮环节的损失率仍然显著高于其他环节的损失率。

据表 4-3，在统计量"标准差"的比较中，农户储粮环节损失率的标准差数值达到最大。其中，收获环节标准差有 0.011，干燥环节损失率标准差有 0.013，储藏、运输、加工和销售损失率标准差相对较小，分别为 0.002、0.001、0.002 和 0.003。而农户储粮环节损失率的标准差则达到了 0.079，明显大于其他环节损失率的标准差，表明在全国层次上小麦农户储粮环节损失率波动性很大，存在极端损失率的可能性较高。

通过计算小麦在各环节损失率的最大值和最小值的差值，可以得出极差大小。其中，小麦在储藏、加工、运输和销售环节损失率的极差相对较小，分别为 0.007、0.013、0.005 和 0.011，几乎可忽略不计，而在干燥环节中，极差有 0.067；收获环节中损失率极差为 0.063；农户储粮环节的极差则为 0.399，同样远远大于其他环节损失率的极差。农户储粮环节损失率的标准差和极差分析说明了小麦在该环节不同地区间的损失率存在显著差异，农户储粮环节损失波动非常明显。

(二) 加工环节损失分布差异明显

根据小麦产后各环节损失率的偏度和峰度数值（表 4-3），发现小麦在加工环节的损失分布与其他环节显著不同，具体表现出"高峰肥尾"的特征。在小麦产后各环节损失率的峰度值比较中，加工环节损失的峰度值最高，达到 17.053，超过标准正态分布下的"3"，损失分布的峰形相对陡峭，表明小麦加工环节损失率波动幅度较大，存在区域间差异。小麦在运输、农户储粮和干燥环节的峰度值分别有 5.279、3.757 和 3.188，同样大于标准正态分布中的峰度值，但相较于加工环节，损失峰形相对平缓，非正态特征没有加工环节突出。小麦在收获、储藏和销售环节损失率的峰度值则小于 3，表现出"低峰瘦尾"的特征，峰形顶端较正态分布更加平缓。说明 31 个省区市中小麦在产后这些环节的损失率波动幅度较小，区域性差异并不显著。

加工环节损失率的偏度值为 -3.475，显著异于 0，表明小麦在加工环节的损失表现为"左偏分布"，结合峰度值和偏度值，可以看出全国层次上小麦在加工环节的产后损失率大多处于较高水平，少数省份处于极端低损失的水平上。小麦在运输和干燥的偏度值同样为负，表现为左偏分布，但就偏度的绝对值比较来看，数值都小于加工环节损失率的偏度值，可以发现加工环节的非正态分布特征是最为显著的。而收获、农户储粮、储藏和销售环节损失率的偏度值则为正，表明小麦在产后这些环节的损失分布表现为右偏分布。

（三）干燥环节损失不可忽视

图4-6描述了全国层次的小麦产后损失分环节调查损失率。小麦在农户储粮环节的损失率明显高于其他产后环节，达到12.01%；干燥和收获环节损失率次之，分别可达5.39%和3.24%。依据农户储粮占比得出各环节绝对损失率及环节占比，在图4-7中，储藏环节损失在小麦产后各环节中占比最高，达到35.29%；收获和干燥环节次之，分别为33.29%和15.48%；加工、销售和运输环节中在各个环节中占比相对较少，分别有9.04%、4.28%和2.61%。

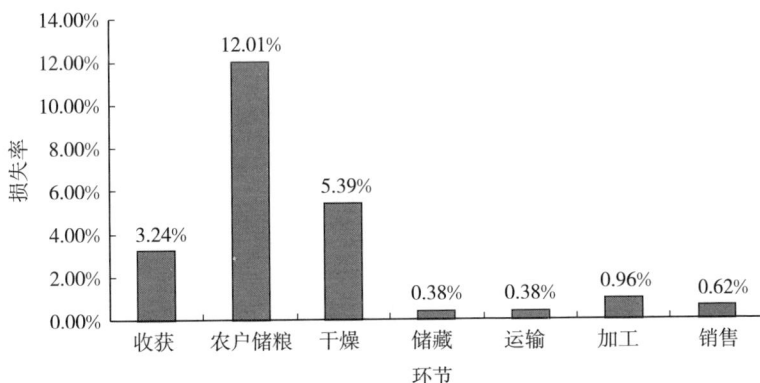

图4-6　全国层次小麦分环节调查损失率情况

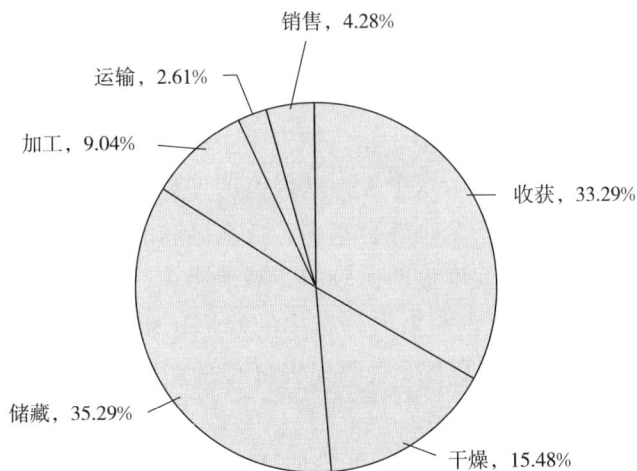

图4-7　全国层次小麦产后损失分环节占比

可以看出，在小麦产后的各个环节中，干燥环节相对损失率仅次于农户储粮环节，损失情况相对严重。而在损失率的环节占比中，小麦干燥环节占总环节损失的比例也达到了 15.48%，仅在收获和储藏环节之后，但远远高于运输、加工和销售环节的损失率，表明小麦干燥环节的损失率在产后各环节中处于中等水平。

以 2016 年国家统计局公布的数据为准，小麦总产量有 12 884.5 万吨，结合环节损失率，分别测算不同环节的损失量。其中，小麦在农户储粮环节损失量最大，可达 1 547.43 万吨；干燥和收获环节次之，损失量分别为 694.47 万吨和 417.84 万吨；加工环节损失量有 123.65 万吨；销售环节损失量为 79.50 万吨；储藏和运输环节损失量分别为 48.45 万吨和 48.32 万吨。加工、销售、储藏和运输环节损失量加总有 299.92 万吨，以每人一天一斤的消费估计，该损失量可满足 1 600 万人一年的消费。而仅干燥环节中的损失量就达 694.47 万吨，显著高于加工、销售、储藏和运输环节损失量的总和，甚至可供约 3 800 万人一年的消费。

二、模式特征

(一)小麦城市损失率较低且波动幅度小

小麦损失率在城市模式和农村模式中表现存在显著差异，表 4-4 描述分析了不同模式下小麦损失率的数据特征。从平均数和中位数统计量比较中，可以得出城市模式下的小麦损失率都是显著低于综合损失率的，表明城市模式下小麦损失水平是低于全国平均水平的，小麦产后损失问题相对轻缓。标准差的数值同样小于综合损失率，即各省区市的小麦损失率波动平缓，大多维持在同一个水平上。从极值的计算中，同样可以得出城市模式下的损失率极差低于全国综合水平，各地区间的损失波动差异并不显著。而在统计量峰度和偏度值的比较中，城市模式下小麦损失率的峰度达到 5.458，显著大于 3，表明损失分布中的峰形比较陡峭，呈现为"高峰肥尾"的特征。偏度值－0.935 表明损失分布是左偏的，表明城市模式下损失率多是集中在高水平上的。

图 4-8 分别刻画了城村模式下各地区的小麦产后损失率以及城村差异。在全国层次上，城市模式中的小麦产后损失率为 5.48%，显著低于

全国小麦综合损失率 9.74%，表明城市模式下的小麦产后损失率是处于综合水平之下的，相对损失比较少。城市模式下的各地区小麦产后损失率几乎成一条直线，即表明损失率波动平缓，各省份城市间的小麦损失率相差程度没有农村模式下的差异大。根据图 4-8，城市模式下损失率最大值为新疆的 8.66%；损失率最小值为海南的 0%，城市间的损失水平相差的确较小，极差未超过 10%。

表 4-4　小麦产后不同模式的综合损失率描述性统计

统计量	城市模式	农村模式	综合损失率	城村差异
平均	0.051	0.192	0.087	0.141
标准误差	0.002	0.014	0.005	0.013
中位数	0.051	0.201	0.082	0.145
标准差	0.014	0.081	0.026	0.075
方差	0.000	0.007	0.001	0.006
峰度	5.458	3.154	4.852	3.050
偏度	−0.935	0.630	−0.160	0.852
区域	0.087	0.461	0.165	0.395
最小值	0.000	0.000	0.000	0.000
最大值	0.087	0.461	0.165	0.395
观测数	32	32	32	32
置信度（95.0%）	0.005	0.029	0.009	0.027

注：统计量"最小值"某些环节为 0，海南省 2015 年尚未有小麦种植，故未统计，为了便于粮食综合损失率测算，该省小麦损失率设为 0。"—"表示数值不存在。

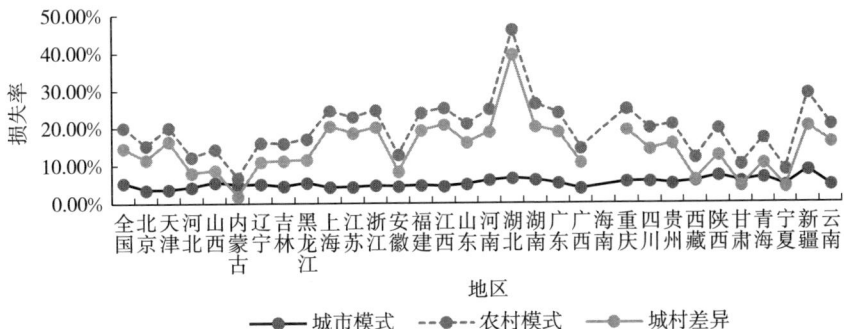

图 4-8　小麦产后分模式情况

（二）农村模式下损失率很高且波动幅度较大

小麦城市损失率低于全国平均水平，说明农村模式损失较为严重。结合表4-4和图4-8，农村模式下小麦全国损失率达到20.23%，几乎是城市模式下小麦损失率的4倍，可见小麦在农村中的损失形势更加严峻，农村模式下的小麦产后减损空间也比城市模式更大。在农村模式中小麦产后主要包括收获、农户储粮、干燥和加工环节，其中农户储粮环节、干燥和收获环节的损失尤为严重。

从图4-8中可以明显看出，农村模式中湖北的小麦产后损失率是最高的，达到了46.08%，远远高于全国平均水平下的9.74%。此外，新疆和湖南的农村模式中小麦损失率也非常高，分别达到29.09%和26.45%。农村模式中损失率较低的是内蒙古和宁夏，分别为6.84%和8.74%。

小麦农村产后损失率波动非常明显，有少数省份如湖北、新疆和湖南等小麦产后损失率处于非常高的水平，也有少数省份如内蒙古小麦产后损失率处于较低的水平，而其他多数省份也并非均匀地分散在区间内，全国层次上农村模式中小麦损失率的标准差甚至有0.081，显著高于综合损失率的标准差。总之农村模式下各地区小麦损失率存在的差异较为显著。

（三）小麦城村损失率差异显著

研究发现小麦产后损失率在城村之间表现出巨大的不同。图4-9以城村损失率差值的分位数为划分依据，区分了各地区小麦城村差异的损失率大小。除海南2015年未进行小麦的种植，不纳入分析外，将其他30个省份分别划分为损失率差异小于8.0%的地区，损失率差异在8.0%～18.2%之间的地区以及损失率差异值大于18.2%的地区。

据图4-9可以看出城村损失率差异达到18.2%以上的地区有11个，分别是湖北、江西、上海、新疆、湖南、浙江、重庆、福建、河南、广东和江苏，除新疆之外，均集中在我国长江流域以南地区。其中，湖北的小麦产后损失在城村之间的差异最为显著，损失率差值达到39.46%，表明湖北农村的小麦产后损失现象非常严重。小麦产后损失率城村差值在8.0%以下的分布也相对集中，除西藏和海南外，多集中在北方，主要包括内蒙古、宁夏和甘肃。城村损失率差值在8.0%和18.2%之间的区域主要集中在大多数北方省份、西南地区和安徽。损失差异处于中间水平并不能说明这些地区的城村差异较小，只是损失差异不及湖北、新疆等地，如天津的城村损失率差异达 16.47%，城村损失率差异较小的内蒙古损失差值也有 1.90%，可以发现农村模式下的小麦损失仍然比城市模式下严重得多。

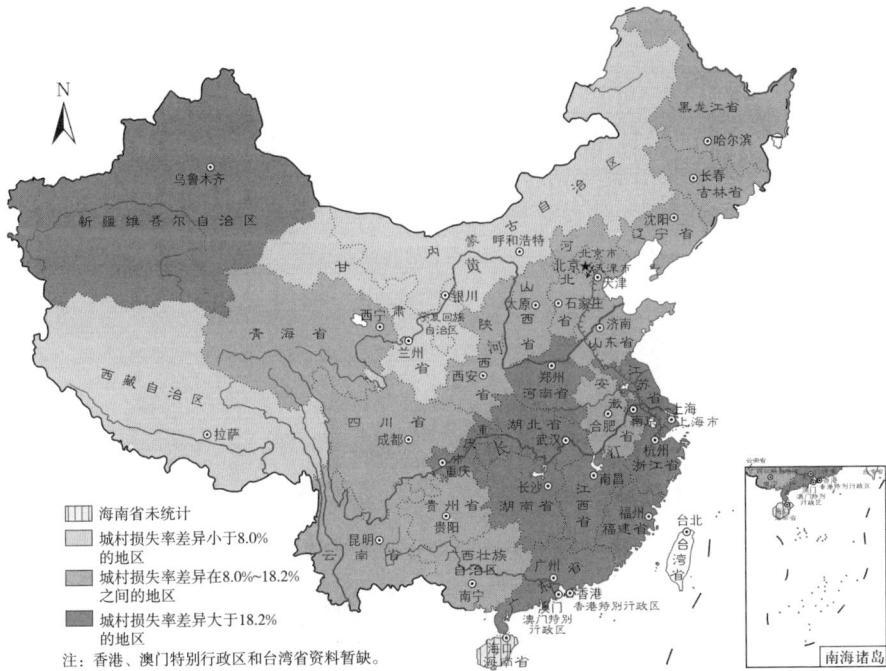

图 4-9　各地区小麦城村损失率差异情况

三、区域特征

(一) 华北、西北地区损失严重

以 31 个省级行政区划单位为基本研究单元来分析小麦产后损失率的区域特征，按照分位数将 31 个省份划分为损失率居于较高水平、中间水平以及低水平的区间。分别是损失率大于 10.0% 的地区、损失率在 6.9% ～10.0% 的地区和损失率小于 6.9% 的地区。图 4-10 绘制了全国各地小麦损失率分布情况。

如图 4-10 所示，小麦产后损失率较高的地区多集中在华北地区和西北地区，在华北地区小麦产后损失严重的省份主要包括陕西、山西、河南和湖北；在西北地区小麦产后损失严重的省份包括新疆和青海。其中，湖北的小麦产后损失率在全国最高，可达 16.51%；新疆次之，损失率有12.32%；青海、陕西、河南和山西的损失率分别为 11、93%、11.23%、11.15%和11.04%，均高于11%，可见小麦在这些地区的产后损失状况非常严重。

从损失量来看，可以得出这六省一年的小麦产后损失量超过了 9 558.23 万吨，在产后环节的损失可以可供 5.2 亿人一年的小麦消费，可见这些地区的小麦损失形势十分严峻，呼吁节粮减损的行动刻不容缓。

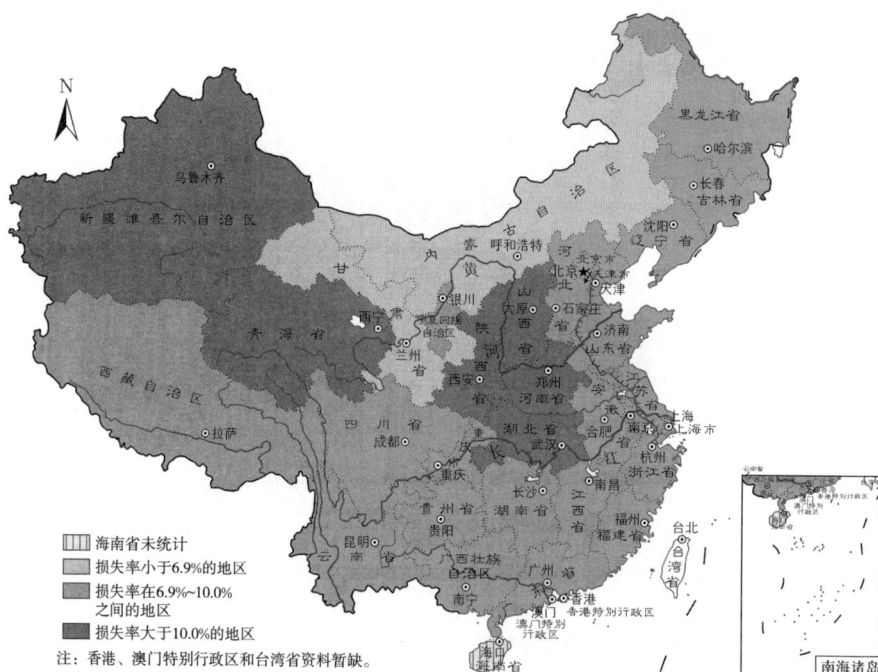

注：香港、澳门特别行政区和台湾省资料暂缺。

图 4-10　全国各地区小麦损失率分布

（二）内蒙古和甘肃小麦产后损失程度较小

据图 4-10 可知，小麦在内蒙古和甘肃的产后损失率相对其他省份小麦产后损失率较小，分别为 6.17% 和 5.73%，显著低于小麦全国综合损失率 9.74%。而与小麦产后损失严重的地区相比，损失率最低的甘肃与损失率最高的湖北相差 10.77％，可见小麦产后损失在区域间差异还是非常显著的。根据表 4-4，0.026 的标准差同样表明各地损失率差异比较显著。峰度值 4.852 明显大于 3，说明就全国各地的小麦损失分布来看，其峰型比正态分布要陡峭，－0.160 的偏度表明各地损失率分布并非对称，而是为左偏分布，即全国各地的损失率统计中少数省份存在极端低损失率数值，这里除海南外主要是指甘肃和内蒙古小麦产后损失率处于较低水平。

（三）大多数省份损失处于中间水平

除损失率较低的甘肃、内蒙古以及损失率较高的湖北、河南、陕西、陕西、新疆、青海之外，其他地区小麦产后损失率大多在 6.9％～10.0％之间波动。在中间水平上，损失率最高的是四川，有 9.96％；损失率最低的是广西，为 6.95％，可见在中间水平上，损失率相对集中，波动幅度较小，区域间差异不显著。

第三节 玉米产后损失情况

一、环节特征

（一）农户储粮环节损失最高且波动幅度大

表 4-5 描述了全国 31 个省区市玉米分环节产后损失率的描述性统计特征。据表 4-5 所示，农户储粮环节的"平均数"统计量与其他环节相比，数值达 0.107，绝对损失率最大；收获和干燥环节次之，全国层次上损失率平均值分别有 0.052 和 0.048；销售、储藏和运输环节的损失率在产后各环节中处于较低水平，平均数均未超过 0.01，在 0.004～0.005 之间波动；加工环节损失率最小，几乎可以忽略不计。就各环节损失率平均数的比较中，可以看出农户储粮环节损失率远远高于其他环节，表明玉米在农户储粮环节损失问题非常严重。

中位数摆脱了极端损失率数值的影响，在该统计量的分析中，农户储粮环节损失最严重，达到 0.092；收获和干燥环节次之，分别有 0.047 和 0.044；销售、运输和储藏环节的损失率中位数仍然处于一个低水平上，分别为 0.006、0.004 和 0.003；加工环节损失率中位数仍然最低，趋向于 0。

可见即使去除极端损失率的影响，玉米在农户储粮环节的损失水平依然最高。并且无论是按照平均数、众数还是中位数来划分，各环节损失分布几乎是一致的，具体表现为玉米在农户储粮环节损失率最高，在加工环节损失率最低。

表4-5　玉米分环节分地区产后损失率描述性统计

统计量	收获	农户储粮	干燥	储藏	运输	加工	销售
平均	0.052	0.107	0.048	0.004	0.004	0.000	0.005
标准误差	0.003	0.014	0.003	0.001	0.000	0.000	0.001
中位数	0.047	0.092	0.044	0.003	0.004	0.000	0.006
标准差	0.017	0.078	0.019	0.003	0.002	0.000	0.004
方差	0.000	0.006	0.000	0.000	0.000	0.000	0.000
峰度	2.407	0.764	0.067	7.829	0.781	0.586	−0.850
偏度	−0.218	0.953	0.229	2.561	0.071	−1.528	0.347
区域	0.095	0.307	0.074	0.016	0.007	0.000	0.013
最小值	0.000	0.000	0.009	0.000	0.000	0.000	0.000
最大值	0.095	0.307	0.083	0.016	0.007	0.000	0.013
观测数	32	32	32	32	32	32	32
置信度（95.0%）	0.006	0.028	0.007	0.001	0.001	0.000	0.001

注：统计量"最小值"某些环节为0，说明存在个别区域的某环节未获取到调查样本。这里主要是指海南的玉米产后损失率缺失，由于2015年海南未进行玉米的种植，损失率记为0，因此在下列玉米损失分析中均剔除该省。

据表4-5可知，在统计量"标准差"的比较中，农户储粮环节损失率的标准差数值达到最大。其中，收获环节标准差有0.017，干燥环节损失率标准差有0.019，储藏、运输、加工和销售损失率标准差相对较小，分别为0.003、0.002、0.000和0.004。而农户储粮环节损失率的标准差则达到了0.078，明显大于其他环节损失率的标准差，表明在全国层次上玉米农户储粮环节损失率波动性很大，存在极端损失率的可能性较高。

通过计算玉米在各环节损失率的最大值和最小值的差值，可以得出极差大小。其中，玉米在储藏、加工、运输和销售环节损失率的极差相对较小，分别为0.016、0.000、0.007和0.011，几乎可忽略不计，而在干燥环节中，极差有0.074；收获环节中损失率极差为0.095；农户储粮环节的极差则为 0.307，同样远远大于其他环节损失率的极差。农户储粮环节损失率的标准差和极差分析说明了玉米在该环节不同地区间的损失率存在显著差异，农户储粮环节损失波动非常明显。

（二）储藏环节损失分布显著异于其他环节

根据玉米产后各环节损失率的偏度和峰度数值（表 4-5），发现玉米在储藏环节的损失分布与其他环节显著不同，具体表现出"高峰肥尾"的特征。在玉米产后各环节损失率的峰度值比较中，储藏环节损失的峰度值最高，达到 7.829，超过标准正态分布下的"3"，损失分布的峰形相对陡峭，表明玉米储藏环节损失率波动幅度较大，存在区域间差异。玉米在收获、农户储粮、干燥、运输和加工环节的峰度值均小于 3，分别为 2.407、0.764、0.067、0.781、0.586 和 -0.850，损失分布的峰形相对标准正态分布更加平缓，表现出"低峰瘦尾"的特征，非正态特征没有储藏环节突出，峰形顶端较正态分布更加平缓。说明 31 个省份中玉米在产后这些环节的损失率波动幅度较小，区域性差异并不显著。

储藏环节损失率的偏度值为 2.561，显著异于 0，表明玉米在储藏环节的损失表现为"右偏分布"，结合峰度值和偏度值，可以看出全国层次上玉米在储藏环节的产后损失率大多处于较低水平，少数省份处于极端高损失的水平上。玉米在农户储粮、干燥、运输和销售环节的偏度值同样为正，表现为"右偏分布"，但就偏度的绝对值比较来看，数值都小于储藏环节损失率的偏度值，可以发现储藏环节的非正态分布特征是最为显著的。而收获和加工环节损失率的偏度值则为负，表明玉米在产后这些环节的损失分布表现为左偏分布。

（三）收获环节损失不可忽视

图 4-11 描述了全国层次的玉米产后损失分环节调查损失率。玉米在农户储粮环节的损失率明显高于其他产后环节，达到 7.28%；收获和干燥环节损失率次之，分别可达 6.57% 和 5.69%。依据农户储粮占比得出各环节绝对损失率及环节占比，在图 4-12 中，收获环节损失在玉米产后各环节中占比最高，达到 59.97%；储藏和干燥环节次之，分别为 20.01% 和14.68%；加工、销售和运输环节中在各个环节中占比相对较少，分别有0.03%、3.22% 和 2.08%。可以看出，在玉米产后的各个环节中，收获环

节相对损失率仅次于农户储粮环节，损失情况相对严重。而在损失率的环节占比中，玉米收获环节占总环节损失的比例达到了 59.97%，在产后各环节中损失占比最高，结合图 4-11 和图 4-12，表明玉米收获环节的损失率在产后各环节中处于中等水平，产后损失问题相对严重。

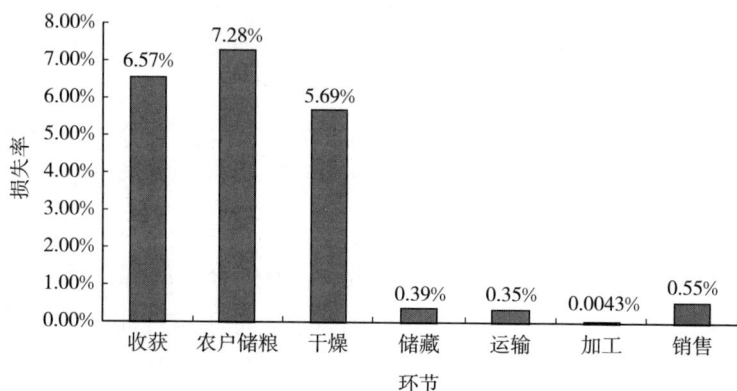

图 4-11　全国层次玉米分环节调查损失率情况

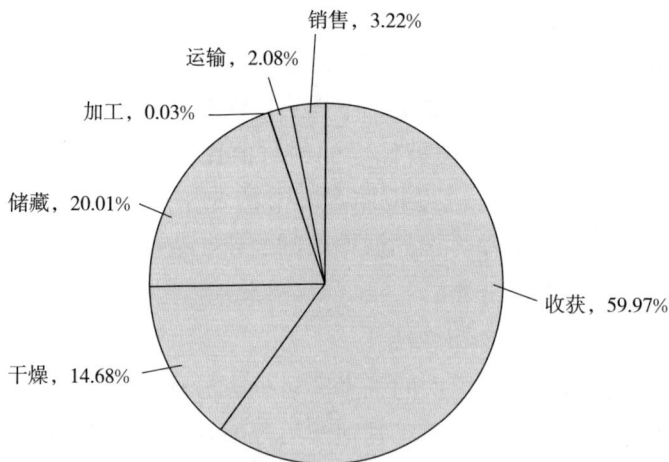

图 4-12　全国层次玉米综合损失分环节占比

以 2016 年国家统计局公布的数据为准，玉米总产量有 21 955.15 万吨，结合环节损失率，分别测算不同环节的损失量。其中，玉米在农户储粮环节损失量最大，可达 1 598.34 万吨；收获和干燥环节次之，损失量分别为 1 442.45 万吨和 1 249.25 万吨；储藏环节损失量有 84.53 万吨；运输环节损失量为 77.06 万吨；加工环节损失量为 0.94 万吨，；销售环节损失量有 119.66 万吨。环节总损失量有 4 572.23 万吨，其中，加工、销售、储藏和运输环节损失量加总有 282.19 万吨，以每人一天一斤的消费估计，该损失量可满足 1 500 万人一年的消费。而仅收获环节中的损失量就达 1 442.45 万吨，显著高于加工、销售、储藏和运输环节损失量的总和，甚至可供约 7 900 万人一年的消费，可见玉米收获环节损耗严重。

二、模式特征

（一）城市模式下损失率较低且波动幅度小

玉米产后损失在城市模式和农村模式中表现存在显著差异，表 4 - 6 描述分析了不同模式下玉米损失率的数据特征。从平均数和中位数统计量比较中，可以得出城市模式下的玉米损失率都是显著低于综合损失率的，表明城市模式下玉米损失水平是低于全国平均水平的，玉米产后损失问题相对轻缓。标准差的数值同样小于综合损失率，即各省份的玉米损失率波动平缓，大多维持在同一个水平上。从极值的计算中，同样可以得出城市模式下的损失率极差低于全国综合水平，各地区间的损失波动差异并不显著。而在统计量峰度和偏度值的比较中，城市模式下玉米损失率的峰度达到 4.073，显著大于 3，表明损失分布中的峰形比较陡峭，呈现为"高峰肥尾"的特征。偏度值 −1.033 表明损失分布是左偏的，表明城市模式下损失率多是集中在高水平上的。

表 4 - 6　玉米产后不同模式的综合损失率描述性统计

统计量	城市模式	农村模式	综合损失率	城村差异
平均	0.063	0.192	0.102	0.129
标准误差	0.003	0.013	0.006	0.013
中位数	0.061	0.185	0.108	0.114
标准差	0.018	0.075	0.034	0.073
方差	0.000	0.006	0.001	0.005
峰度	4.073	1.356	6.305	0.739

（续）

统计量	城市模式	农村模式	综合损失率	城村差异
偏度	−1.033	0.338	0.419	0.825
区域	0.103	0.367	0.222	0.315
最小值	0.000	0.000	0.000	0.000
最大值	0.103	0.367	0.222	0.315
观测数	32	32	32	32
置信度（95.0%）	0.006	0.027	0.012	0.026

注：统计量"最小值"某些环节为0，海南2015年尚未有玉米种植，故未统计，为了便于粮食综合损失率测算，该省玉米损失率设为0。"−"表示数值不存在。

图4-13分别刻画了城村模式下各地区的玉米产后损失率以及城村差异。在全国层次上，城市模式中的玉米产后损失率为7.77%，显著低于全国玉米综合损失率10.95%，表明城市模式下的玉米产后损失率是处于综合水平之下的，相对损失比较小。城市模式下的各地区玉米产后损失率几乎成一条直线，即表明损失率波动平缓，各省份间的玉米损失率相差无几，差异较小。根据图4-13可知，城市模式下损失率最大值为黑龙江的10.26%；损失率最小值为福建的4.48%，城市间的损失水平相差的确较小，极差仅为5.78%。

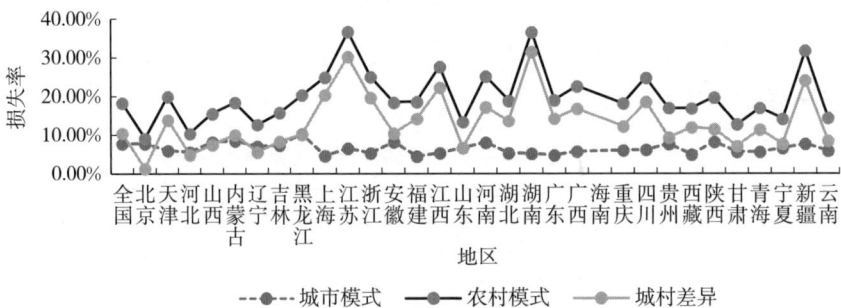

图4-13 玉米产后分模式情况

（二）农村模式下损失率较高且波动幅度大

玉米城市损失率低于全国平均水平。结合表4-6和图4-13，发现农村模式下玉米全国损失率达到18.30%，与城市模式中的玉米损失率相差超过 10%，可见玉米在农村中的损失形势更加严峻，农村模式下的玉米产后减损空间也比城市模式更大。在农村模式中玉米产后主要包括收获、农户储粮、干燥和加工环节，其中农户储粮、收获和干燥环节的损失尤为严重。

从图 4-13 中可以明显看出，农村模式中江苏的玉米产后损失率是最高的，达到了 36.73%，远远高于全国平均水平下的 18.30%。此外，湖南和新疆的农村模式中玉米损失率也非常高，分别达 36.66% 和 31.75%，损失率最低的是北京，为 9.17%。

农村模式下的玉米产后损失率波动较为明显，有少数省份如江苏、湖南和新疆的损失率处于非常高的水平，也有少数省份如北京损失率处于较低的水平，而其他多数省份也并非均匀地分散在区间内，总之农村模式下各地区玉米损失率存在的差异较为显著。

（三）玉米损失率在城村之间存在显著差异

从上述的分析中可以发现玉米产后损失率在城村之间表现出巨大的不同。图 4-14 以城村损失率差值的分位数为划分依据，区分了各地区玉米城村差异的损失率大小。分别为损失率差异小于 8.42% 的地区，损失率差异在 8.42%～18.70% 之间的地区以及损失率差异值大于 18.70% 的地区。

图 4-14 可以看出，城村损失差异小于 8.42% 的地区相对集中，主要分布在北部沿海省份和西北地区，北部沿海省份包括北京、河北、辽宁、山东、山西和吉林，西北地区包括甘肃和宁夏。城村损失率差异大于 18.70% 的地区同样比较集中，包括新疆、江苏、湖南、江西、上海以及浙江。除新疆外，多集中在华东、华中地区。其中，湖南的玉米产后损失在城村之间的差异最为显著，损失率差值达到 31.54%，表明湖南农村的玉米产后损失现象非常严重。城村损失率差值在 8.42% 和 18.7% 之间的区域主要集中在祖国的西部和中部。损失差异处于中间水平并不能说明这些地区的城村差异较小，只是损失差异不及湖南、新疆等地，如四川的城村损失率差异达 18.66%，城村损失率差异较小的云南损失差值也有 8.44%，可以发现农村模式下的玉米损失仍然比城市模式下严重得多。

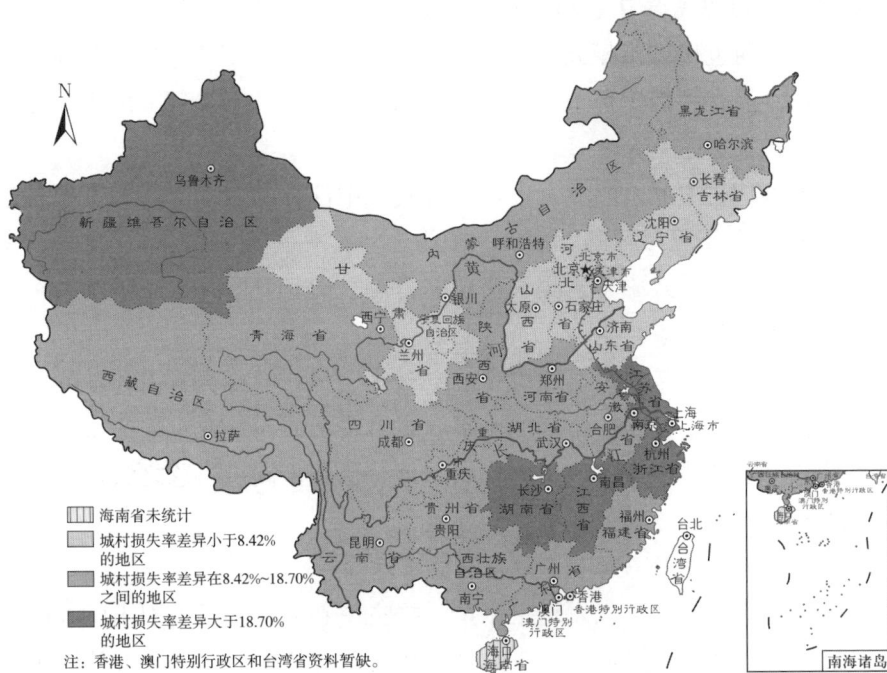

图 4-14 各地区玉米城村损失率差异情况

三、区域特征

(一)湖南玉米产后损失严重

以 31 个省级行政区划单位为基本研究单元来分析玉米产后损失率的区域特征,按照分位数将 31 个省份划分为损失率居于较高水平、中间水平以及低水平的区间。分别是损失率大于 12.6% 的地区、损失率在 9.5%~12.6% 的地区和损失率小于 9.5% 的地区。图 4-15 绘制了全国各地玉米损失率分布情况。

如图 4-15 所示,湖南的玉米产后损失率最高,达到 22.21%,其他省份玉米产后损失率均在 12.6% 以下,可见湖南玉米产后损失率远远高于其他省份的玉米产后损失率。玉米在湖南的产后损失状况非常严重。

从损失量来看,可以得出湖南一年的玉米产后损失量超过了 4 876.89 万吨,在产后环节的损失可以可供 2.7 亿人一年的玉米消费,可见湖南玉米产后损失形势十分严峻，呼吁减少玉米产后损失刻不容缓。

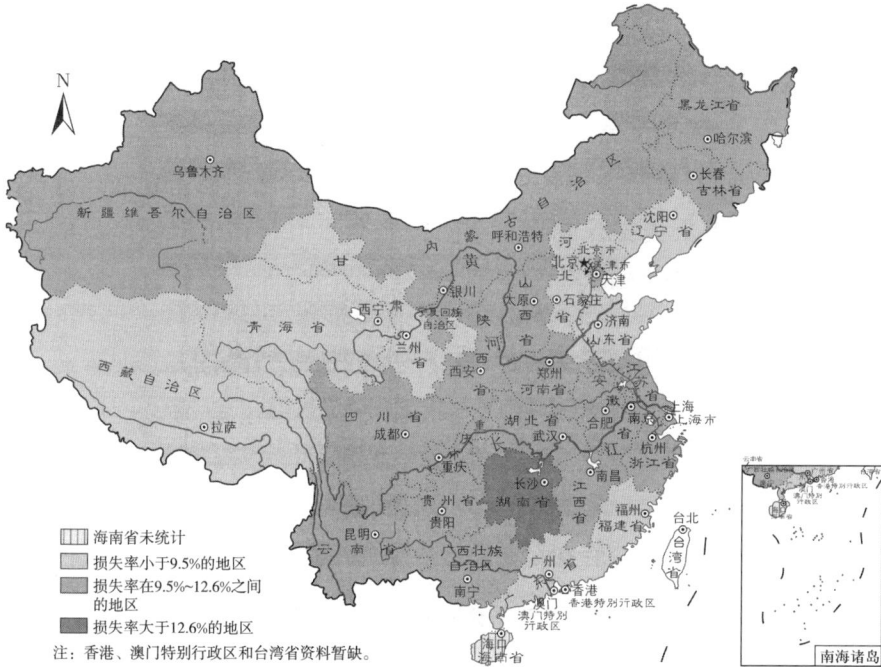

图 4-15 全国各地区玉米损失率分布

（二）北方沿海省份、华南地区以及青藏地区损失程度相对轻微

玉米产后损失率较低的区域相对集中，主要分布在青藏地区、华南地区以及北部沿海省份。其中，青藏地区包括青海、西藏以及甘肃。华南地区玉米产后损失较少的地区包括海南和福建。北部沿海省份中，辽宁、北京、河北和山东的玉米损失率相对较低。广东玉米产后损失率最小，仅为 5.81%。

从地理位置和玉米损失率的划分来看，玉米产后损失表现出区域间的差异。直观看来，华南地区、青藏地区和北部沿海省市的玉米损失率最低，湖南玉米损失率最高。从损失率统计分析来看，除海南外，玉米最高损失的湖南和最低损失的广东省相差 16.40%，极差 16.40 以及标准差 0.034 都表明各地损失率还是波动比较明显。6.305 的峰度明显大于 3，说明就全国各地的玉米损失率数据来看，其峰型比正态分布要陡峭，区域间存在显著差异，0.419 的偏度表明各地损失率分布并非对称，而是为右偏分布，即全国各地的损失率统计中存在极端高损失率数值。

（三）中部地区损失率大多处于中间水平

由图 4-15 可以看出，玉米产后损失率处于中间水平的省份较多，除新疆外，其他省份比较集中，主要分布在祖国的中部和北部地区，且损失率波动区间较小，均在 9.5%~12.6% 之间波动。和广东等比较，处于中间水平的省份玉米损失程度相对湖南较轻微，但是在玉米高产量的基础上，损失量是非常惊人的，必须予以重视。

第四节　大豆产后损失情况

一、环节特征

（一）农户储粮环节损失最高且波动幅度大

表 4-7 描述了全国 31 省区市大豆分环节产后损失率的描述性统计特征。

表 4-7　大豆分环节分地区产后损失率描述性统计

统计量	收获	农户储粮	干燥	储藏	运输	加工	销售
平均	0.034	0.174	0.044	0.004	0.002	0.006	0.005
标准误差	0.003	0.014	0.001	0.001	0.000	0.000	0.000
中位数	0.039	0.162	0.042	0.003	0.002	0.006	0.005
标准差	0.016	0.081	0.008	0.003	0.001	0.001	0.002
方差	0.000	0.007	0.000	0.000	0.000	0.000	0.000
峰度	0.381	0.813	0.947	5.064	−0.646	6.483	−0.261
偏度	−0.927	0.791	−0.323	1.870	−0.438	−2.146	−0.017
区域	0.060	0.345	0.036	0.017	0.004	0.007	0.010
最小值	0.000	0.060	0.023	0.000	0.000	0.001	0.000
最大值	0.060	0.405	0.059	0.017	0.004	0.008	0.010
观测数	32	32	32	32	32	32	32
置信度（95.0%）	0.006	0.029	0.003	0.001	0.000	0.000	0.001

注：统计量"最小值"某些环节为 0，说明存在个别区域的某环节未获取到调查样本。这里主要是指上海、海南、西藏和青海的大豆产后损失率缺失，由于 2015 年这些地区未进行大豆的种植，损失率记为 0，因此在下列大豆损失分析中均剔除。

据表 4-7 所示，农户储粮环节的"平均数"统计量与其他环节相比，数值达 0.174，绝对损失率最大；干燥和收获环节次之，全国层次上损失率平均值分别有 0.044 和 0.034；加工、销售、储藏和运输的损失率在产后各环节中处于较低水平，平均值分别为 0.006、0.005、0.004 和 0.002，可以看出农户储粮环节损失率平均值远远高于其他环节，说明农户储粮环节损失率总体上处于一个较高的水平。

中位数则摆脱了极端损失率数值的影响，在该统计量的分析中，农户储粮环节损失最严重，达到 0.162；干燥和收获环节次之，分别有 0.042 和 0.039；加工、销售、储藏和运输环节的损失率中位数仍然处于一个低损失率的水平上。可见即使去除极端损失率的影响，农户储粮环节的损失水平依然很高。

据表 4-7 可知，在统计量"标准差"的比较中，农户储粮环节损失率的标准差数值达到最大。其中，收获环节标准差有 0.016，干燥环节损失率标准差有 0.008，储藏、运输、加工和销售损失率标准差相对较小，分别为 0.003、0.001、0.001 和 0.002。而农户储粮环节损失率的标准差则达到了 0.081，明显大于其他环节损失率的标准差，表明在全国层次上大豆农户储粮环节损失率波动性很大，存在极端损失率的可能性较高。

通过计算大豆在各环节损失率的最大值和最小值的差值，可以得出极差大小。其中，大豆在储藏、加工、运输和销售环节损失率的极差相对较小，分别为 0.017、0.007、0.004 和 0.010，几乎可忽略不计，而在干燥环节中，极差有 0.036；收获环节中损失率极差为 0.060；农户储粮环节的极差则为 0.345，同样远远大于其他环节损失率的极差。农户储粮环节损失率的标准差和极差分析说明了大豆在该环节不同地区间的损失率存在显著差异，农户储粮环节损失波动非常明显。

（二）加工环节损失分布差异明显

根据大豆产后各环节损失率的偏度和峰度数值（表 4-7），发现大豆在加工环节的损失分布与其他环节显著不同，具体表现出"高峰肥尾"的特征。在大豆产后各环节损失率的峰度值比较中，加工环节损失的峰度值最高，达到 6.483，显著大于标准正态分布下的"3"，损失分布的峰形相对陡峭，表明大豆加工环节损失率波动幅度较大，存在区域间差异。大豆在收获、农户储粮、干燥、运输和销售环节的峰度值均小于 3，分别为 0.381、0.813、0.947、－0.646 和－0.261，损失分布的峰形相对标准正态分布更加平缓，表现出"低峰瘦尾"的特征，非正态特征没有加工环节突出，峰形顶端较正态分布更加平缓。说明 31 个省份中大豆在产后这些环节的损失率波动幅度较小，区域性差异并不显著。

加工环节损失率的偏度值为－2.146，显著异于 0，表明大豆在加工环节的损失表现为"左偏分布"，结合峰度值和偏度值，可以看出全国层次上大豆在加工环节的产后损失率大多处于较高水平，少数省份处于极端低损失的水平上。大豆在收获、干燥、运输和销售环节的偏度值同样为负，表现为"左偏分布"，但就偏度的绝对值比较来看，数值都小于加工环节损失率的偏度值，可以发现加工环节的非正态分布特征是最为显著的。而农户储粮和储藏环节损失率的偏度值则为正，表明大豆在产后这些环节的损失分布表现为右偏分布。

（三）收获环节损失不可忽略

图 4－16 描述了全国层次的大豆产后损失分环节调查损失率。大豆在农户储粮环节的损失率明显高于其他产后环节，达到 16.68%；收获和干燥环节损失率次之，分别可达 5.07% 和 4.14%。依据农户储粮占比得出各环节绝对损失率及环节占比，在图 4－17 中，收获环节损失在大豆产后各环节中占比最高，达到 46.97%；储藏和干燥环节次之，分别为 35.13% 和 8.32%；加工、销售和运输环节中在各个环节中占比相对较少，分别有 4.66%、3.45% 和 1.46%。在大豆产后的各个环节中，收获环节相对损失率仅次于农户储粮环节，损失情况相对严重。而在损失率的环节占比中，大豆收获环节占总环节损失的比例达到了 46.97%，在产后各环节中损失占比最高，结合图 4－16 和图 4－17，表明大豆收获环节的损失率在产后各环节中处于中等水平，产后损失问题比较严重。

以 2016 年国家统计局公布的数据为准，大豆总产量有 1 393.7 万吨，结合环节损失率，分别测算不同环节的损失量。其中，大豆在农户储粮环节损失量最大，可达 215.79 万吨；收获和干燥环节次之，损失量分别为 65.59 万吨和 53.56 万吨；储藏环节损失量有 5.72 万吨；运输环节损失量

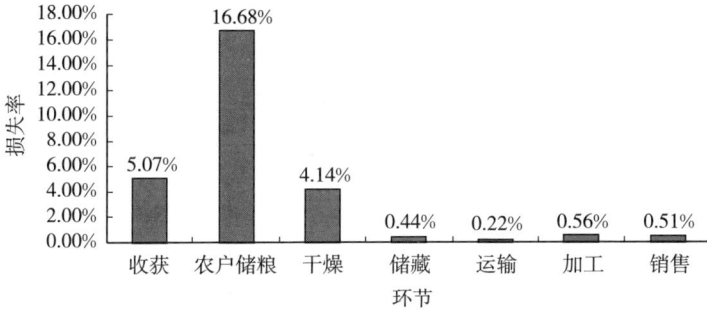

图 4-16　全国层次大豆分环节调查损失率情况

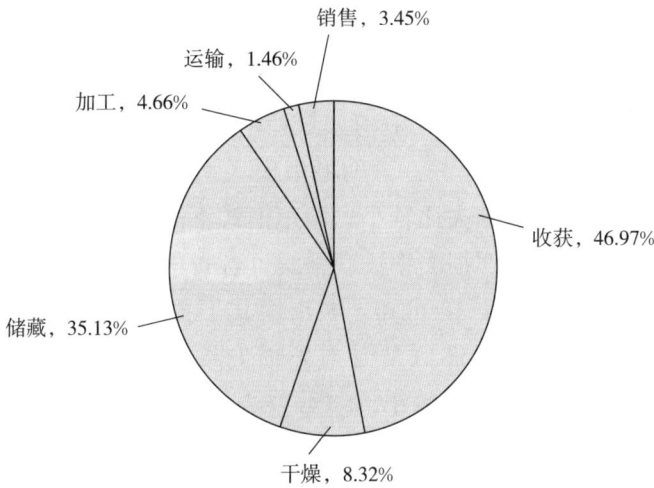

图 4-17　全国层次大豆综合损失分环节占比

为 2.82 万吨；加工环节损失量为 7.21 万吨，；销售环节损失量有 6.65 万吨。环节总损失量有 354.74 万吨，虽然损失量数值相比其他品种并不高，但并不能说明大豆产后损失问题并不严重。大豆产后损失量较低是因为我国大豆主要依赖进口，国内产量较少，实际上从损失率的角度来看，大豆产后损失形势还是非常严峻的。

二、模式特征

(一)城市模式下损失率较低且波动幅度小

产后系统中大豆在城市模式和农村模式中的表现存在显著差异，表 4-8

描述分析了不同模式下大豆损失率的数据特征。从平均数和中位数统计量比较中，可以得出城市模式下的大豆损失率都是显著低于综合损失率的，表明城市模式下大豆损失水平是低于全国平均水平的，大豆产后损失问题相对轻缓。标准差的数值同样小于综合损失率，即全国各地区城市的大豆损失率波动平缓，大多维持在同一个水平上。从极值的计算中，同样可以得出城市模式下的损失率极差低于全国综合水平，各地区间的损失波动差异并不显著。而在统计量峰度和偏度值的比较中，城市模式下大豆损失率的峰度达到 1.211，显著小于 3，表明损失分布中的峰形比较平缓，呈现为"低峰瘦尾"的特征。偏度值 -1.320 表明损失分布是左偏的，城市模式下大豆损失率更多地集中在高水平上。

图 4-18 分别刻画了城村模式下各地区的大豆产后损失率以及城村差异。在全国层次上，城市模式中的大豆产后损失率为 6.70%，显著低于全国大豆综合损失率 10.79%，表明城市模式下的大豆产后损失率是处于综合水平之下的，相对损失比较小。城市模式下的各地区大豆产后损失率几乎成一条直线，即表明损失率波动平缓，各省份间的大豆损失率相差无几，差异较小。根据图 4-8 可知，城市模式下损失率最大值为黑龙江的 8.20%；除青藏地区、上海以及海南外损失率最小值为辽宁的 3.30%，城市间的损失水平相差的确较小，极差仅为 4.90%。极差 4.90% 和标准差 0.022 表明大豆在城市模式下损失差异并不显著。

表 4-8　大豆产后不同模式的综合损失率描述性统计

统计量	城市模式	农村模式	综合损失率	城村差异
平均	0.049	0.218	0.089	0.169
标准误差	0.004	0.019	0.008	0.017
中位数	0.056	0.225	0.091	0.174
标准差	0.022	0.109	0.045	0.096
方差	0.000	0.012	0.002	0.009
峰度	1.211	0.386	0.774	0.360
偏度	-1.320	-0.495	-0.335	0.067
区域	0.082	0.441	0.189	0.408

（续）

统计量	城市模式	农村模式	综合损失率	城村差异
最小值	0.000	0.000	0.000	0.000
最大值	0.082	0.441	0.189	0.408
观测数	32	32	32	32
置信度（95.0%）	0.008	0.039	0.016	0.034

注：统计量"最小值"某些环节为0，上海、海南、西藏和青海2015年尚未有大豆种植，故未统计，为了便于粮食综合损失率测算，该省大豆损失率设为0。

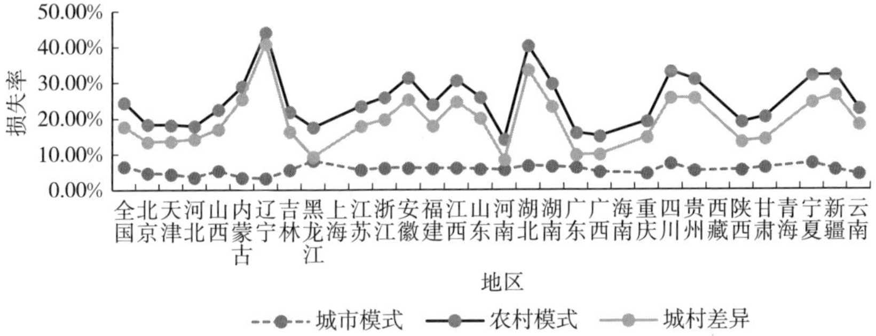

图4-18　大豆产后分模式情况

（二）农村模式下损失率较高且波动幅度大

城市模式下损失率低于全国平均水平，说明农村模式下的损失较为严重，拉升了全国平均损失水平。结合表4-8和图4-18，发现农村模式下大豆全国损失率达到24.60%，与城市模式中的大豆损失率相差超过15%，可见大豆在农村中的损失形势更加严峻，农村模式下的大豆产后减损空间也比城市模式更大。在农村模式中大豆产后主要包括收获、农户储粮、干燥和加工环节，其中农户储粮、收获和干燥环节的损失尤为严重。

从图4-18中可以明显看出，农村模式中辽宁的大豆产后损失率是最高的，达到了44.14%，远远高于全国平均水平下的24.60%。此外，湖北的农村模式中大豆损失率也非常高，达到40.23%。农村模式中除青藏地区、上海和海南以外，损失率最低的是河南，为14.03%，极差达到30.11%，标准差为0.109，表明农村模式下的大豆产后损失率波动较为明显，有少数省份如辽宁、湖北的损失率处于非常高的水平，也有少数省份如河南和广西损失率处于较低的水平，而其他多数省份也并非均匀地分散在区间内，总之农村模式下各地区大豆损失率存在的差异较为显著。

（三）大豆损失率在城村之间存在显著差异

上述的分析中可以发现大豆产后损失率在城村之间表现出巨大的不同。图4-19以城村损失率差值的分位数为划分依据，区分了各地区大豆城村差异的损失率大小。分别为损失率差异小于13.3%的地区，损失率差异在13.3%～25.4%之间的地区以及损失率差异值大于25.4%的地区。

图4-19可以看出，城村损失差异小于13.3%的主要有河南、黑龙江、广东和广西。城村损失率差异大于25.4%的地区相对比较集中，除新疆和辽宁外主要集中在华东和西南地区，包括湖北、四川和贵州。其中，辽宁的大豆产后损失在城村之间的差异最为显著，损失率差值达到40.84%，表明辽宁农村的大豆产后损失现象非常严重。城村损失率差值在13.3%和25.4%之间的区域主要集中在祖国的东部和中部，包括17个省份。东部省份有安徽、江西、湖南、山东、浙江、福建、江苏、吉林、

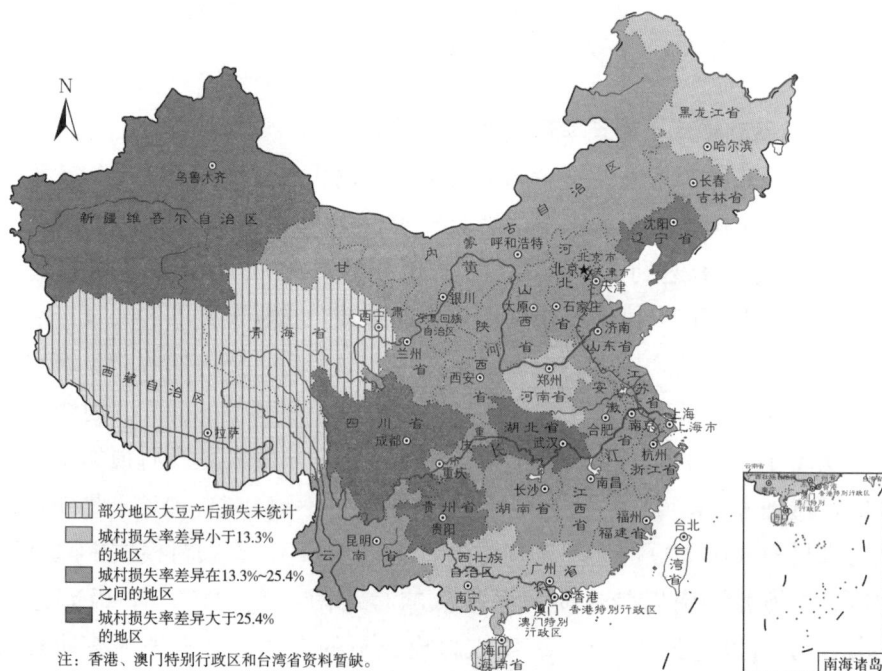

图4-19 各地区大豆城村损失率差异情况

河北、天津和北京，中部省份有内蒙古、宁夏、云南、山西、重庆、甘肃和陕西。当然损失差异处于中间水平并不能说明这些地区的城村差异较小，只是损失差异不及辽宁和湖北等地，如内蒙古的城村损失率差异达25.40%，城村损失率差异较小的陕西损失差值也有13.39%，可以发现农村模式下的大豆损失仍然比城市模式下严重得多。

三、区域特征

（一）湖北、安徽大豆产后损失严重

以31个省级行政区划单位为基本研究单元来分析大豆产后损失率的区域特征，按照分位数将31个省份划分为损失率居于较高水平、中间水平以及低水平的区间。分别是损失率大于15.5%的地区、损失率在8.0%～15.5%的地区和损失率小于8.0%的地区。图4-20绘制了全国各地大豆损失率分布情况。

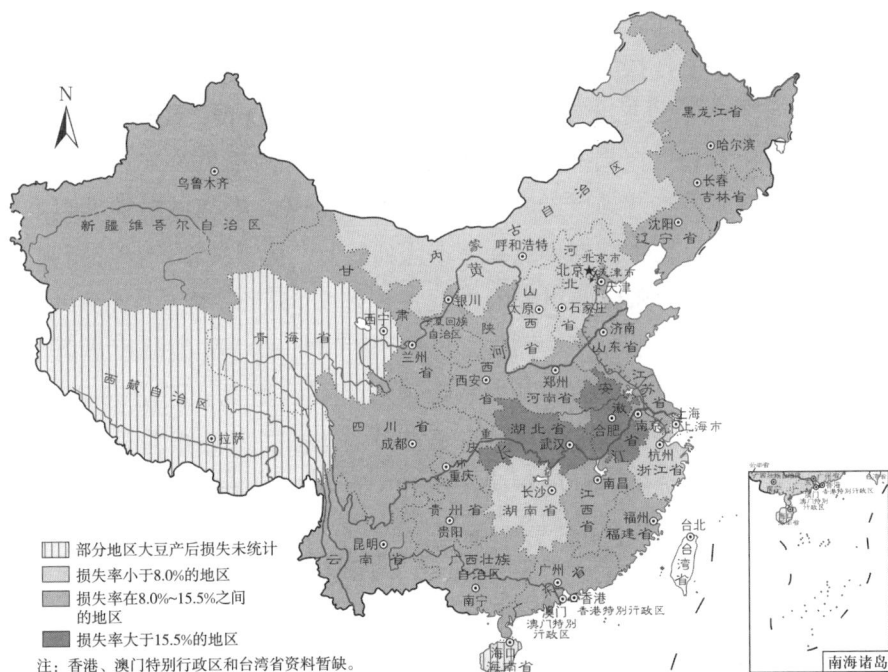

图4-20　全国各地区大豆损失率分布

如图4-20所示，湖北的大豆产后损失率最高，达到18.95%；安徽

次之，损失率为 16.74%。其他省份大豆产后损失率均在 13.7% 以下，可见湖北和安徽大豆产后损失率远远高于其他省份的大豆产后损失率，大豆在湖北和安徽的产后损失状况非常严重。从损失量来看，可以得出湖北一年的大豆产后损失量约为 245.12 万吨，安徽约为 216.54 万吨，大豆在湖北和安徽的产后环节中损失浪费非常严重。

（二）华北地区以及浙江和湖南损失程度相对轻微

大豆产后损失率较低的区域相对集中，主要分布在华北地区和少数南方省份。其中，华北地区包括内蒙古、河北、山西、天津和北京，南方省份中大豆产后损失较少的地区包括浙江和湖南。在大豆产后损失较低的水平上，内蒙古的损失率最小，为 6.44%，北京的损失率最大，有 7.91%，两者相差不大，表明在损失率低水平上并不存在显著的区间差异。

（三）大多数省份大豆损失率处于中间水平

除损失率几乎可忽略不计的青藏地区、上海和海南以及损失率较高的湖北、安徽外，其他地区大豆产后损失率大多在 8.0%～15.5% 之间波动。在中间水平上，损失率最高的是四川，有 15.15%；损失率最低的是云南，为 8.23%，可见在中间水平上，损失率相对分散，波动幅度较大。

从地理位置和大豆损失率的划分来看，大豆产后损失表现出区域间的差异。直观看来，华北地区的大豆产后损失率最低，中部地区的大豆产后损失率相对较高，其中湖南大豆损失率达到最大。从损失率统计分析来看，大豆最高损失的湖南和最低损失的内蒙古相差 12.51%，极差 12.51% 以及标准差 0.045 都表明各地损失率波动还是比较明显。0.774 的峰度显著小于3，说明就全国各地的大豆损失率数据来看，其峰型比正态分布要平缓，区域间差异并不显著，−0.335 的偏度表明各地损失率分布并非对称，而是为左偏分布，即全国各地的损失率统计中存在极端低损失率。

第五节　甘薯产后损失情况

一、环节特征

（一）农户储粮环节损失最高且波动幅度大

表 4-9 描述了全国 31 个省区市甘薯分环节产后损失率的描述性统计特

征。农户储粮环节的"平均数"统计量与其他环节相比，数值达 0.259 7，绝对损失率最大；干燥和收获环节次之，全国层次上损失率平均值分别有 0.053 7 和 0.023 6；销售、储藏和运输的损失率在产后各环节中处于较低水平，平均值分别为 0.008 0、0.003 1 和 0.002 5。可以看出农户储粮环节损失率平均值远远高于其他环节，说明农户储粮环节损失率总体上处于一个较高的水平。

表 4 - 9　甘薯分环节分地区产后损失率描述性统计

统计量	收获	农户储粮	干燥	储藏	运输	销售
平均	0.023 6	0.259 7	0.053 7	0.003 1	0.002 5	0.008 0
标准误差	0.001 9	0.021 1	0.002 6	0.000 3	0.000 3	0.000 7
中位数	0.018 6	0.238 2	0.050 9	0.003 2	0.002 7	0.007 9
标准差	0.010 6	0.119 2	0.014 8	0.001 6	0.001 5	0.003 8
方差	0.000 1	0.014 2	0.000 2	0.000 0	0.000 0	0.000 0
峰度	−0.119 8	−1.077 6	−0.427 7	0.628 0	−0.897 3	3.336 2
偏度	0.731 2	0.106 1	0.516 3	0.728 3	−0.132 5	1.252 7
区域	0.043 6	0.432 7	0.055 3	0.006 7	0.005 0	0.019 8
最小值	0.007 4	0.043 5	0.032 3	0.000 0	0.000 0	0.001 2
最大值	0.051 0	0.476 2	0.087 6	0.006 7	0.005 0	0.021 0
观测数	32	32	32	32	32	32
置信度（95.0%）	0.003 8	0.043 0	0.005 3	0.000 6	0.000 6	0.001 4

注：表格中的数据是根据实地调研获得的样本数据间接获得。剔除加工环节是因为并未进行甘薯在该环节的损失调查。统计量"最小值"某些环节为 0，说明存在个别区域的某环节未获取到调查样本。甘薯在加工环节损失可忽略不计，故不予讨论。

中位数则摆脱了极端损失率数值的影响，在该统计量的分析中，农户储粮环节损失最严重，达到 0.238 2；干燥和收获环节次之，分别有 0.050 9 和 0.018 6；销售、储藏和运输环节的损失率中位数仍然处于一个低损失率的水平上。可见即使去除极端损失率的影响，甘薯在农户储粮环节的损失水平依然最高。

据表 4-9 可知，在统计量"标准差"的比较中，农户储粮环节损失率的标准差数值达到最大。其中，收获环节标准差有 0.010 6，干燥环节损失率标准差有 0.014 8，储藏、运输和销售损失率标准差相对较小，分别为 0.001 6、0.001 5 和 0.003 8。而农户储粮环节损失率的标准差则达到了 0.119 2，明显大于其他环节损失率的标准差，表明在全国层次上甘薯农户储粮环节损失率波动性很大，存在极端损失率的可能性较高。

通过计算甘薯在各环节损失率的最大值和最小值的差值，可以得出极差大小。其中，甘薯在储藏和运输环节损失率的极差相对较小，分别为 0.006 7 和 0.005 0，几乎可忽略不计；收获、干燥和销售环节的极差分别有 0.043 6、0.055 3 和 0.019 76；而农户储粮环节的极差则为 0.432 7，同样远远大于其他环节损失率的极差。农户储粮环节损失率的标准差和极差分析说明了甘薯在该环节不同地区间的损失率存在显著差异，农户储粮环节损失波动非常明显。

（二）销售环节损失分布显著异于其他环节

根据甘薯产后各环节损失率的偏度和峰度数值（表 4 - 9），发现甘薯在加工环节的损失分布与其他环节显著不同，具体表现出"高峰肥尾"的特征。在甘薯产后各环节损失率的峰度值比较中，销售环节损失的峰度值最高，达到 3.336 2，大于标准正态分布下的"3"，损失分布的峰形相对陡峭，表明甘薯销售环节损失率波动幅度较大，存在区域间差异。而甘薯在收获、农户储粮、干燥、储藏和运输环节的峰度值均小于 3，分别为 -0.119 8、-1.077 6、-0.427 7、0.628 0 和 -0.897 3，损失分布的峰形相对标准正态分布更加平缓，表现出"低峰瘦尾"的特征，非正态特征没有销售环节突出，峰形顶端较正态分布更加平缓。说明 31 个省份中甘薯在产后这些环节的损失率波动幅度较小，区域性差异并不显著。

销售环节损失率的偏度值为 1.252 7，显著异于 0，表明甘薯在销售环节的损失表现为"右偏分布"，结合峰度值和偏度值，可以看出全国层次上甘薯在销售环节的产后损失率大多处于较低水平，少数省份处于极端高损失的水平上。甘薯在收获、农户储粮、干燥和储藏环节的偏度值同样为正，表现为"右偏分布"，但就偏度的绝对值比较来看，数值都小于销售环节损失率的偏度值，可以发现销售环节的非正态分布特征是最为显著的。而运输环节损失率的偏度值则为负，表明甘薯在产后运输环节的损失分布表现为左偏分布。

（三）干燥环节损失不可忽视

图 4 - 21 描述了全国层次的甘薯产后损失分环节调查损失率。甘薯在农户储粮环节的损失率明显高于其他产后环节，达到 22.51%；干燥和收获环节损失率次之，分别可达 5.15% 和 2.52%。图 4 - 22 描述了全国层次甘薯产后损失各环节占比，储藏环节损失在甘薯产后各环节中占比最高，达到 62.13%；收获和干燥环节次之，分别为 18.64% 和 14.66%；销售和运输环节中在各个环节中占比相对较少，分别 3.48% 和 1.08%。

可以看出，在甘薯产后的各个环节中，干燥环节相对损失率仅次于农户储粮环节，损失情况相对严重。而在损失率的环节占比中，甘薯干燥环节占总环节损失的比例位于中间，结合图 4 - 21 和图 4 - 22，表明甘薯干燥环节的损失率在产后各环节中处于中等水平，产后损失问题比较严重。

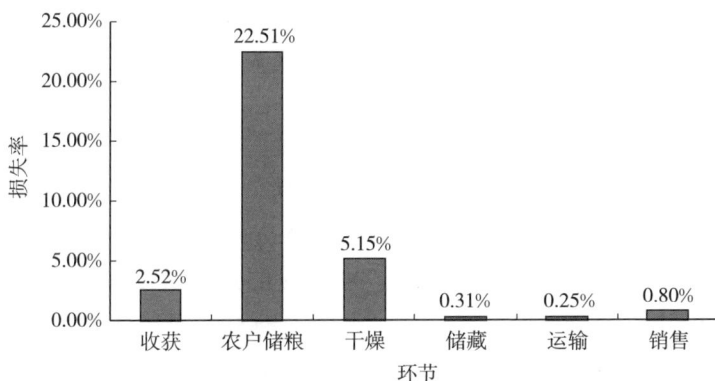

图 4 - 21　全国层次甘薯分环节调查损失率情况

以 2016 年国家统计局公布的数据为准，甘薯总产量有 1 408.07 万吨，结合环节损失率，分别测算不同环节的损失量。其中，甘薯在农户储粮环节损失量最大，可达 317.05 万吨；干燥和收获环节次之，损失量分别为 72.54 万吨和 35.49 万吨；销售环节损失量为 11.30 万吨；储藏环节损失量为 4.34 万吨；运输环节损失量有 3.51 万吨。环节总损失量有 444.23 万吨。销售、储藏和运输环节损失量加总有 19.15 万吨。在甘薯产后各环节损失量的比较中，干燥环节的损失处于中等水平，损失状况相对严峻。

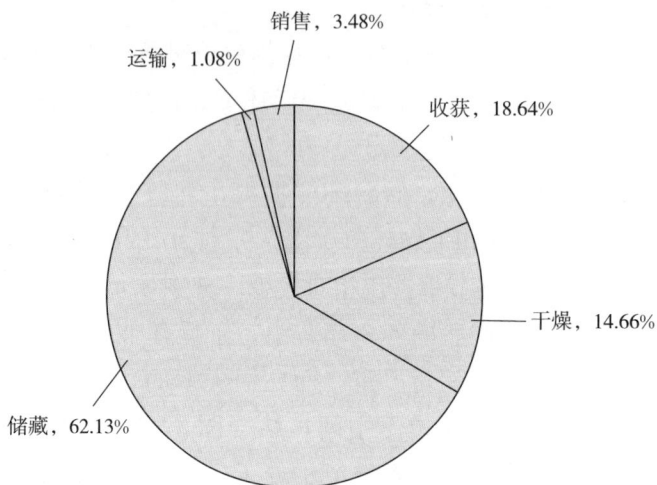

图4-22　全国层次甘薯综合损失分环节占比

二、模式特征

（一）城市模式下损失率较低且波动幅度小

产后系统中甘薯在城市模式和农村模式中表现存在显著差异，表4-10描述分析了不同模式下甘薯损失率的数据特征。从平均数和中位数统计量比较中，可以得出城市模式下的甘薯损失率都是显著低于综合损失率的，表明城市模式下甘薯损失水平是低于全国平均水平的，甘薯产后损失问题相对轻缓。标准差的数值同样小于综合损失率，即全国各地区城市的甘薯损失率波动平缓，大多维持在同一个水平上。从极值的计算中，同样可以得出城市模式下的损失率极差低于全国综合水平，各地区间的损失波动差异并不显著。而在统计量峰度和偏度值的比较中，城市模式下甘薯损失率的峰度为-0.625 2，显著小于3，表明损失分布中的峰形比较平缓，呈现为"低峰瘦尾"的特征。偏度值0.716 3表明损失分布是右偏的，城市模式下甘薯损失率更多地集中在低水平上，并且少数省份存在极端高损失率。

图4-23分别刻画了城村模式下各地区的甘薯产后损失率以及城村差异。在全国层次上，城市模式中的甘薯产后损失率为3.84%，显著低于

全国甘薯综合损失率 13.52%，表明城市模式下的甘薯产后损失率是处于综合水平之下的，相对损失比较小。城市模式下的各地区甘薯产后损失率几乎成一条直线，即表明损失率波动平缓，各省份间的甘薯损失率相差无几，差异较小。根据图 4 - 23 可知，城市模式下损失率最大值为四川的6.01%；损失率最小值为河北的 2.32%，城市间的损失水平相差的确较小，极差仅为 3.69%。极差 3.69% 和标准差 0.011 0 表明甘薯在城市模式下损失差异并不显著。

表 4 - 10　甘薯产后不同模式的综合损失率描述性统计

统计量	城市模式	农村模式	综合损失率	城村差异
平均	0.036 8	0.315 2	0.137 7	0.278 4
标准误差	0.001 9	0.020 5	0.009 0	0.020 2
中位数	0.032 9	0.298 1	0.129 0	0.263 0
标准差	0.011 0	0.115 9	0.050 7	0.114 1
方差	0.000 1	0.013 4	0.002 6	0.013 0
峰度	−0.625 2	−1.063 9	0.818 5	−1.060 8
偏度	0.716 3	0.092 8	0.672 4	0.097 1
区域	0.036 9	0.416 2	0.228 9	0.414 5
最小值	0.023 2	0.109 4	0.059 6	0.070 3
最大值	0.060 1	0.525 6	0.288 4	0.484 9
观测数	32	32	32	32
置信度（95.0%）	0.004 0	0.041 8	0.018 3	0.041 1

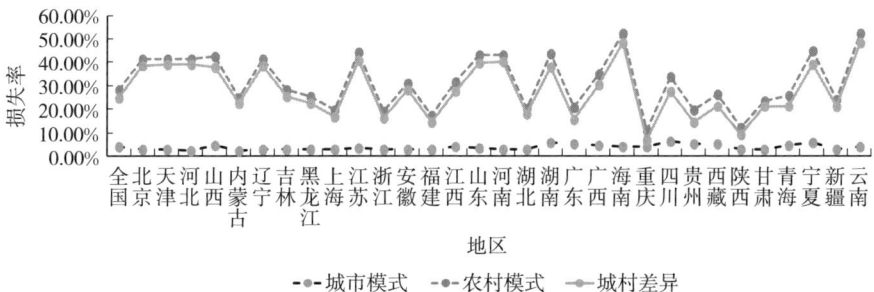

图 4 - 23　甘薯产后分模式情况

（二）农村模式下损失率较高且波动幅度大

城市模式下损失率低于全国平均水平，说明农村模式下的损失较为严重，拉升了全国平均损失水平。结合表 4-10 和图 4-23，发现农村模式下甘薯全国损失率达到 28.35%，与城市模式中的甘薯损失率相差超过 24%，可见甘薯在农村中的损失形势更加严峻，农村模式下的甘薯产后减损空间也比城市模式更大。在农村模式中甘薯产后主要包括收获、农户储粮和干燥环节，其中农户储粮环节的损失尤为严重。

从图 4-23 中可以明显看出，农村模式中云南省的甘薯产后损失率是最高的，达到了 52.56%，远远高于全国平均水平下的 28.35%。此外，海南的农村模式中甘薯损失率也非常高，达到 52.54%。农村模式中损失率最低的是重庆，为 10.94%，极差达到 41.62%，标准差为 0.115 9，表明农村模式下的甘薯产后损失率波动较为明显，有少数省份如海南和云南的损失率处于非常高的水平，也有少数省份如重庆和陕西损失率处于较低的水平，而其他多数省份也并非均匀地分散在区间内，总之农村模式下各地区甘薯损失率存在的差异非常显著。

（三）甘薯损失率在城村之间存在显著差异

图 4-24 以城村损失率差值的分位数为划分依据，区分了各地区甘薯城村差异的损失率大小。分别为损失率差异小于 14.5% 的地区，损失率差异在 14.5%～27.9% 之间的地区以及损失率差异值大于 27.9% 的地区。

图 4-24 可以看出，城村损失差异小于 14.5% 的主要有重庆和陕西。城村损失率差异大于 27.9% 的有 14 个地区，大多集中在西南地区和北部沿海省份及其周围。除海南和宁夏外，西南地区损失率较高的地区主要包括云南、湖南和广西，北部沿海省份及其周围则主要有山东、河北、辽宁、江苏、安徽、山西和北京等。在损失率大于 27.9% 的地区中，云南的甘薯产后损失在城村之间的差异最为显著，损失率差值达到 48.49%，表明云南农村的甘薯产后损失现象非常严重。

城村损失率差值在 14.5% 和 27.9% 之间的省份最多，包括西北地区、华南地区等地。当然损失差异处于中间水平并不能说明这些地区的城村差异较小，只是损失差异不及云南等地，如江西的城村损失率差异达

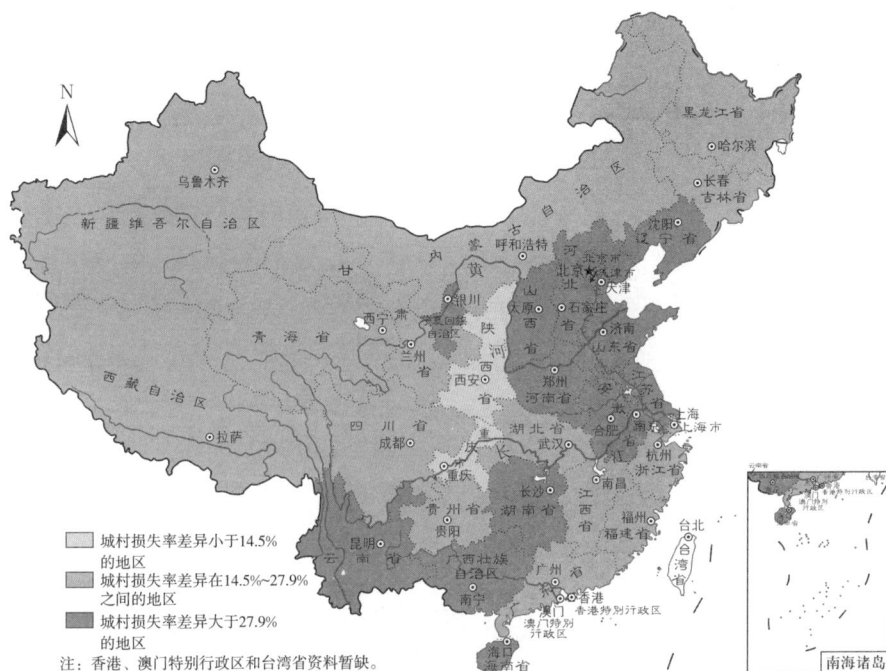

图 4 - 24　各地区甘薯城村损失率差异情况

27.36%，城村损失率差异较小的贵州损失差值也有 14.55%，可以发现农村模式下的甘薯损失仍然比城市模式下严重得多。

三、区域特征

（一）湖南损失状况严重

以 31 个省级行政区划单位为基本研究单元来分析甘薯产后损失率的区域特征，按照分位数将 31 个省份划分为损失率居于较高水平、中间水平以及低水平的区间。分别是损失率大于 20.5% 的地区、损失率在 11.0%～20.5% 的地区和损失率小于 11.0% 的地区。图 4 - 25 绘制了全国各地甘薯损失率分布情况。

如图 4 - 25 所示，甘薯产后损失率大于 20.5% 的仅有湖南，达到 28.84%，其他省份甘薯产后损失率均在 20.5% 以下。甘薯在湖南的产后损失率显著高于其他省份，可见湖南省甘薯产后损失状况十分严重。从损失量来看，可以得出湖南省一年的甘薯产后损失量约为 406.27 万吨，数值十分惊人。

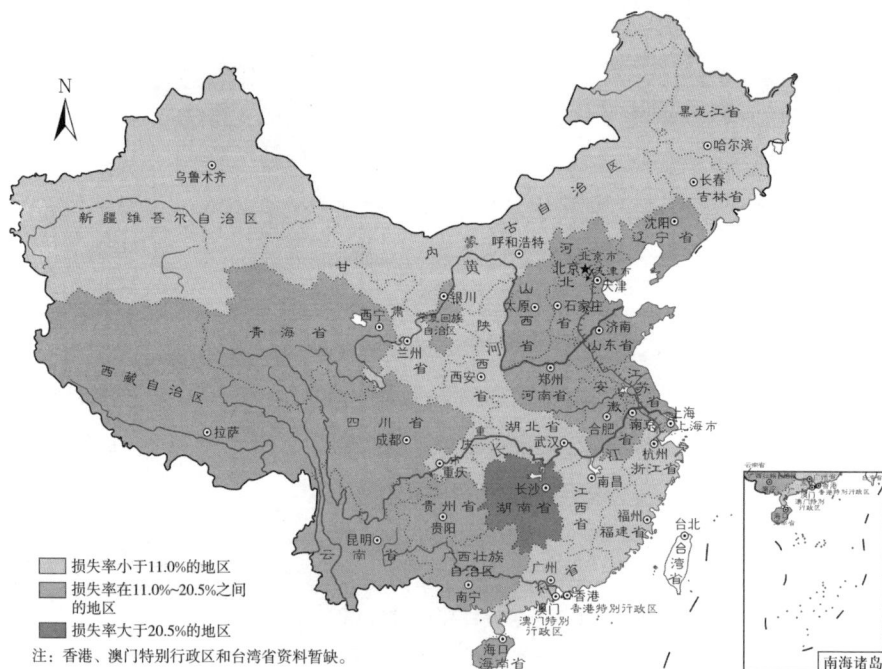

图 4-25　全国各地区甘薯损失率分布

（二）大多数省份损失率处于较低水平

甘薯产后大多数省份损失率小于 11.0%，主要分布在华南地区、华中地区以及多数北部省份。其中，华南地区包括广东、福建、浙江和江西。华中地区主要包括重庆、湖北和陕西。北部省份甘薯产后损失率高的地区有新疆、内蒙古、甘肃、吉林和辽宁。在损失率小于 11.0% 的 12 个省份中，吉林甘薯产后损失率最低，为 5.96%，浙江甘薯产后损失率最高，为 10.97%。吉林与浙江甘薯损失率的差值为 5.01%，可以发现甘薯在损失率较低分布的区域间差异并不显著。

（三）西南地区、北部沿海省份及其周围地区损失率处于中等水平

甘薯产后损失率处于中间水平上的区域主要集中在我国的西南地区、北部沿海省份及其周围，大多在 11.0%～20.5% 之间波动。西南地区主

要有广西、云南、贵州、四川；北部沿海省份及其周围地区则主要指山东、河南、陕西、山西、河北、北京、天津、江苏等，其他甘薯产后损失率处在11.0%到20.5%之间，还有海南、宁夏等。在中间水平上，损失率最高的是山西，有20.48%；损失率最低的是上海，为11.11%，极差为9.37%，可见在中间水平上，损失率相对分散，波动幅度较大。

总之，从地理位置和甘薯损失率的划分来看，甘薯产后损失表现出区域间的差异。从损失率统计分析来看，除北京、吉林和海南外，甘薯最高损失的湖南和最低损失的吉林相差22.89%，极差22.89%以及标准差0.0507都表明各地损失率波动还是比较明显的。0.8185的峰度值小于3，说明就全国各地的甘薯损失率数据来看，其峰型比正态分布要平缓，0.6724的偏度表明各地损失率分布并非对称，而是为右偏分布，即甘薯全国各地的损失率统计中少数省份存在极端高损失率，但大多数省份损失率是集中在低水平上的。

第六节　马铃薯产后损失情况

一、环节特征

（一）农户储粮环节损失最高且波动幅度大

表4-11描述了全国31省区市马铃薯分环节产后损失率的描述性统计特征。农户储粮环节的"平均数"统计量与其他环节相比，数值达0.216，绝对损失率最大；干燥和收获环节次之，全国层次上损失率平均值分别有0.050和0.032；销售、储藏和运输的损失率在产后各环节中处于较低水平，平均值分别为0.008、0.004和0.003。可以看出农户储粮环节损失率平均值远远高于其他环节，说明农户储粮环节损失率总体上处于一个较高的水平。

中位数则摆脱了极端损失率数值的影响，在该统计量的分析中，农户储粮环节损失最严重，达到0.215；干燥和收获环节次之，分别有0.050和0.035；销售、储藏和运输环节的损失率中位数仍然处于一个低损失率的水平上。可见即使去除极端损失率的影响，马铃薯在农户储粮环节的损失水平依然最高。

据表 4-11 可知，在统计量"标准差"的比较中，农户储粮环节损失率的标准差数值达到最大。其中，收获环节标准差有 0.018，干燥环节损失率标准差有 0.011，储藏、运输和销售损失率标准差相对较小，分别为 0.002、0.001 和 0.005。而农户储粮环节损失率的标准差则达到了 0.107，明显大于其他环节损失率的标准差，表明在全国层次上马铃薯农户储粮环节损失率波动性很大，存在极端损失率的可能性较高。

表 4-11　马铃薯分环节分地区产后损失率描述性统计

统计量	收获	农户储粮	干燥	储藏	运输	销售
平均	0.032	0.216	0.050	0.004	0.003	0.008
标准误差	0.003	0.019	0.002	0.000	0.000	0.001
中位数	0.035	0.215	0.050	0.004	0.003	0.008
标准差	0.018	0.107	0.011	0.002	0.001	0.005
方差	0.000	0.011	0.000	0.000	0.000	0.000
峰度	3.171	-0.138	0.763	-0.991	0.907	0.844
偏度	0.401	-0.013	0.157	0.092	-0.847	0.816
区域	0.092	0.450	0.050	0.007	0.005	0.021
最小值	0.000	0.000	0.024	0.000	0.000	0.000
最大值	0.092	0.450	0.074	0.007	0.005	0.021
观测数	32	32	32	32	32	32
置信度（95.0%）	0.007	0.039	0.004	0.001	0.000	0.002

注：统计量"最小值"某些环节为 0，说明存在个别区域的某环节未获取到调查样本。这里主要是指北京、海南、上海、天津和西藏的马铃薯产后损失率缺失，由于 2015 年这些地区未进行马铃薯的种植，损失率记为 0，因此在下列马铃薯损失分析中均剔除。马铃薯在加工环节损失较小，可忽略不计，故不予讨论。

通过计算马铃薯在各环节损失率的最大值和最小值的差值，可以得出极差大小。其中，马铃薯在储藏和运输环节损失率的极差相对较小，分别为 0.007 和 0.005，几乎可忽略不计；收获、干燥和销售环节的极差分别有 0.092、0.050 和 0.021；而农户储粮环节的极差则为 0.450，同样远远大于其他环节损失率的极差。农户储粮环节损失率的标准差和极差分析说明了马铃薯在该环节不同地区间的损失率存在显著差异，农户储粮环节损失波动非常明显。

（二）收获环节损失分布显著异于其他环节

根据马铃薯产后各环节损失率的偏度和峰度数值（表 4 - 11），发现马铃薯在收获环节的损失分布与其他环节显著不同，具体表现出"高峰肥尾"的特征。在马铃薯产后各环节损失率的峰度值比较中，收获环节损失的峰度值最高，达到 3.171，大于标准正态分布下的"3"，损失分布的峰形相对陡峭，表明马铃薯收获环节损失率波动幅度较大，存在区域间差异。而马铃薯在农户储粮、干燥、储藏、运输和销售环节的峰度值均小于 3，分别为 -0.138、0.763、-0.991、0.907 和 0.844，损失分布的峰形相对标准正态分布更加平缓，表现出"低峰瘦尾"的特征，非正态特征没有收获环节突出，峰形顶端较正态分布更加平缓。说明 31 个省份中马铃薯在产后这些环节的损失率波动幅度较小，区域性差异并不显著。

收获环节损失率的偏度值为 0.401，略微大于 0，表明马铃薯在收获环节的损失表现为"右偏分布"，结合峰度值和偏度值，可以看出全国层次上马铃薯在收获环节的产后损失率大多处于较低水平，少数省份处于极端高损失的水平上。马铃薯在干燥、储藏和销售环节的偏度值同样为正，表现为"右偏分布"，但就偏度的绝对值比较来看，干燥和储藏环节偏度数值都小于收获环节损失率的偏度值，可以发现收获环节的非正态分布特征比较显著。而农户储粮和运输环节损失率的偏度值则为负，表明马铃薯在产后这些环节的损失分布表现为左偏分布。

（三）干燥环节损失不可忽视

图 4 - 26 描述了全国层次的马铃薯产后损失分环节调查损失率。马铃薯在农户储粮环节的损失率明显高于其他产后环节，达到 22.47%；干燥和收获环节损失率次之，分别可达 5.17% 和 3.79%。依据农户储粮占比得出各环节绝对损失率及环节占比，在图 4 - 27 中，储藏环节损失在马铃薯产后各环节中占比最高，达到 53.56%；收获和干燥环节次之，分别为 28.45% 和 12.56%；销售和运输环节在各个环节中占比相对较少，分别 3.95% 和 1.48%。可以看出，在马铃薯产后的各个环节中，干燥环节相对损失率仅次于农户储粮环节，损失情况相对严重。而在损失率的环节占比中，马铃薯干燥环节占总环节损失的比例位于中间，结合图 4 - 26 和

图 4-27，表明马铃薯干燥环节的损失率在产后各环节中处于中等水平，产后损失问题比较严重。

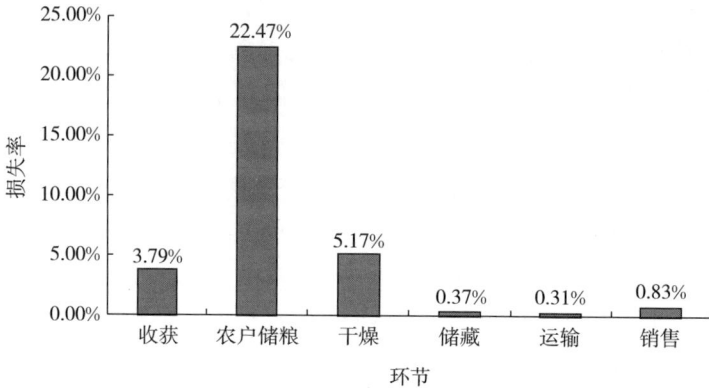

图 4-26　全国层次马铃薯分环节调查损失率情况

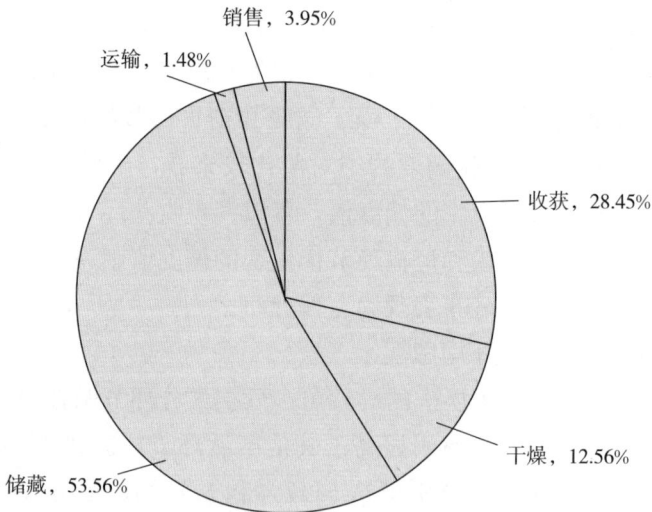

图 4-27　全国层次马铃薯综合损失分环节占比

以 2016 年国家统计局公布的数据为准，马铃薯总产量有 1 947.7 万吨，结合环节损失率，分别测算不同环节的损失量。其中，马铃薯在农户储粮环节损失量最大，可达 437.65 万吨；干燥和收获环节次之，损失量分别为 100.70 万吨和 73.82 万吨；销售环节损失量为 16.15 万吨；储藏

环节损失量为 7.28 万吨；运输环节损失量有 6.06 万吨。环节总损失量有
641.66 万吨。销售、储藏和运输环节损失量加总有 29.49 万吨。在各环
节损失量的比较中，马铃薯干燥环节的损失程度远大于储藏、销售和运输
环节的损失，但与农户储粮环节的高损失量仍有一定差距，表明马铃薯在
干燥环节的损失量处于产后各环节的中间水平。

二、模式特征

(一) 城市模式下损失率较低且波动幅度小

产后系统中马铃薯在城市模式和农村模式中表现存在显著差异，表 4 - 12
描述分析了不同模式下马铃薯损失率的数据特征。从平均数和中位数统计
量比较中，可以得出城市模式下的马铃薯损失率都是显著低于综合损失率
的，表明城市模式下马铃薯损失水平是低于全国平均水平的，马铃薯产后
损失问题相对轻缓。标准差的数值同样小于综合损失率，即全国各地区城
市的马铃薯损失率波动平缓，大多维持在同一个水平上。从极值的计算
中，同样可以得出城市模式下的损失率极差低于全国综合水平，各地区间
的损失波动差异并不显著。而在统计量峰度和偏度值的比较中，城市模式
下马铃薯损失率的峰度为 1.522，显著小于 3，表明损失分布中的峰形比
较平缓，呈现为"低峰瘦尾"的特征。偏度值 -0.473 表明损失分布是左
偏的，城市模式下马铃薯损失率更多地集中在高水平上而少数省份存在极
端低损失率。

表 4 - 12　马铃薯产后不同模式的综合损失率描述性统计

统计量	城市模式	农村模式	综合损失率	城村差异
平均	0.045	0.238	0.116	0.193
标准误差	0.004	0.024	0.014	0.022
中位数	0.050	0.285	0.124	0.220
标准差	0.023	0.138	0.079	0.125
方差	0.001	0.019	0.006	0.016
峰度	1.522	-0.533	2.224	-0.552
偏度	-0.473	-0.389	0.800	-0.051

（续）

统计量	城市模式	农村模式	综合损失率	城村差异
区域	0.107	0.494	0.368	0.456
最小值	0.000	0.000	0.000	0.000
最大值	0.107	0.494	0.368	0.456
观测数	32	32	32	32
置信度（95.0%）	0.008	0.050	0.029	0.045

注：统计量"最小值"某些环节为 0，说明存在个别区域的某环节未获取到调查样本。这里主要是指北京、海南、上海、天津和西藏的马铃薯产后损失率缺失，由于 2015 年这些地区未进行马铃薯的种植，损失率记为 0，因此在下列马铃薯损失分析中均剔除。

图 4-28 分别刻画了城村模式下各地区的马铃薯产后损失率以及城村差异。在全国层次上，城市模式中的马铃薯产后损失率为 5.24%，显著低于全国马铃薯综合损失率 13.32%，表明城市模式下的马铃薯产后损失率是处于综合水平之下的，相对损失比较小。城市模式下的各地区马铃薯产后损失率几乎成一条直线，即表明损失率波动平缓，各省份间的马铃薯损失率相差无几，差异较小。根据图 4-28 可知，城市模式下损失率最大值为山西的 10.74%；除北京等损失率为 0 的地区外，损失率最小值为青海的 3.43%，城市间的损失水平相差的确较小，极差仅为 7.31%。极差7.31% 和标准差 0.023 表明马铃薯在城市模式下损失差异并不显著。

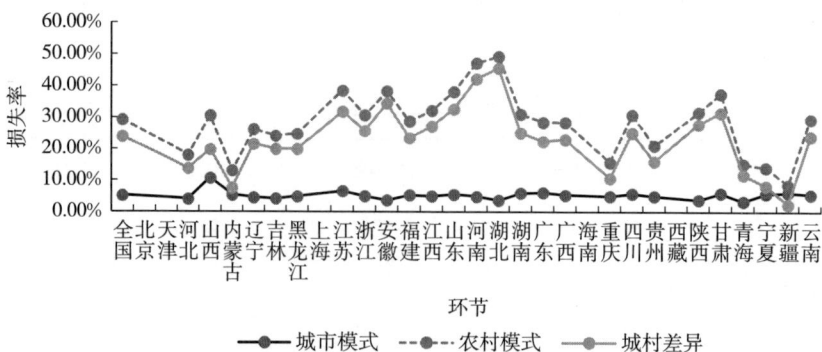

图 4-28　马铃薯产后分模式情况

（二）农村模式下损失率较高且波动幅度大

城市模式下损失率低于全国平均水平，说明农村模式下的损失较为严重，拉升了全国平均损失水平。结合表 4-12 和图 4-28，发现农村模式下马铃薯全国损失率达到 29.26%，与城市模式中的马铃薯损失率相差超过 20%，可见马铃薯在农村中的损失形势更加严峻，农村模式下的马铃薯产后减损空间也比城市模式更大。在农村模式中马铃薯产后主要包括收获、农户储粮和干燥环节，其中农户储粮环节的损失最大。

从图 4-28 中可以明显看出，农村模式中湖北的马铃薯产后损失率是最高的，达到了 49.37%，远远高于全国平均水平下的 29.26%。此外，河南的农村模式中马铃薯损失率也非常高，达到 47.20%。除损失率为 0 的省份外，农村模式中损失率最低的是新疆，为 8.68%，极差达到 40.69%，标准差为 0.138，表明农村模式下的马铃薯产后损失率波动较为明显，有少数省份如湖北和河南的损失率处于非常高的水平，也有少数省份如新疆、内蒙古损失率处于较低的水平，而其他多数省份也并非均匀地分散在区间内，总之农村模式下各地区马铃薯损失率存在的差异非常显著。

（三）马铃薯损失率在城村之间存在显著差异

上述分析中可以发现马铃薯产后损失率在城村之间表现出巨大的不同。图 4-29 以城村损失率差值的分位数为划分依据，区分了各地区马铃薯城村差异的损失率大小。分别为损失率差异小于 10.5% 的地区，损失率差异在 10.5%～31.7% 之间的地区以及损失率差异值大于 31.7% 的地区。

图 4-29 可以看出，城村损失差异小于 10.5% 的地区主要集中在西北，包括有新疆、内蒙古和宁夏。在损失差异小于 10.5% 的水平上，宁夏的城村差异值最大，为 8.24%，新疆的城村损失差值最小，为 2.54%。两省城村损失差值为 5.70%，表明在损失差异较低的水平上，区域间城村差异波动幅度较小。

城村损失率差异大于 31.7% 的有 5 个地区，大多集中在华东地区，少部分在中部偏北地区。华东地区损失率较高的省份主要包括安徽、江苏和山东。中部偏北地区损失率较高的省份有湖北和河南。其中，城村损失差异最大的是湖北，达到了 45.63%，损失率差值最小的是江苏，有 31.88%。两省差值达到 13.75%，可以发现，在城村损失差异显著的地

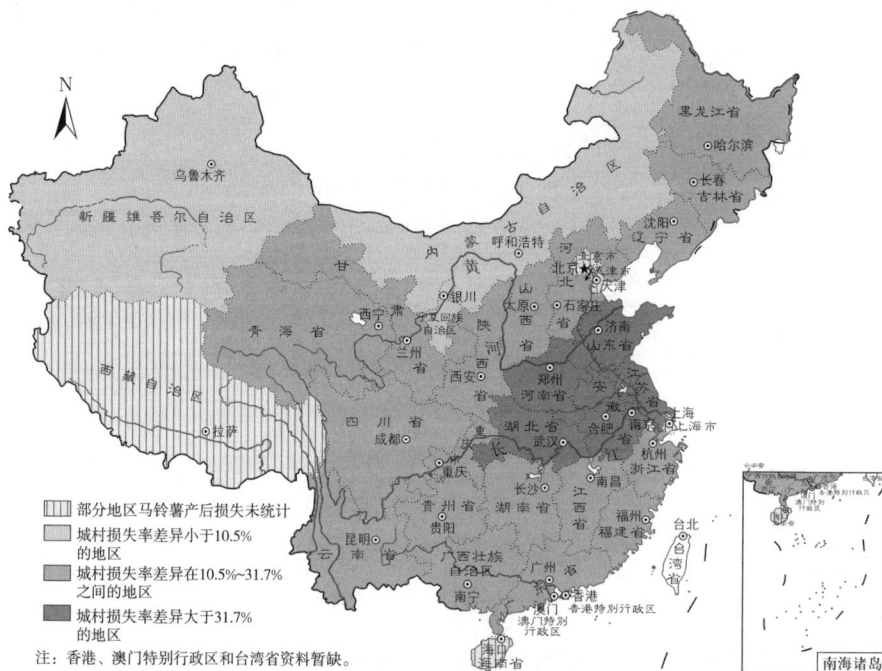

图 4-29　各地区马铃薯城村损失率差异情况

区中，损失差异的波动幅度也更大。

城村损失率差值在 11.5% 和 31.7% 之间的省份最多，包括西南地区和部分北方省市。当然损失差异处于中间水平并不能说明这些地区的城村差异较小，只是损失差异不及湖北等城村损失差异显著的地区，如四川的城村损失率差异达 25.09%，城村损失率差异较小的青海损失差值也有 11.80%，可以发现农村模式下的马铃薯损失仍然比城市模式下严重得多。

三、区域特征

（一）东部地区损失严重

以 31 个省级行政区划单位为基本研究单元来分析马铃薯产后损失率的区域特征，按照分位数将 31 个省份划分为损失率居于较高水平、中间水平以及低水平的区间。分别是损失率大于 16.7% 的地区、损失率在 8.7%~16.7% 的地区和损失率小于 8.7% 的地区。图 4-30 绘制了全国各地马铃薯损失率分布情况。

如图4-30所示，有5个地区马铃薯产后损失率大于16.7%，这些地区多集中在祖国东部，主要包括河南、湖北、湖南、江苏和江西。在损失率大于16.7%的地区中，河南马铃薯产后损失率最高，达到36.79%；江西损失率最低，为17.14%。可以发现马铃薯在东部地区损失情况要比其他区域严重得多。

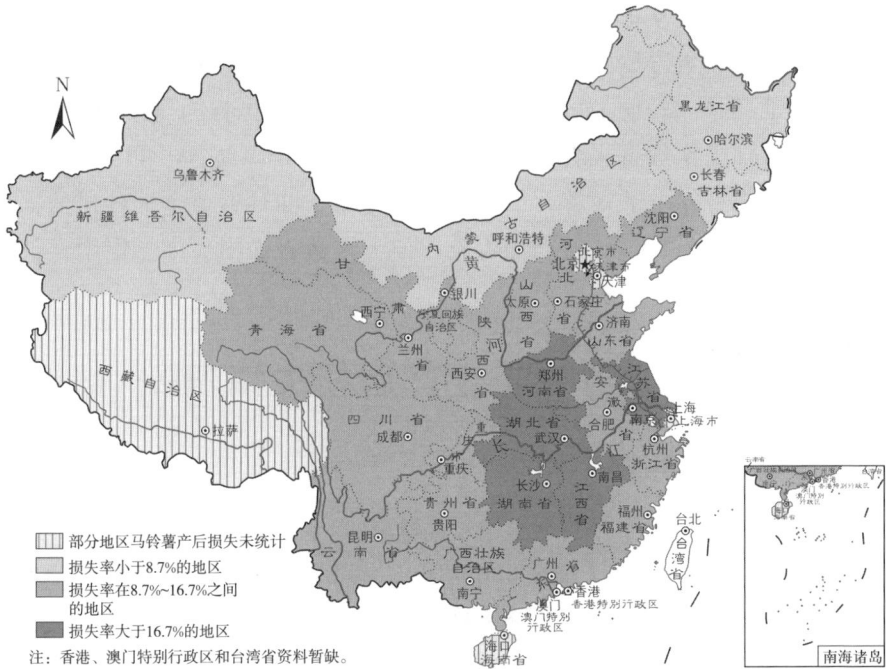

图4-30　全国各地区马铃薯损失率分布

（二）多数北方省份损失程度较小

除北京、天津、上海以及海南和西藏很少种植马铃薯，产后综合损失率可忽略不计外，马铃薯产后损失率低于8.7%的主要有5个，多集中在我国北方，包括吉林、宁夏、黑龙江、新疆和内蒙古，这些地区马铃薯产后损失程度相对轻微。

在损失率小于8.7%的水平上，损失率最低的是吉林，仅为4.73%；损失率最高的是宁夏，为6.90%。两省损失率差值为2.17%，可见损失率在小于8.7%的水平上，区域间损失率相对集中，波动幅度较小。

（三）大多数地区损失率处于中间水平

马铃薯产后损失率处于中间水平上的省份最多，大多在 8.7% ～ 16.7%之间波动。在中间水平上，损失率最高的是陕西，有 16.56%；损失率最低的是重庆，为 8.77%，极差为 7.79%，可见在中间水平上，损失率相对分散，波动幅度较大。

总之，从地理位置和马铃薯损失率的划分来看，马铃薯产后损失表现出区域间的差异。从损失率统计分析来看，马铃薯最高损失的河南和最低损失的吉林省相差 32.06%，极差 32.06%以及标准差 0.079 都表明各地损失率波动还是比较明显的。2.224 的峰度值略微小于 3，说明就全国各地的马铃薯损失率数据来看，其峰型比正态分布要平缓，0.800 的偏度表明各地损失率分布并非对称，而是为右偏分布，即马铃薯全国各地的损失率统计中少数省份存在极端高损失率，但大多数省份损失率是集中在低水平上的。

第七节　花生产后损失情况

一、环节特征

（一）农户储粮环节损失最高且波动幅度大

表 4-13 描述了全国 31 省区市花生分环节产后损失率的描述性统计特征。农户储粮环节的"平均数"统计量与其他环节相比，数值达 0.225 9，绝对损失率最大；干燥和收获环节次之，全国层次上损失率平均值分别有 0.038 7 和 0.025 1；销售、运输和储藏环节的损失率在产后各环节中处于较低水平，平均值分别为 0.005 2、0.003 0 和 0.002 9；加工环节损失率最低，平均值仅为 0.000 1。可以看出农户储粮环节损失率平均值远远高于其他环节，说明农户储粮环节损失率总体上处于一个较高的水平。

中位数则摆脱了极端损失率数值的影响，在该统计量的分析中，农户储粮环节损失最严重，达到 0.201 6；干燥和收获环节次之，分别有 0.041 6 和 0.024 7；销售、储藏和运输环节的损失率中位数仍然处于一个低损失率的水平上；加工环节损失率中位数则为 0。可见即使去除极端损失率的影响，花生在农户储粮环节的损失水平依然最高。

据表4-13可知，在统计量"标准差"的比较中，农户储粮环节损失率的标准差数值达到最大。其中，收获环节标准差有0.011 3，干燥环节损失率标准差有0.012 2，储藏、运输和销售损失率标准差相对较小，分别为0.001 3、0.001 0和0.003 0。而农户储粮环节损失率的标准差则达到了0.200 2，明显大于其他环节损失率的标准差，表明在全国层次上花生农户储粮环节损失率波动性很大，存在极端损失率的可能性较高。

表4-13 花生分环节分地区产后损失率描述性统计

统计量	收获	农户储粮	干燥	储藏	运输	加工	销售
平均	0.025 1	0.225 9	0.038 7	0.002 9	0.003 0	0.000 1	0.005 2
标准误差	0.002 0	0.035 4	0.002 2	0.000 2	0.000 2	0.000 0	0.000 5
中位数	0.024 7	0.201 6	0.041 6	0.002 7	0.003 0	0.000 0	0.004 9
标准差	0.011 3	0.200 2	0.012 2	0.001 3	0.001 0	0.000 2	0.003 0
方差	0.000 1	0.040 1	0.000 1	0.000 0	0.000 0	0.000 0	0.000 0
峰度	0.181 6	6.554 4	5.804 2	1.210 2	3.260 7	−1.689 3	−0.616 3
偏度	−0.095 4	2.399 4	0.042 8	0.536 2	−1.428 7	0.526 1	0.167 5
区域	0.048 2	0.940 1	0.079 6	0.006 5	0.004 5	0.000 4	0.011 8
最小值	0.000 0	0.000 0	0.000 0	0.000 0	0.000 0	0.000 0	0.000 4
最大值	0.048 2	0.940 1	0.079 6	0.006 5	0.004 5	0.000 4	0.012 3
观测数	32	32	32	32	32	32	32
置信度（95.0%）	0.004 1	0.072 2	0.004 4	0.000 5	0.000 4	0.000 1	0.001 1

注：统计量"最小值"某些环节为0，说明存在个别区域的某环节未获取到调查样本。这里主要是指青海和宁夏的花生产后损失率缺失，由于2015年这些地区未进行花生的种植，损失率记为0，因此在下列花生损失分析中均剔除。"—"表示数值不存在。

通过计算花生在各环节损失率的最大值和最小值的差值，可以得出极差大小。其中，花生在储藏、运输和加工环节损失率的极差相对较小，分别为0.006 5、0.004 5和0.000 4，几乎可忽略不计；收获、干燥和销售环节的极差分别有0.048 2、0.079 6和0.011 8；而农户储粮环节的极差则为0.940 1，同样远远大于其他环节损失率的极差。农户储粮环节损失率的标准差和极差分析说明了花生在该环节不同地区间的损失率存在显著差异，农户储粮环节损失波动非常明显。

（二）干燥环节损失分布显著异于其他环节

根据花生产后各环节损失率的偏度和峰度数值（表4-13），发现花生在干燥环节的损失分布与其他环节显著不同，具体表现出"高峰肥尾"的特征。在花生产后各环节损失率的峰度值比较中，干燥环节损失的峰度值较高，达到5.804 2，大于标准正态分布下的"3"，损失分布的峰形相对陡峭，表明花生干燥环节损失率波动幅度较大，存在区域间差异。而花生在收获、储藏、加工和销售环节的峰度值均小于3，分别为0.181 6、1.210 2、－1.689 3和－0.616 3，损失分布的峰形相对标准正态分布更加平缓，表现出"低峰瘦尾"的特征，非正态特征没有干燥环节突出，峰形顶端较正态分布更加平缓。说明31个省份花生在产后这些环节的损失率波动幅度较小，区域性差异并不显著。

干燥环节损失率的偏度值为0.042 8，略微大于0，表明花生在干燥环节的损失表现为"右偏分布"，结合峰度值和偏度值，可以看出全国层次上花生在干燥环节的产后损失率大多处于较低水平，少数省份处于极端高损失的水平上。花生在农户储粮、储藏、加工和销售环节的偏度值同样为正，表现为"右偏分布"，但就偏度的绝对值比较来看，均大于干燥环节损失率的偏度值，可以发现干燥环节的损失分布更接近标准正态，而其他环节的非正态特征更加显著。收获和运输环节损失率的偏度值则为负，表明花生在产后这些环节的损失分布表现为左偏分布。

（三）收获环节损失不可忽视

图4-31描述了全国层次的花生产后损失分环节调查损失率。花生在农户储粮环节的损失率明显高于其他产后环节，达到20.37％；干燥和收获环节损失率次之，分别可达7.96％和3.24％。依据农户储粮占比得出各环节绝对损失率及环节占比，在图4-32中，储藏环节损失在花生产后各环节中占比最高，达到52.28％；收获和干燥环节次之，分别为22.54％和21.70％；销售、运输和加工环节在各个环节中占比相对较少，分别2.09％、1.19％和0.20％。

在花生产后的各个环节中，收获环节相对损失率仅次于农户储粮和干燥环节，损失情况相对严重。而在损失率的环节占比中，花生收获环节占总环节损失的比例位于中间，结合图4-31和图4-32，表明花生收获环节的损失率在产后各环节中处于中等水平，产后损失问题比较严重。

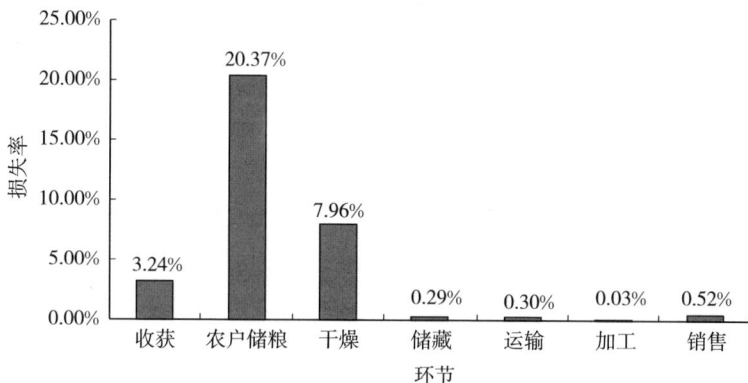

图 4-31　全国层次花生分环节调查损失率情况

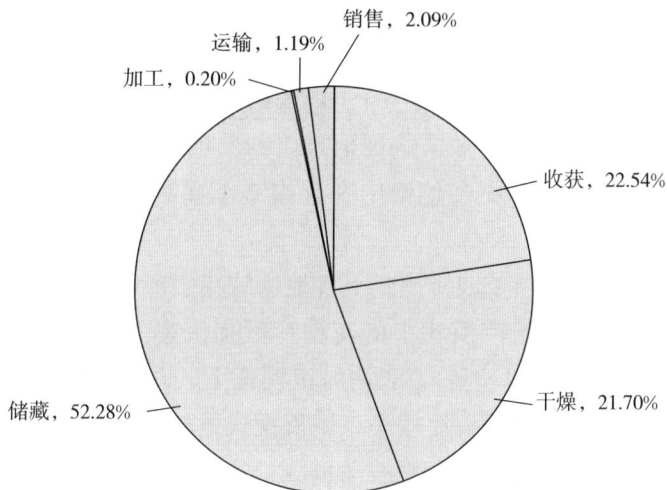

图 4-32　全国层次花生综合损失分环节占比

以 2016 年国家统计局公布的数据为准，花生总产量有 1 728.98 万吨，结合环节损失率，分别测算不同环节的损失量。其中，花生在农户储粮环节损失量最大，可达 352.19 万吨；干燥和收获环节次之，损失量分别为 137.63 万吨和 56.02 万吨；销售环节损失量为 9.06 万吨；储藏环节损失量为 5.07 万吨；运输环节损失量有 5.17 万吨；加工环节损失量也有 0.58 万吨。环节总损失量有 565.72 万吨。销售、储藏、运输和加工环节损失量加总有 19.88 万吨。在各环节损失量的比较中，收获环节损失量位于中间水平。

二、模式特征

（一）城市模式下损失率较低且波动幅度小

产后系统中花生在城市模式和农村模式中表现存在显著差异，表 4-14 描述分析了不同模式下花生损失率的数据特征。从平均数和中位数统计量比较中，可以得出城市模式下的花生损失率都是显著低于综合损失率的，表明城市模式下花生损失水平是低于全国平均水平的，花生产后损失问题相对轻缓。标准差的数值同样小于综合损失率，即全国各地区城市的花生损失率波动平缓，大多维持在同一个水平上。从极值的计算中，同样可以得出城市模式下的损失率极差低于全国综合水平，各地区间的损失波动差异并不显著。而在统计量峰度和偏度值的比较中，城市模式下花生损失率的峰度为 1.457 8，显著小于 3，表明损失分布中的峰形比较平缓，呈现为"低峰瘦尾"的特征。偏度值-0.822 7 表明损失分布是左偏的，城市模式下花生损失率更多地集中在高水平上而少数省份存在极端低损失率。

图 4-33 分别刻画了城村模式下各地区的花生产后损失率以及城村差异。在全国层次上，城市模式中的花生产后损失率为 4.35%，显著低于全国花生综合损失率 14.37%，表明城市模式下的花生产后损失率是处于综合水平之下的，相对损失比较小。城市模式下的各地区花生产后损失率几乎成一条直线，即表明损失率波动平缓，各省份间的花生损失率相差无几，差异较小。根据图 4-33 可知，城市模式下损失率最大值为广东的 5.70%；除青海等损失率为 0 的地区外，损失率最小值为北京的 2.41%，城市间的损失水平相差的确较小，极差仅为 3.29%。极差 3.29% 和标准差 0.013 3 表明花生在城市模式下损失差异并不显著。

（二）农村模式下损失率较高且波动幅度大

城市模式下损失率低于全国平均水平，说明农村模式下的损失较为严重，拉升了全国平均损失水平。结合表 4-14 和图 4-33，发现农村模式下花生全国损失率达到 29.11%，与城市模式中的花生损失率相差超过

24%，可见花生在农村中的损失形势更加严峻，农村模式下的花生产后减损空间也比城市模式更大。在农村模式中花生产后主要包括收获、农户储粮和干燥环节，其中农户储粮环节的损失最大。

表 4 - 14　花生产后不同模式的综合损失率描述性统计

统计量	城市模式	农村模式	综合损失率	城村差异
平均	0.035 3	0.270 8	0.106 2	0.235 6
标准误差	0.002 4	0.034 3	0.007 6	0.033 2
中位数	0.034 5	0.246 0	0.109 7	0.210 3
标准差	0.013 3	0.194 1	0.042 7	0.188 0
方差	0.000 2	0.037 7	0.001 8	0.035 3
峰度	1.457 8	5.764 6	0.837 1	6.090 3
偏度	−0.822 7	2.146 4	−0.807 3	2.264 3
区域	0.057 0	0.944 7	0.174 9	0.891 9
最小值	0.000 0	0.000 0	0.000 0	0.000 0
最大值	0.057 0	0.944 7	0.174 9	0.891 9
观测数	32	32	32	32
置信度（95.0%）	0.004 8	0.070 0	0.015 4	0.067 8

注：青海和宁夏 2015 年未种植花生，故损失率为 0，不纳入分析。

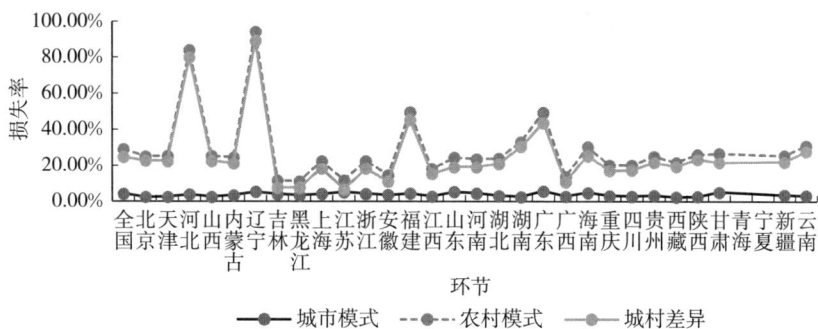

图 4 - 33　花生产后分模式情况

从图 4 - 33 中可以明显看出，农村模式中辽宁的花生产后损失率是最高的，达到了 94.47%，远远高于全国平均水平下的 29.11%。此外，河北的农村模式中花生损失率也非常高，达到 83.97%。除损失率为 0 的青海和宁夏外，农村模式中损失率最低的黑龙江省，为 11.21％，极差达到 83.26％，标准差为 0.194 1，表明农村模式下的花生产后损失率波动较为明显，有少数省份如辽宁和河北的损失率处于非常高的水平，也有少数省份如黑龙江和吉林损失率处于较低的水平，而其他多数省份也并非均匀地分散在区间内，总之农村模式下各地区间花生损失率存在的差异非常显著。

（三）花生损失率在城村之间存在显著差异

上述的分析中可以发现花生产后损失率在城村之间表现出巨大的不同。图 4-34 以城村损失率差值的分位数为划分依据，区分了各地区花生城村差异的损失率大小。分别为损失率差异小于 10.8％的地区，损失率差异在 10.8％～23.5％之间的地区以及损失率差异值大于 23.5％的地区。

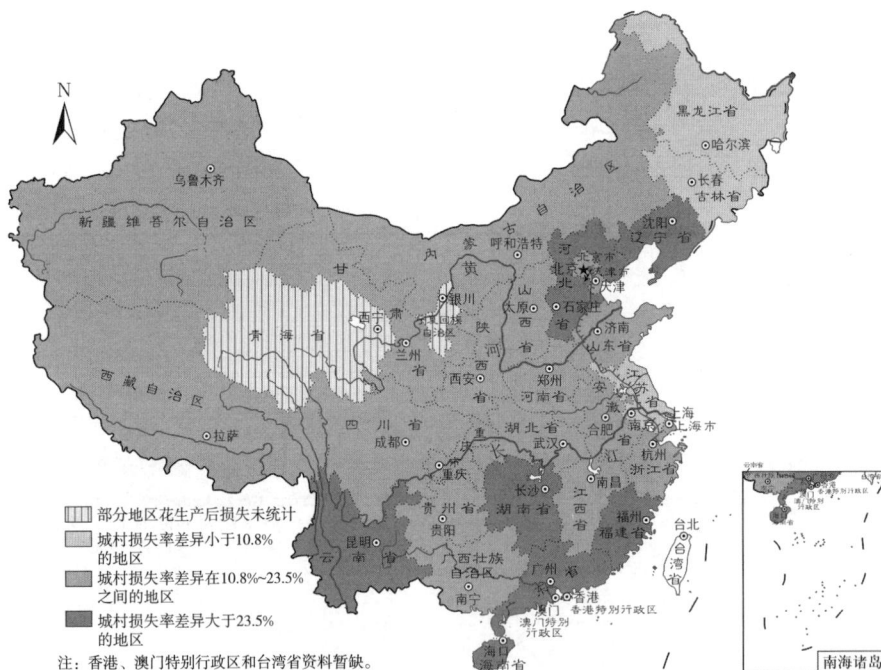

图 4-34　各地区花生城村损失率差异情况

图 4-34 可以看出，大多数省份的花生城村损失差异均小于 23.5％，其中城村损失差异在 10.8％到 23.5％之间的地区有 19 个，而城村损失率

差异小于 10.8％的有三个省份，除江苏外主要集中在东北地区，包括黑龙江和吉林。在中间损失差异水平上，陕西城村损失差异最大，达到 23.46％，广西城村损失差异最小，有 10.90％，结合标准差 0.188 0，可见损失差异在区域间波动还是非常明显的。

在全国层次上，花生城村损失差异大于 23.5％的有 7 个省份，大多数集中在华南地区，分别是海南、云南、湖南、广东和福建。此外，花生产后城村损失差异值大于 23.5％的地区还有北方的河北和辽宁。在城村损失差异值高水平的区间上，海南的城村差异相对最小，为 25.49％，辽宁的城村损失差异最大，达到 89.19％，河北的城村损失差异次之，也达到了 80.03％，可见花生在城村之间的损失差异波动幅度非常大，大多数省份农村模式下的花生损失比城市模式下严重得多。

三、区域特征

（一）除河南外华南地区花生产后损失情况严重

以 31 个省级行政区划单位为基本研究单元来分析花生产后损失率的区域特征，按照分位数将 31 个省份划分为损失率居于较高水平、中间水平以及低水平的区间。分别是损失率大于 16.3％的地区、损失率在 10.7％～16.3％的地区和损失率小于 10.7％的地区。图 4-35 绘制了全国各地花生损失率分布情况。

如图 4-35 所示，花生产后损失率大于 16.3％的地区主要有 3 个，除河南外，多集中在华南地区，包括湖南和广东。在损失率大于 16.3％的水平上，河南花生产后综合损失率最高，达到 17.49％；广东花生产后综合损失率最低，也有 16.47％，极差仅为 1.02％，可以发现在花生产后高损失的水平上区域间损失波动幅度较小。其他省份花生产后损失率均在 16.3％以下，可见花生在广东、河南等地产后损失状况十分严重。从损失量来看，可以得出河南一年的花生产后损失量约为 302.50 万吨，数值十分惊人。

（二）大多数南方省份花生产后损失率较低

花生产后损失率小于 10.7％的省份有 10 个地区，除黑龙江和吉林外，多集中在南方。在花生产后损失率小于 10.7％的水平上，黑龙江花

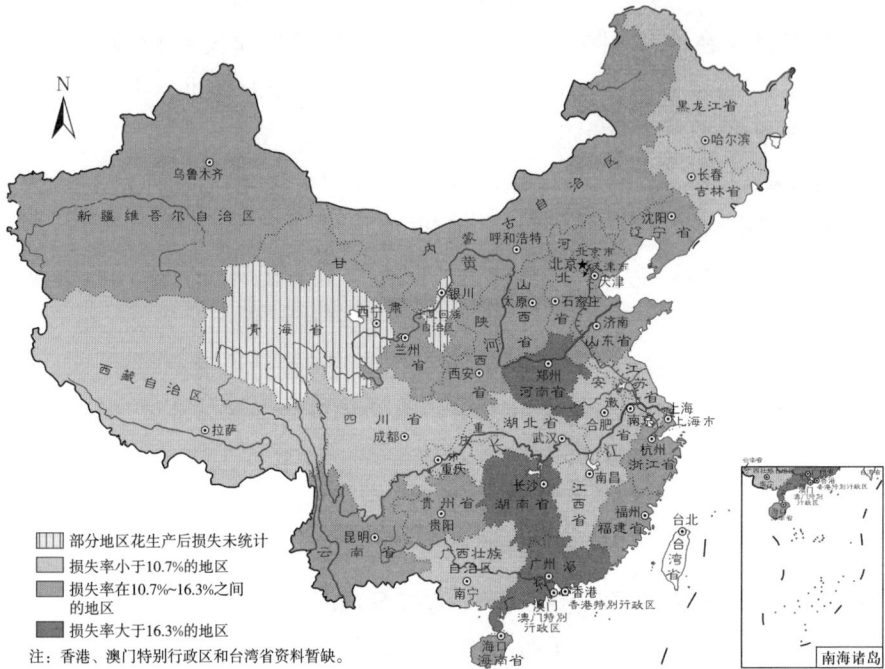

图 4-35　全国各地区花生损失率分布

生产后综合损失率最低，仅为 4.93%；西藏花生产后综合损失率最高，达到 10.16%。可以看出与河南等损失严重的地区相比，大多数南方省份的花生产后损失程度还是比较轻微的。

（三）北方省份花生产后损失率多处于中间水平

我国北方省份花生产后综合损失率多处于中间水平上，大多在 10.7% ~ 16.3% 之间波动。具体来看，花生产后损失率在 10.7% 到 16.3% 之间的地区有 16 个，除云南、贵州、福建、浙江、海南和上海外，其余的 10 个地区均集中在我国的北方。在花生产后损失率处于中间水平的区间上，辽宁的花生损失率最高，达到 16.06%，天津的花生损失率最低，为 10.75%，极差表明在损失率中等水平上花生损失波动幅度较大。

从地理位置和花生损失率的划分来看，花生产后损失表现出区域间的差异。从损失率统计分析来看，除青海和宁夏外，花生最高损失的河南和最低损失的黑龙江相差 13.12%，极差 13.12% 以及标准差 0.042 7 都表明各地损失率波动还是比较明显的。0.837 1 的峰度值小于 3，说明就全国各地的花生损失率数据来看，其峰型比正态分布要平缓，—0.807 3 的偏度表明各地损失率分布并非对称，而是为左偏分布，即花生全国各地的损失率统计中少数省份存在极端低损失率，但大多数省份损失率是集中在高水平上的。

第八节 油菜籽产后损失情况

一、环节特征

（一）农户储粮环节损失最高且波动幅度大

表 4-15 描述了全国 31 省区市油菜籽分环节产后损失率的描述性统计特征。农户储粮环节的"平均数"统计量与其他环节相比，数值达 0.164 0，绝对损失率最大；收获和干燥环节次之，全国层次上损失率平均值分别有 0.075 5 和 0.068 6；加工、销售、储藏和运输的损失率在产后各环节中处于较低水平，平均值分别为 0.005 1、0.004 7、0.003 5 和 0.001 2，可以看出农户储粮环节损失率平均值远远高于其他环节，说明农户储粮环节损失率总体上处于一个较高的水平。

中位数则摆脱了极端损失率数值的影响，在该统计量的分析中，农户储粮环节损失最严重，达到 0.167 1；收获和干燥环节次之，分别有 0.082 0 和 0.062 9；销售、加工、储藏和运输环节的损失率中位数仍然处于一个低损失率的水平上。可见即使去除极端损失率的影响，农户储粮环节的损失水平依然很高。

表 4-15 油菜籽分环节分地区产后损失率描述性统计

统计量	收获	农户储粮	干燥	储藏	运输	加工	销售
平均	0.075 5	0.164 0	0.068 6	0.003 5	0.001 2	0.005 1	0.004 7
标准误差	0.004 7	0.014 4	0.004 7	0.000 3	0.000 2	0.001 1	0.000 4
中位数	0.082 0	0.167 1	0.062 9	0.003 2	0.001 0	0.003 3	0.004 4
标准差	0.026 4	0.081 3	0.026 8	0.001 9	0.000 9	0.006 5	0.002 5
方差	0.000 7	0.006 6	0.000 7	0.000 0	0.000 0	0.000 0	0.000 0

（续）

统计量	收获	农户储粮	干燥	储藏	运输	加工	销售
峰度	4.730 6	0.997 2	9.784 3	−0.749 6	−0.516 0	2.753 0	−0.681 1
偏度	−2.274 3	−0.079 7	2.643 4	0.332 3	0.453 5	1.626 9	0.079 2
区域	0.105 0	0.340 4	0.145 1	0.007 5	0.003 0	0.026 7	0.009 5
最小值	0.000 0	0.000 0	0.035 8	0.000 0	0.000 0	0.000 0	0.000 1
最大值	0.105 0	0.340 4	0.180 9	0.007 5	0.003 0	0.026 7	0.009 6
观测数	32	32	32	32	32	32	32
置信度（95.0%）	0.009 5	0.029 3	0.009 6	0.000 7	0.000 3	0.002 3	0.000 9

注：统计量"最小值"某些环节为 0，说明存在个别区域的某环节未获取到调查样本。这里主要是指北京、海南和吉林的油菜籽产后损失率缺失，由于 2015 年这些地区未进行油菜籽的种植，损失率记为 0，因此在下列油菜籽损失分析中均剔除。

据表 4-15 可知，在统计量"标准差"的比较中，农户储粮环节损失率的标准差数值达到最大。其中，收获环节标准差有 0.026 4，干燥环节损失率标准差有 0.026 8，储藏、运输、加工和销售损失率标准差相对较小，分别为 0.001 9、0.000 9、0.006 5 和 0.002 5。而农户储粮环节损失率的标准差则达到了 0.081 3，明显大于其他环节损失率的标准差，表明在全国层次上油菜籽农户储粮环节损失率波动性很大，存在极端损失率的可能性较高。

通过计算油菜籽在各环节损失率的最大值和最小值的差值，可以得出极差大小。其中，油菜籽在储藏、加工、运输和销售环节损失率的极差相对较小，分别为 0.007 5、0.026 7、0.003 0 和 0.009 5，几乎可忽略不计，而在干燥环节中，极差有 0.145 1；收获环节中损失率极差为 0.105 0；农户储粮环节的极差则为 0.340 4，同样远远大于其他环节损失率的极差。农户储粮环节损失率的标准差和极差分析说明了油菜籽在该环节不同地区间的损失率存在显著差异，农户储粮环节损失波动非常明显。

（二）干燥环节损失分布差异明显

根据油菜籽产后各环节损失率的偏度和峰度数值（表 4-15），发现油菜籽在干燥环节的损失分布与其他环节显著不同，具体表现出"高峰肥尾"的特征。在油菜籽产后各环节损失率的峰度值比较中，干燥环节损失的峰度值最高，达到 9.784 3，显著大于标准正态分布下的"3"，损失分布的峰形相对陡峭，表明油菜籽干燥环节损失率波动幅度较大，存在区域间差异。油菜籽在收获环节损失率的峰度值同样大于标准正态的峰度值3，为 4.730 6，但对比干燥环节损失率的峰度值，可以看出油菜籽在干燥环节损失分布的峰形更加陡峭。而油菜籽在农户储粮、储藏、运输、加工和销售环节的峰度值均小于 3，分别为 0.997 2、−0.749 6、−0.516 0、2.753 0 和−0.681 1，损失分布的峰形相对标准正态分布更加平缓，表现出"低峰瘦尾"的特征，非正态特征没有干燥环节突出，峰形顶端较正态分布更加平缓。说明 31 个省份中油菜籽在产后这些环节的损失率波动幅度较小，区域性差异并不显著。

干燥环节损失率的偏度值为 2.643 4，显著异于 0，表明油菜籽在干燥环节的损失表现为"右偏分布"，结合峰度值和偏度值，可以看出全国层次上油菜籽在干燥环节的产后损失率大多处于较低水平，少数省份处于极端高损失的水平上。油菜籽在储藏、运输、加工和销售环节的偏度值同样为正，表现为"右偏分布"，但就偏度的绝对值比较来看，数值都小于干燥环节损失率的偏度值，可以发现干燥环节的非正态分布特征是最为显著的。而收获和农户储粮环节损失率的偏度值则为负，表明油菜籽在产后这些环节的损失分布表现为左偏分布。

（三）收获环节损失不可忽视

图 4 - 36 描述了全国层次的油菜籽产后损失分环节调查损失率。油菜籽在农户储粮环节的损失率明显高于其他产后环节，达到 19.64%；收获和干燥环节损失率次之，分别可达 8.30% 和 4.14%。图 4 - 37 描述了全国层次油菜籽产后损失各环节占比，收获环节损失在油菜籽产后各环节中占比最高，达到 53.01%；储藏环节次之，为 34.52%；干燥、加工、销售和运输环节在各个环节中占比相对较少，分别有 7.26%、2.83%、1.90% 和 0.47%。

可以看出，在油菜籽产后的各个环节中，收获环节相对损失率仅次于农户储粮环节，损失情况相对严重。而在损失率的环节占比中，油菜籽收获环节占总环节损失的比例达到了 53.01%，在产后各环节中损失占比最高，结合图 4 - 36 和图 4 - 37，表明油菜籽收获环节的损失率在产后各环节中处于中等水平，产后损失问题比较严重。

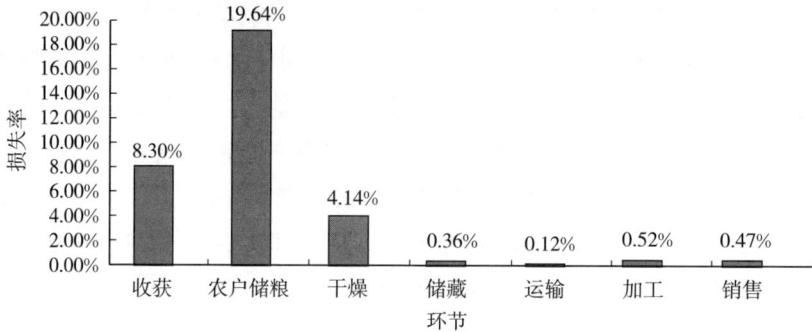

图 4 - 36　全国层次油菜籽分环节调查损失率情况

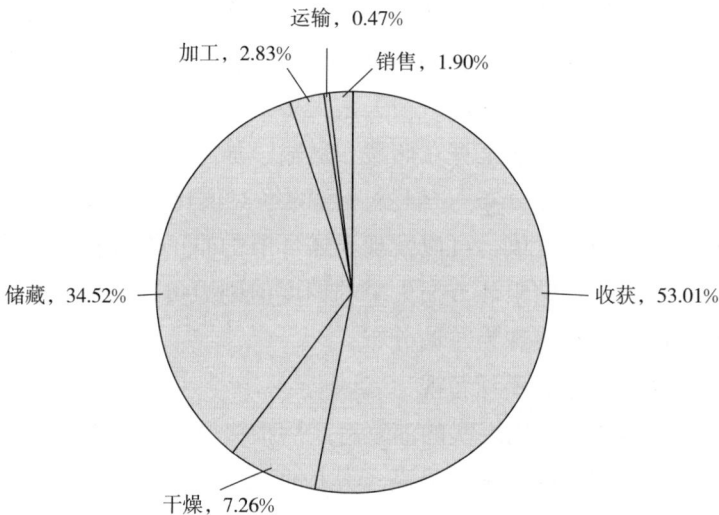

图 4 - 37　全国层次油菜籽综合损失分环节占比

　　以 2016 年国家统计局公布的数据为准，油菜籽总产量有 1 454.56 万吨，结合环节损失率，分别测算不同环节的损失量。其中，油菜籽在农户储粮环节损失量最大，可达 285.68 万吨；收获和干燥环节次之，损失量分别为120.73 万吨和 60.22 万吨；加工环节损失量有 7.57 万吨；销售环节损失量为6.82 万吨；储藏环节损失量为 5.25 万吨；运输环节损失量有 1.69 万吨。环节总损失量有 487.96 万吨，其中，加工、销售、储藏和运输环节损失量加总有21.33 万吨。仅收获环节的损失量就远大于加工、销售、储藏和运输环节损失量的加总，可以看出油菜籽在收获环节的损失量相对其他产后环节较高。

二、模式特征

(一)城市模式下损失率较低且波动幅度小

产后系统中油菜籽在城市模式和农村模式中表现存在显著差异,表 4 - 16 描述分析了不同模式下油菜籽损失率的数据特征。从平均数和中位数统计量比较中,可以得出城市模式下的油菜籽损失率都是显著低于综合损失率的,表明城市模式下油菜籽损失水平是低于全国平均水平的,油菜籽产后损失问题相对轻缓。标准差的数值同样小于综合损失率,即全国各地区城市的油菜籽损失率波动平缓,大多维持在同一个水平上。从极值的计算中,同样可以得出城市模式下的损失率极差低于全国综合水平,各地区间的损失波动差异并不显著。而在统计量峰度和偏度值的比较中,城市模式下油菜籽损失率的峰度达到 4.559 1,显著大于 3,表明损失分布中的峰形比较陡峭,呈现为"高峰肥尾"的特征。偏度值 -2.223 5 表明损失分布是左偏的,城市模式下油菜籽损失率更多地集中在高水平上,并且少数省份存在极端低损失率。

表 4 - 16　油菜籽产后不同模式的综合损失率描述性统计

统计量	城市模式	农村模式	综合损失率	城村差异
平均	0.087 2	0.275 3	0.147 2	0.188 1
标准误差	0.005 4	0.019 2	0.010 6	0.015 1
中位数	0.094 2	0.287 2	0.151 0	0.191 4
标准差	0.030 7	0.108 7	0.059 7	0.085 6
方差	0.000 9	0.011 8	0.003 6	0.007 3
峰度	4.559 1	2.425 7	2.562 2	1.189 9
偏度	-2.223 5	-1.204 6	-0.851 1	-0.396 8
区域	0.120 6	0.469 0	0.272 6	0.378 1
最小值	0.000 0	0.000 0	0.000 0	0.000 0
最大值	0.120 6	0.469 0	0.272 6	0.378 1
观测数	32	32	32	32
置信度(95.0%)	0.011 1	0.039 2	0.021 5	0.030 9

注:统计量"最小值"某些环节为 0,吉林、北京和海南 2015 年尚未有油菜籽种植,故未统计,为了便于粮食综合损失率测算,该省油菜籽损失率设为 0。

图 4-38 分别刻画了城村模式下各地区的油菜籽产后损失率以及城村差异。在全国层次上，城市模式中的油菜籽产后损失率为 9.64%，显著低于全国油菜籽综合损失率 15.66%，表明城市模式下的油菜籽产后损失率是处于综合水平之下的，相对损失比较小。城市模式下的各地区油菜籽产后损失率几乎成一条直线，即表明损失率波动平缓，各省份间的油菜籽损失率相差无几，差异较小。根据图 4-38 可知，城市模式下损失率最大值为甘肃的 12.06%；除吉林、北京和海南外，损失率最小值为山东的 7.39%，省份间的损失水平相差的确较小，极差仅为 4.67%。极差 4.67% 和标准差 0.030 7 表明油菜籽在城市模式下损失差异并不显著。

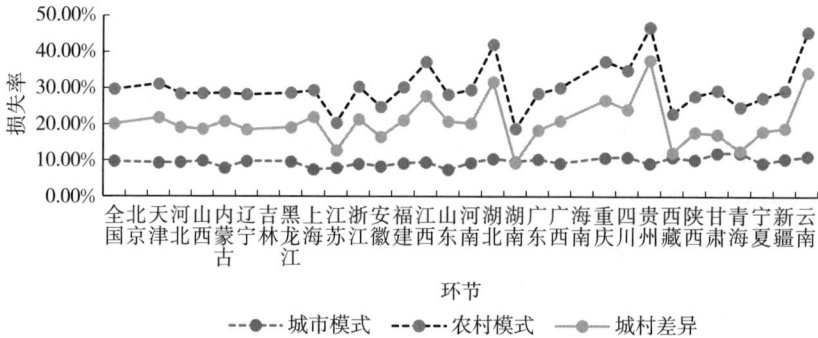

图 4-38　油菜籽产后分模式情况

（二）农村模式下损失率较高且波动幅度大

城市模式下损失率低于全国平均水平，说明农村模式下的损失较为严重，拉升了全国平均损失水平。结合表 4-16 和图 4-38，发现农村模式下油菜籽全国损失率达到 29.73%，与城市模式中的油菜籽损失率相差超过 20%，可见油菜籽在农村中的损失形势更加严峻，农村模式下的油菜籽产后减损空间也比城市模式更大。在农村模式中油菜籽产后主要包括收获、农户储粮、干燥和加工环节，其中农户储粮、收获和干燥环节的损失尤为严重。

从图 4-38 中可以明显看出，农村模式中贵州的油菜籽产后损失率是最高的，达到了 46.90%，远远高于全国平均水平下的 29.73%。此外，云南的农村模式中油菜籽损失率也非常高，达到 45.59%。农村模式中除北京、吉林和海南以外，损失率最低的是湖南，为 18.83%，剔除损失率为 0 的省份，极差达到 28.07%，标准差为 0.108 7，表明农村模式下的油菜籽产后损失率波动较为明显，有少数省份如贵州和云南的损失率处于非常高的水平，也有少数省份如湖南和江苏损失率处于较低的水平，而其他多数省份也并非均匀地分散在区间内，总之农村模式下各地区油菜籽损失率存在的差异较为显著。

（三）油菜籽损失率在城村之间存在显著差异

上述的分析中可以发现油菜籽产后损失率在城村之间表现出巨大的不同。图 4-39 以城村损失率差值的分位数为划分依据，区分了各地区油菜籽城村差异的损失率大小。分别为损失率差异小于 18.3% 的地区，损失率差异在 18.3%~24.1% 之间的地区以及损失率差异值大于 24.1% 的地区。

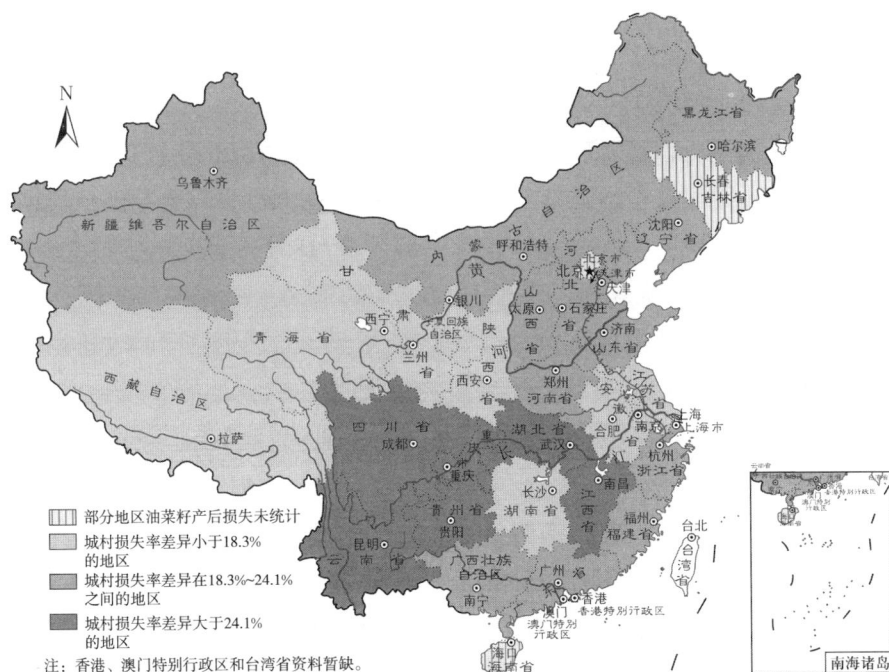

图 4-39　各地区油菜籽城村损失率差异情况

图 4-39 可以看出，城村损失差异小于 18.3% 的主要有 8 个地区，

多数集中在西部，包括宁夏、陕西、甘肃、青海和西藏。此外，少数东部省份油菜籽城村损失差异也较小，有江苏、湖南和安徽。城村损失率差异大于 24.1％的有 6 个地区，主要包括贵州、云南、湖北、江西、重庆和四川。油菜籽损失率大于 24.1％的地区相对比较集中，主要分布在我国的南方。其中，贵州的油菜籽产后损失在城村之间的差异最为显著，损失率差值达到 37.81％，表明贵州农村的油菜籽产后损失现象非常严重。

城村损失率差值在 18.3％和 24.1％之间的区域主要集中在祖国的北部和少数南方沿海省份。当然损失差异处于中间水平并不能说明这些地区的城村差异较小，只是损失差异不及贵州等地，如山东的城村损失率差异达 20.88％，城村损失率差异较小的广东损失差值也有 18.36％，可以发现农村模式下的油菜籽损失仍然比城市模式下严重得多。

三、区域特征

（一）西部地区以及少数中部省份损失状况严重

以 31 个省级行政区划单位为基本研究单元来分析油菜籽产后损失率的区域特征，按照分位数将 31 个省市划分为损失率居于较高水平、中间水平以及低水平的区间。分别是损失率大于 18.4％的地区、损失率在 13.5％～18.4％的地区和损失率小于 13.5％的地区。图 4-40 绘制了全国各地油菜籽损失率分布情况。

如图 4-40 所示，油菜籽产后损失率大于 18.4％的有 6 个地区，集中在我国的西南地区以及少数中部省份，主要包括云南、贵州、重庆、江西、河南和湖北。其中，云南的油菜籽产后损失率最高，达到27.26％；贵州次之，损失率为 26.81％；湖北在损失率高水平区间内相对损失率最小，也达到了 18.44％。其他省份油菜籽产后损失率均在18.4％以下，可见西南地区以及河南、湖北和江西油菜籽产后损失状况非常严重。从损失量来看，可以得出云南一年的油菜籽产后损失量约为396.44 万吨，表明油菜籽在损失率较高水平的省份内产后环节损失非常严重。

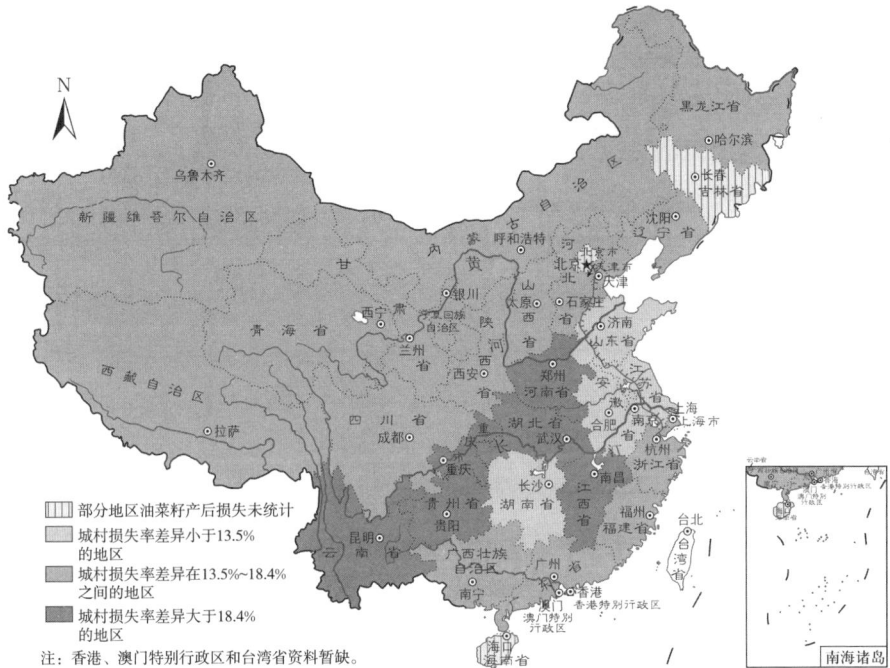

图4-40　全国各地区油菜籽损失率分布

（二）东部沿海省份以及安徽、湖南损失程度相对轻微

油菜籽产后损失率较低的区域相对集中，主要分布在东部沿海地区以及安徽和湖南。其中，东部沿海地区包括江苏和山东，安徽和湖南油菜籽产后损失程度也相对较小。在油菜籽产后损失较低的水平上，安徽的损失率最小，为11.11%，江苏的损失率最大，有13.45%，两者相差不大，表明在损失率低水平上并不存在显著的区间差异。

（三）华南地区、西北地区损失率处于中间水平

除损失率几乎可忽略不计的北京、吉林和海南以及损失率极高的六省之外，我国大多数省份的油菜籽产后损失率多在13.5%和18.4%之间波动，主要集中在我国的华南地区和西北地区。在中间水平上，损失率最高的是青海，有16.86%；损失率最低的是内蒙古，为13.60%，极差仅为3.26%，可见在中间水平上，损失率相对集中，波动幅度较小，东部和多数中部省份中油菜籽产后损失在区域间差异并不显著。

　　而在全国层次上，从损失率统计分析来看，油菜籽最高损失的云南和最低损失的安徽相差 16.15%，极差 16.15% 以及标准差 0.059 7 都表明各地损失率波动还是比较明显。2.562 2 的峰度略微小于 3，说明就全国各地的油菜籽损失率数据来看，其峰型比正态分布要平缓，−0.851 1 的偏度表明各地损失率分布并非对称，而是为左偏分布，即全国各地的损失率统计中存在少数极端低损失率值，但大多数省份的损失率仍然是很高的。

第五章 粮食产后综合损失情况

第一节 分类别粮食产后综合损失情况

一、环节特征

表5-1描述了全国层次上谷物、豆类和薯类产后综合损失率的描述性统计特征。谷物的"平均数"统计量与其他作物相比，数值达0.1585，综合损失率最大；薯类次之，全国层次上综合损失率平均值有0.1288；豆类综合损失率的平均数相对较小，为0.0894。中位数则摆脱了极端损失率数值的影响，在该统计量的分析中，谷物损失仍然最严重，损失率达到0.1455；薯类次之，有0.1365；豆类损失率最低，为0.0912，可见即使去除极端损失率的影响，谷物的损失水平依然最高。可以看出谷物在三大作物类别中损失率最高，损失状况相对严重，豆类的产后损失程度相对轻缓。

表5-1 谷物、豆类、薯类产后综合损失率描述性统计

统计量	谷物	豆类	薯类	粮食	油料
平均	0.158 5	0.089 4	0.128 8	0.152 7	0.142 2
标准误差	0.010 4	0.007 9	0.009 6	0.009 2	0.007 9
中位数	0.145 5	0.091 2	0.136 5	0.143 4	0.143 8
标准差	0.058 9	0.044 8	0.054 4	0.051 8	0.044 5
方差	0.003 5	0.002 0	0.003 0	0.002 7	0.002 0
峰度	−0.789 3	0.774 4	0.143 7	−1.042 6	1.719 6
偏度	0.455 3	−0.335 1	−0.075 0	0.440 2	0.222 6
区域	0.219 8	0.189 5	0.250 6	0.164 3	0.207 7
最小值	0.068 8	0.000 0	0.002 0	0.080 8	0.044 9

（续）

统计量	谷物	豆类	薯类	粮食	油料
最大值	0.288 6	0.189 5	0.252 7	0.245 1	0.252 5
观测数	32	32	32	32	32
置信度（95.0%）	0.021 2	0.016 2	0.019 6	0.018 7	0.016 1

注：统计量"最小值"某些环节为 0，说明存在个别区域的某环节未获取到调查样本。"—"表示数值不存在。

统计量"标准差"和"方差"反映了全国层次上损失率的离散程度。据表 5-1 可知，谷物产后综合损失率的标准差和方差数值在三大作物类别中最大。其中，谷物损失率的标准差达到了 0.058 9；薯类的标准差为 0.054 4；豆类的标准差则相对较小，为 0.044 8。可见谷物损失率标准差明显大于其他作物的标准差，表明谷物在不同省份间损失率波动性最大，存在极端损失率的可能性较高。通过计算损失率的最大值和最小值的差值，可以得出谷物的极差为 0.219 8，同样远远大于薯类和豆类损失率的极差。谷物综合损失率的标准差和极差数值表明其在不同省份间的损失率存在显著差异。

图 5-1 则描述了不同作物类别在产后的综合损失率。图 5-2 描述了谷物、豆类和薯类产后损失分环节调查损失率。图 5-2 根据农户储粮占比测算各环节综合损失率，描述了谷物、豆类和薯类产后综合损失率分环节占比。不同作物在产后各环节中的损失表现并不相同。下面根据图表分别描述不同类别作物的环节特征。

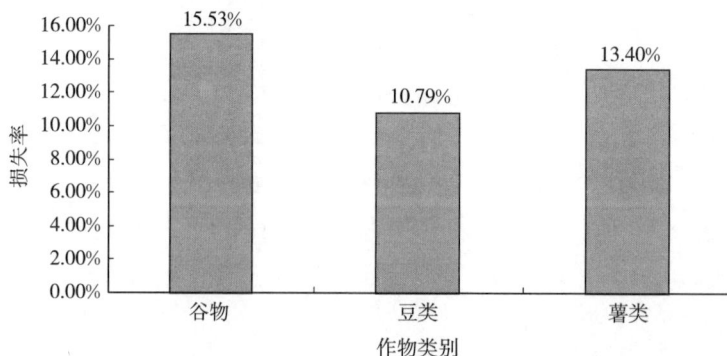

图 5-1　谷物、豆类、薯类综合损失率情况

（一）谷物产后损失环节特征

1. 农户储粮环节损失最高

据图 5-2，谷物农户储粮环节的损失率在产后各环节中达到最高，为 9.15%；加工环节次之，损失率有 6.54%；干燥和收获环节损失率也比较高，分别有 5.24% 和 4.48%；销售、储藏和运输环节损失率则处于较低水平，分别为 0.64%、0.37% 和 0.27%。可以看出，谷物在农户储粮环节的损失率显著高于其他产后环节。

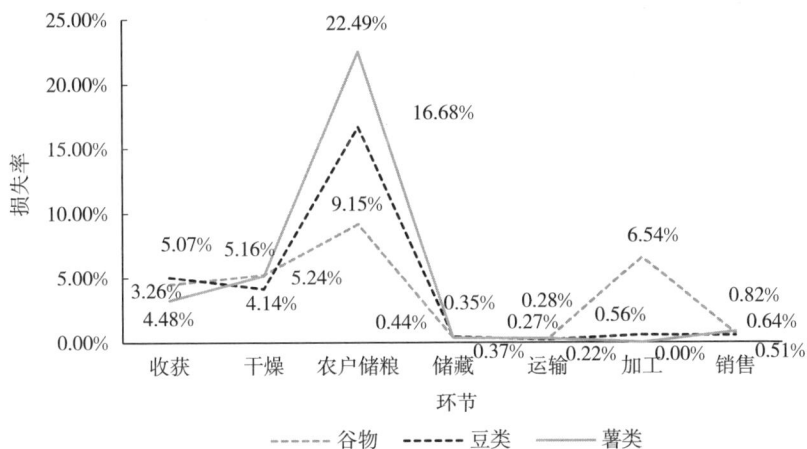

图 5-2 谷物、豆类、薯类分环节调查综合损失情况

从损失量的角度来看，2016 年我国谷物总产量达 56 538.12 万吨，占粮食总产量的 91.75%。而我国谷物产后综合损失率达 15.53%，产后总损失量有 8 779.69 万吨，产后损失严重。根据产后各环节损失率，可以得出各环节损失量。其中，收获环节损失量有 2 532.12 万吨；干燥环节损失量有 2 962.69 万吨；农户储粮环节损失量达 5 174.68 万吨；加工环节损失量有 3 697.45 万吨；储藏、运输和销售环节损失量相对其他环节较少，分别有 208.48 万吨、151.22 万吨和 362.26 万吨。可以发现谷物在农户储粮环节损失量最高，达到 5 174.68 万吨，按照每人一天一斤谷物的消费量，仅农户储粮环节的损失就可供 2.8 亿人一年的消费。

2. 加工环节损失占比最高

在图 5-3 中，依据农户储粮占比测算各环节产后综合损失率，得到谷物各环节损失占比。其中，谷物加工环节损失在各环节总损失中占比最高，达到 37.6%；收获和储藏环节次之，损失占比分别为 29.4% 和 18.9%；干燥环节损失占比处于中间水平，为 10.5%；运输和销售环节损失占比相对较小，分别有 1.1% 和 2.5%。就各环节损失占比情况来看，谷物在加工环节的损失占比显著高于其他环节，一单位谷物在产后各环节中流转加工时的损失最严重。

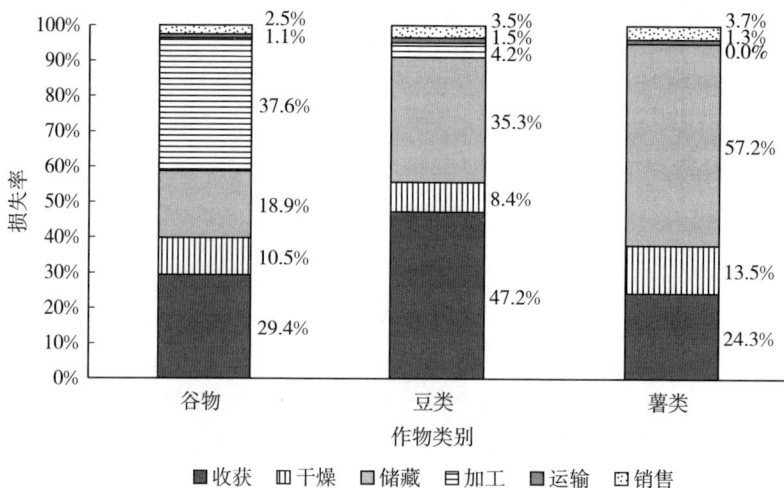

图 5-3　谷物、豆类、薯类综合损失率分环节占比

3. 运输环节损失最低

根据图 5-2，谷物在运输环节的损失率最低，仅为 0.27%，与损失率最高的农户储粮环节损失率相差达到 8.89%，可见谷物在产后不同环节的损失表现存在显著差异。在损失率绝对值的比较中，运输环节相对于其他产后环节的损失几乎可忽略不计。从图 5-3 中，可以发现运输环节损失的环节占比也只有 1.1%，同样显著低于其他环节占比。而在损失量的比较中，谷物在 2016 年运输环节的损失达到 151.22 万吨，可供 800 万人一年的谷物消费，因此即使损失率相对较低，在谷物高产量的基础上运输环节的产后损失量仍然不可忽略。

（二）豆类产后损失环节特征

1. 农户储粮环节损失最高

据图 5-2 可知，豆类农户储粮环节的损失率在产后各环节中达到最高，为 16.68%；干燥和收获环节损失率也比较高，分别有 4.14% 和 5.07%；加工、销售、储藏和运输环节损失率则处于较低水平，分别为 0.56%、0.51%、0.44% 和 0.22%。可以看出，豆类在农户储粮环节的损失率显著高于其他产后环节。

从损失量的角度来看，2016 年我国豆类总产量有 38.37 万吨，豆类产后综合损失率为 10.79%，产后总损失量有 4.14 万吨。根据产后各环节损失率，可以得出各环节损失量。其中，收获环节损失量有 1.95 万吨；干燥环节损失量有 1.59 万吨；农户储粮环节损失量达 6.40 万吨；加工、储藏、运输和销售环节损失量相对其他环节较少，分别有 0.21 万吨、0.17 万吨、0.08 万吨和 0.20 万吨，可以发现豆类在农户储粮环节损失量最高。

2. 收获环节损失占比最高

在图 5-3 中，依据农户储粮占比测算各环节产后综合损失率，得到豆类各环节损失占比。其中，豆类收获环节损失在各环节总损失中占比最高，达到 47.2%；储藏环节次之，损失占比为 35.3%；干燥环节损失占比处于中间水平，为 8.4%；加工、销售和运输环节的损失占比相对较小，分别为 4.2%、3.5% 和 1.5%。就各环节损失占比情况来看，豆类在收获环节的损失占比显著高于其他环节。

3. 运输环节损失最低

豆类同样在运输环节损失率最小，仅有 0.22%，与损失率最高的农户储粮环节损失率相差达到 16.46%，可见豆类在产后不同环节的损失表现存在显著差异。在损失率绝对值的比较中，运输环节相对于其他产后环节的损失几乎可忽略不计。从图 5-3 中，可以发现运输环节损失的环节占比也只有 1.5%，同样显著低于其他环节占比。

（三）薯类产后损失环节特征

1. 农户储粮环节损失最高

据图 5-2 可知，薯类农户储粮环节的损失率在产后各环节中达到最高，为 22.49%；干燥和收获环节损失率也比较高，分别有 5.16% 和 3.26%；销售、储藏和运输环节损失率则处于较低水平，分别为 0.82%、0.35% 和 0.28%。可以看出，薯类在农户储粮环节的损失率显著高于其他产后环节。

从损失量的角度来看，2016 年我国薯类总产量有 157.15 万吨，薯类产后综合损失率为 13.40%，产后总损失量有 21.06 万吨。根据产后各环节损失率，可以得出各环节损失量。其中，收获环节损失量有 5.12 万吨；干燥环节损失量有 8.11 万吨；农户储粮环节损失量达 35.34 万吨；储藏、运输和销售环节损失量相对其他环节较少，分别有 0.54 万吨、0.45 万吨和 1.28 万吨，可以发现薯类在农户储粮环节损失量最高。

2. 储藏环节损失占比最高

在图 5-3 中，依据农户储粮占比测算各环节产后综合损失率，得到薯类各环节损失占比。其中，薯类储藏环节损失在各环节总损失中占比最高，达到 57.2%；收获和干燥环节次之，损失占比分别为 24.3% 和 13.5%；销售和运输环节的损失占比相对较小，分别为 3.7% 和 1.3%。通过对比，可以发现薯类在储藏环节的损失非常严重。

3. 运输环节损失最低

除加工环节损失未进行调查外，薯类在运输环节损失率最小，仅有 0.27%，与损失率最高的农户储粮环节损失率相差达到 22.22%，可见薯类在产后不同环节的损失表现存在显著差异。在损失率绝对值的比较中，运输环节相对于其他产后环节的损失几乎可忽略不计。从图 5-3 中，可以发现运输环节损失的环节占比也只有 1.3%，同样显著低于其他环节占比。

二、模式特征

图 5-4 分别按照城市和农村模式区分了谷物、豆类和薯类的综合损失情况。据图 5-4 可知，谷物、豆类和薯类在农村模式下的损失都比城市模式下的损失要高。而图 5-5 将谷物、豆类和薯类细分到 8 个品种，分别描述了不同品种在城市和农村模式下的损失状况。其中，谷物包括稻谷、小麦和玉米；豆类包括大豆；薯类包括马铃薯和甘薯；油料则主要指花生和油菜籽。

(一) 谷物产后损失模式特征

根据图 5-4，谷物城市模式下综合损失率有 11.96%，农村模式中损

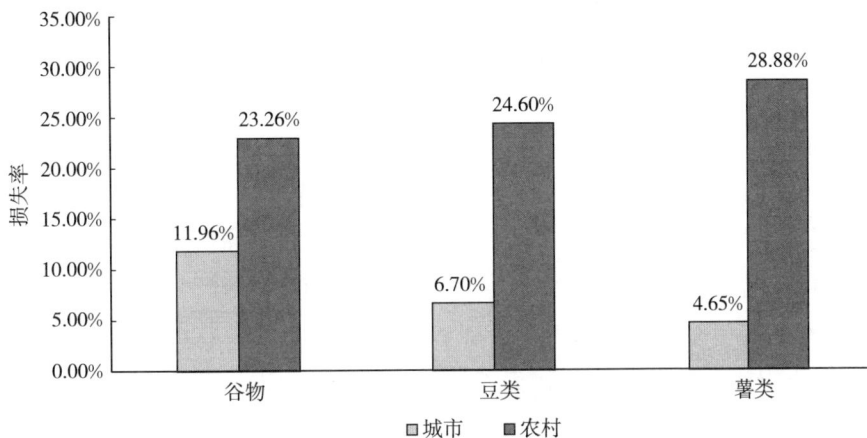

图 5-4　谷物、豆类、薯类分模式调查综合损失情况

失率则为 23.26%，城村损失差值有 11.3%，可见农村模式中谷物的损失问题比城市模式中严重得多。而在图 5-5 中，从各品种的城村损失表现来看，对于稻谷，农村中损失率有 30.41%，其在城市模式中损失率同样较高，达到 20.44%，损失差异仅为 9.97%。小麦在城市模式中损失率有 5.48%，农村中损失率为 20.23%，损失差值有 14.75%；玉米在城市模式下损失率为 7.77%，农村模式下为 18.30%，损失差值也在 10% 以上，达到了 10.53%。可见谷物总体上农村模式和城市模式下的产后损失都比较严峻。

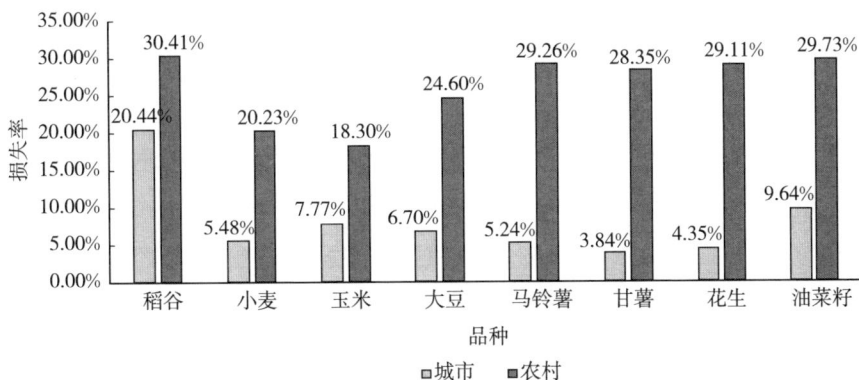

图 5-5　谷物、豆类、薯类分品种分模式调查综合损失情况

（二）豆类产后损失模式特征

豆类在城市模式中的损失率有 6.70%，而在农村模式中达到了 24.60%，农村模式的损失率甚至达到城市模式损失率的三倍以上。如图 5-5 所示，花生在城村之间的损失差异最为显著，农村模式中损失率达 29.11%，而城市模式中损失率仅为 4.35%，损失差值达到 24.76%；大豆在城市中损失率有 6.70%，农村中则为 24.60%，损失差值有 17.9%；油菜籽在城市中损失率有 9.64%，农村中有 29.73%，损失差异达 20.09%。可以发现，大多数豆类在农村模式下的损失状况都是比城市模式下严重得多，即使是城村损失差值最小的大豆，其在农村中的损失率也比城市中的损失率高 17.9%。

（三）薯类产后损失模式特征

从图 5-5 中各品种的城村损失表现来看，甘薯损失在农村和城市间的损失表现也有很大差别，损失差值有 24.51%。损失在城村之间差异明显的还有马铃薯，其在城市中损失率为 5.24%，而在农村中达到 29.26%，损失差值有 24.02%。而根据图 5-4，薯类不同模式下产后损失差异是最显著的，其中城市模式下薯类损失率为 4.65%，农村模式下薯类损失率为 28.88%，两者差值甚至达到 24.23%，城村差异明显大于豆类和谷物损失率的模式差异。

三、区域特征

图 5-6 分地区详细刻画了谷物、豆类和薯类的综合损失情况。可以看出福建谷物损失率最高，达到 28.86%；甘肃谷物损失率最低，为 6.88%，两省损失率差值达 21.98%。在各省份豆类损失率的比较中，湖北的损失率最高，有 18.95%，而部分省份由于很少种植豆类损失率几乎可忽略不计，因此损失率为 0，主要包括上海、海南、西藏和青海。除这些省份外，豆类综合损失率最低的是内蒙古，损失率有 6.44%，其与湖北损失率差值为 12.51%，损失差异相对其他谷物较少。薯类损失率最高的是湖南，达到了 25.27%，最低的为西藏，仅有 0.20%，两者损失差值较大，结合表 5-1，从标准差的大小来看，薯类产后损失在不同区域间呈现显著差异。下面分别描述不同类别作物的产后损失的区域特征。

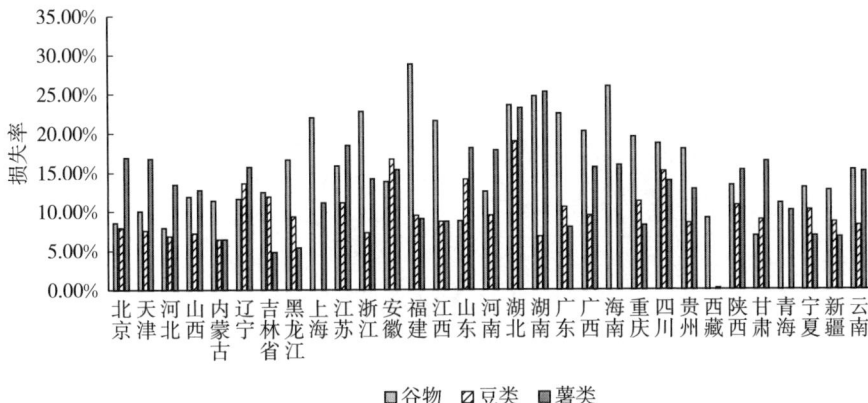

图 5-6　谷物、豆类、薯类分地区综合损失率情况

（一）谷物产后损失区域特征

1. 华南地区谷物产后损失情况严重

以 31 个省级行政区划单位为基本研究单元来分析谷物产后损失率的区域特征，按照分位数将 31 个省份划分为损失率居于较高水平、中间水平以及低水平的区间。分别是损失率大于 21.5% 的地区、损失率在 11.2%～21.5% 的地区和损失率小于 11.2% 的地区。图 5-7 绘制了全国各地谷物损失率分布情况。

如图 5-7 所示，谷物产后损失率大于 21.5% 的地区主要有 8 个，集中在华南地区，包括福建、海南、湖南、湖北、浙江、广东、上海和江西。在损失率大于 21.5% 的水平上，福建谷物产后综合损失率最高，达到 28.86%；江西谷物产后综合损失率最低，也有 21.61%，极差为 7.25%，可以发现在谷物产后高损失的省份内损失波动幅度较大。其他省份谷物产后损失率均在 21.5% 以下，可见谷物在福建等地产后损失状况十分严重。从损失量来看，可以得出福建省一年的谷物产后损失量约为 16 316.86 万吨，数值十分惊人。

2. 西北地区和北方沿海省份谷物产后损失程度较小

谷物产后损失率小于 11.2% 的地区一共有 7 个，主要分布在西北地区和北方沿海省份。其中，西北地区谷物产后损失较小的省份有甘肃、西藏和青海；北方沿海省份谷物产后损失较小的有河北、北京、天津和山

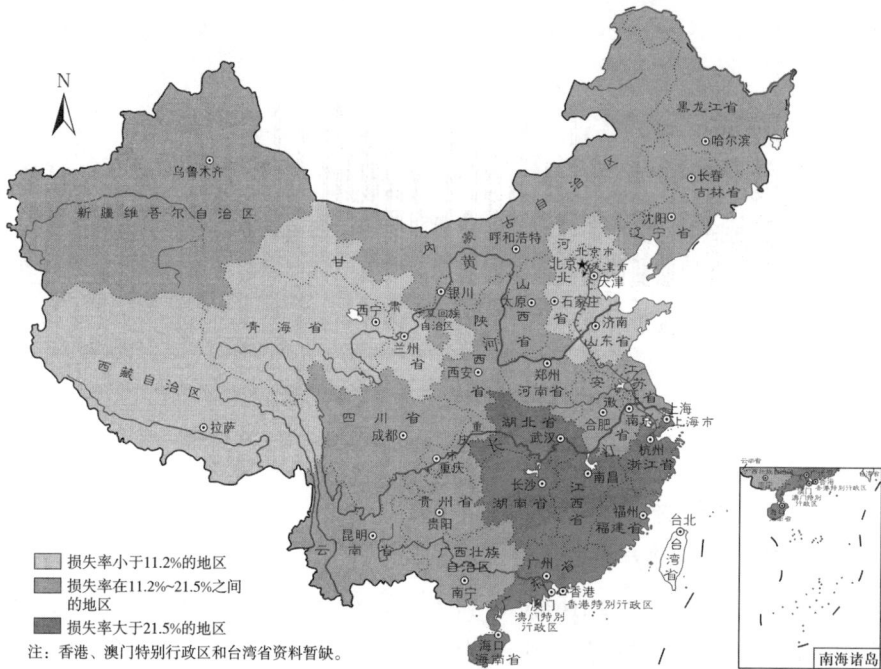

图 5-7　全国各地区谷物损失率分布

东。在谷物产后损失率小于 11.2％的水平上，损失最低的甘肃，仅为 6.88％，损失最高是青海省，损失率为 11.04％，可以发现两省损失相差并不明显，谷物损失较低水平上的区域间差异较小。

3. 大多数省份谷物损失率处于中间水平

我国大部分省份谷物产后综合损失率均处于中间水平上，大多在 11.2％～21.5％之间波动。西南地区主要有广西、云南、贵州、四川和重庆；东部地区包括江苏和安徽；北方则有陕西、河南、山西、宁夏、内蒙古、山西、黑龙江、吉林、辽宁；此外还有少数偏远地区谷物产后损失率也处在 11.2％到 21.5％之间，如新疆等。在中间水平上，损失率最高的是广西，有 20.23％；损失率最低的是内蒙古，为 11.37％，极差为 8.86％，可见在中间水平上，损失率相对分散，区域间损失波动幅度较大。

总之，从地理位置和谷物损失率的划分来看，谷物产后损失表现出区域间的差异。从损失率统计分析来看，谷物最高损失的福建和最低损失的甘肃相差21.98%，极差21.98%以及标准差0.0589都表明各地损失率波动还是比较明显的。-0.7893的峰度值小于3，说明就全国各地的谷物损失率数据来看，其峰型比正态分布要平缓，0.4553的偏度表明各地损失率分布并非对称，而是为右偏分布，即谷物全国各地的损失率统计中少数省份存在极端高损失率，但大多数省份损失率是集中在低水平上的。

（二）豆类产后损失区域特征

1. 豆类产后损失情况严重地区多分布在长江流域

以31个省级行政区划单位为基本研究单元来分析豆类产后损失率的区域特征，按照分位数将31个省份划分为损失率居于较高水平、中间水平以及低水平的区间。分别是损失率大于11.0%的地区、损失率在11.0%~8.2%的地区和损失率小于8.2%的地区。图5-8绘制了全国各地豆类损失率分布情况。

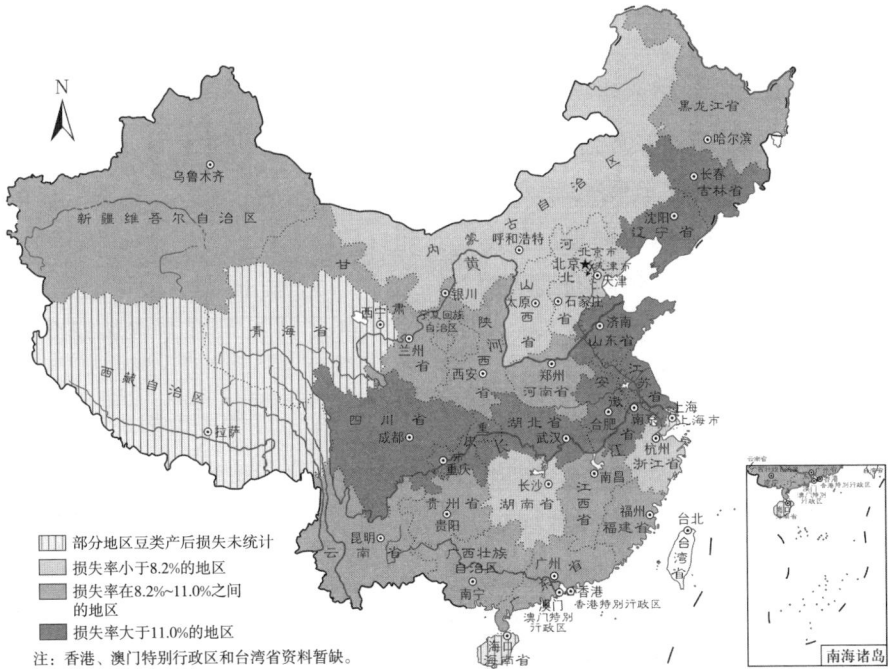

图5-8　全国各地区豆类损失率分布

如图 5-8 所示，豆类产后损失率大于 11.0％的地区主要有 8 个，大多数长江流域上游和中下游，包括四川、重庆、湖北、安徽和江苏。此外，还有部分北方省份豆类损失情况严重，主要有山东、辽宁和吉林。在损失率大于 11.0％的水平上，湖北豆类产后综合损失率最高，达到18.95％；江苏豆类产后综合损失率最低，也有 11.10％，极差为 7.85％，可以发现在豆类产后高损失的省份内损失波动幅度较大。其他省份豆类产后损失率均在 11.0％以下，可见豆类在湖北等地产后损失状况十分严重。

2. 山西省及其北部省份豆类产后损失程度较小

大多数地区豆类产后损失率均小于 11.0％，而除损失率未统计省份，损失率小于 8.2％的地区一共有 7 个，主要分布在山西及北部各省份，有内蒙古、河北、天津、北京。此外，湖南和浙江豆类损失程度也比较轻微。在豆类产后损失率小于 8.2％的水平上，损失最低的内蒙古，仅为6.44％，损失最高是北京，损失率为 7.91％，可以发现两省损失相差并不明显，豆类损失较低水平上的区域间差异较小。

3. 大多数省份豆类损失率处于中间水平

我国大部分省份豆类产后综合损失率均处于中间水平上，大多在8.2％～11.0％之间波动。北方省份主要有新疆、黑龙江、宁夏、甘肃、陕西和河南；南方省份则包括云南、贵州、广西、广东、江西、福建。在中间水平上，损失率最高的是陕西省，有 10.78％；损失率最低的是云南省，为 8.23％，极差为 2.55％，可见在中间水平上，损失率相对集中，区域间损失波动幅度很小。

总之，从地理位置和豆类损失率的划分来看，豆类产后损失表现出区域间的差异。从损失率统计分析来看，豆类最高损失的湖北和最低损失的内蒙古相差 12.51％，相比谷物在全国层次上的极差和标准差，可以发现豆类各地损失率波动幅度较小。0.774 4 的峰度值小于 3，说明就全国各地的豆类损失率数据来看，其峰型比正态分布要平缓，－0.335 1 的偏度表明各地损失率分布并非对称，而是为左偏分布，即谷物全国各地的损失率统计中少数省份存在极端低损失率，但大多数省份损失率是集中在高水平上的。

（三）薯类产后损失区域特征

1. 薯类产后损失严重省份多集中在华中和华东地区

以 31 个省级行政区划单位为基本研究单元来分析薯类产后损失率的区域特征，按照分位数将 31 个省份划分为损失率居于较高水平、中间水平以及低水平的区间。分别是损失率大于 16.5% 的地区、损失率在 7.5%～16.5% 的地区和损失率小于 7.5% 的地区。图 5-9 绘制了全国各地薯类损失率分布情况。

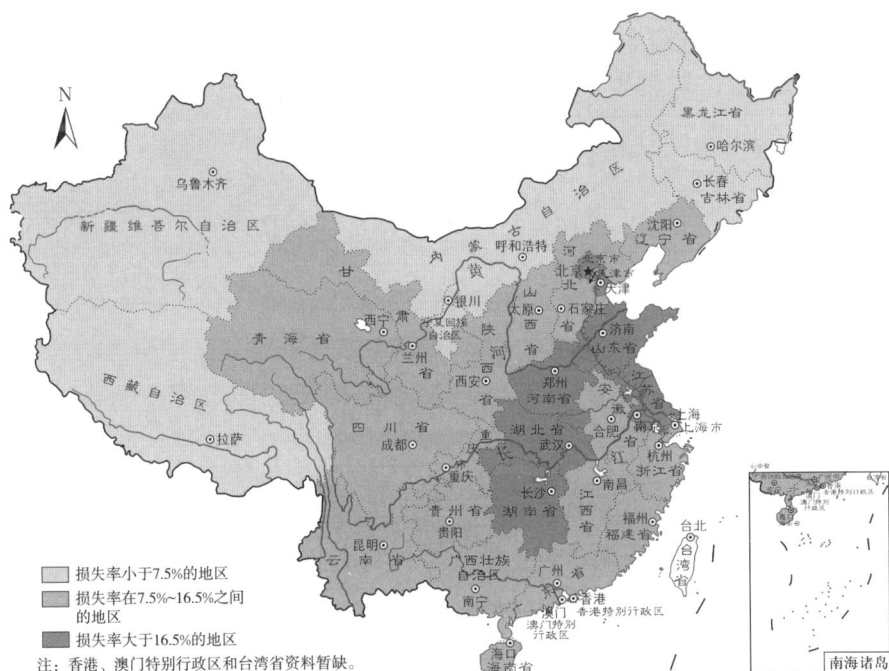

图 5-9　全国各地区薯类损失率分布

如图 5-9 所示，薯类产后损失率大于 16.5% 的地区主要有 7 个，集中在华中和华东地区，包括湖南、湖北、江苏、山东、河南。此外，天津和北京薯类产后损失情况也比较严重。在薯类高损失率的区间上，产后损失最大的湖南，损失率可达 25.27%，损失最小的则是天津，损失率为 16.77%。极差为 8.50%，可以发现在薯类产后高损失的省份内损失波动幅度较大。其他省份薯类产后损失率均在 16.5% 以下，可见薯类在湖南等地产后损失状况十分严重。

2. 北方省份薯类产后损失程度相对较小

大多数地区薯类产后份损失率均小于 16.5％，而损失率小于 7.5％的地区一共有 6 个，主要分布在西北地区和东北地区，西北地区有西藏、新疆和宁夏，东北地区有内蒙古、吉林和黑龙江。在薯类产后损失率小于 7.5％的水平上，损失最低的西藏，仅为 0.20％，损失最高是宁夏，损失率为 6.90％，可见西藏的薯类产后损失显著低于其他省份。

3. 大多数省份薯类损失率处于中间水平

我国大部分省份薯类产后综合损失率均处于中间水平上，一共有 18 个省份的薯类产后损失率在 7.5％～16.5％之间波动。北方省份中有青海、甘肃、山西、陕西、河北和辽宁等地；南方省份则包括四川、重庆、云南、贵州、广西、广东、江西、福建、浙江和安徽等。在中间水平上，损失率最高的是甘肃，有 16.46％；损失率最低的是广东，为 7.98％，极差相比其他作物类别较大，可见在中间水平上，薯类损失率相对分散，区域间损失波动幅度很大。

总之，从地理位置和薯类损失率的划分来看，薯类产后损失表现出区域间的差异。从损失率统计分析来看，薯类最高损失的湖南和最低损失的西藏相差 25.06％，相比谷物和豆类在全国层次上的极差和标准差，可以发现薯类各地损失率波动幅度较大。0.143 7 的峰度值小于 3，说明就全国各地的薯类损失率数据来看，其峰型比正态分布要平缓，－0.075 0 的偏度表明各地损失率分布并非对称，而是为左偏分布，即谷物全国各地的损失率统计中少数省份存在极端低损失率，但大多数省份损失率是集中在高水平上的。

第二节　粮油产后综合损失

一、环节特征

图 5-10 描述了粮食和油料产后损失分环节调查损失率。据图 5-10 可知，粮食和油料在农户储粮环节的损失率均是产后各环节中最高的。对于粮食而言，农户储粮环节损失率达到 10.09％；加工环节次之，损失率有

6.02%；干燥和收获环节损失率也比较高，分别有 5.20% 和 4.43%；销售、储藏和运输环节损失率则处于较低水平，均未超过 1%。油料同样在农户储粮环节损失率达到最高，有 20.04%；干燥和收获环节损失率次之，分别有 6.21% 和 5.55%；加工、销售、储藏和运输环节损失率则相对较低。

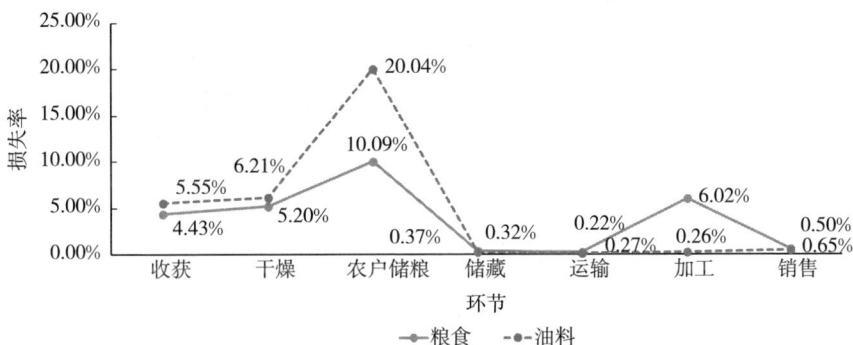

图 5 - 10　粮食和油料分环节调查综合损失情况

　　图 5 - 11 根据农户储粮占比测算各环节综合损失率，描述了粮食和油料产后综合损失率分环节占比。在图 5 - 11 中，利用农户储粮占比得到各环节综合损失率，并测算了各环节损失占比，不同作物类别在环节中的损失表现不同。对于粮食而言，加工环节综合损失率最高，占环节总损失的 35.2%；收获环节次之，占比有 29.5%；储藏环节的综合损失率同样处于较高水平，占环节总损失的 21.1%；干燥环节的综合损失占比为 10.5%；销售和运输环节损失占比相对较小，分别为 2.6% 和 1.1%。油料则在储藏环节中损失占比达到最高，有 44.0%；收获环节损失同样处于较高水平，占比达到 37.5%；干燥环节损失占比则为 14.2%；加工、销售和运输环节损失占比相对较少，分别为 1.4%、2.0% 和 0.9%。

二、模式特征

　　图 5 - 12 分别按照城市和农村模式区分了粮食和油料的综合损失情况。据图 5 - 12 可知，粮食和油料在农村模式下的损失都比城市模式下的损失要高。直观来看，粮食在城村之间的损失差异要小于油料在城村之间的损失差异。

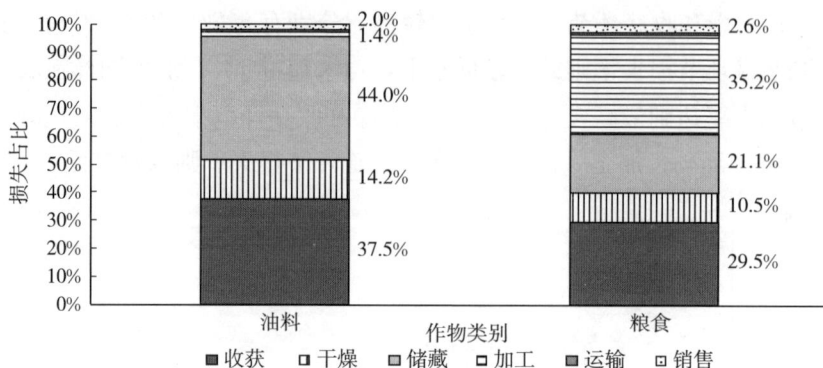

图 5-11 粮食和油料综合损失情况

对于粮食，城市模式下综合损失率有 11.41%，农村模式中损失率则为 23.61%，城村损失差值有 12.20%，可见农村模式中粮食的损失问题比城市模式中严重得多。油料在城市模式中的损失率有 6.76%，而在农村模式中仅为 29.39%，农村模式的损失率甚至达到城市模式损失率的四倍以上，可见油料损失形势在农村中较为严峻。

表 5-2 描述了粮食和油料按照农村流转比例分模式下的产后损失量。以 2016 年国家统计局公布的数据为准，油料产量有 3 629.50 万吨，农村流转比例为 31.88%，结合城市模式和农村模式下的损失率，可以得出油料在农村模式中损失量为 340.08 万吨，在城市中损失为 167.26 万吨，总损失量达 507.34 万吨。2016 年粮食产量有 61 625.05 万吨，根据农村流转比例得出农村模式中粮食产后损失量有 5 190.34 万吨，城市中损失量有 4 524.07 万吨，总损失量达 9 714.41 万吨，按照每人一天一斤粮食的消费量，可供 5.3 亿人一年的消费，可见粮食产后损失量非常严重。

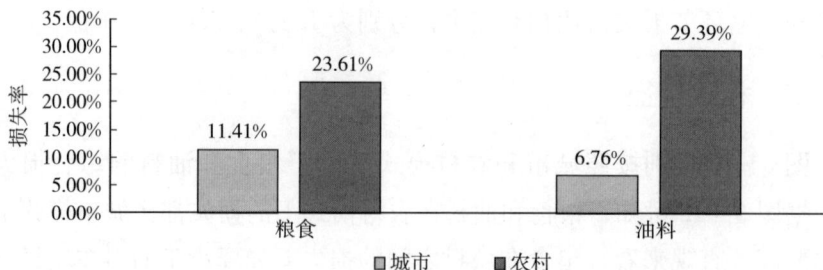

图 5-12 粮食和油料分模式调查综合损失情况

表 5-2 粮食和油料分模式产后损失量

单位：万吨

粮油类别	流转比例	产量	农村模式	城市模式	加总
油料	31.88%	3 629.50	340.08	167.26	507.34
粮食	35.68%	61 625.05	5 190.34	4 524.07	9 714.41

三、区域特征

以中国 31 个省级行政区划单位为基本研究单元来分析粮食以及油料的产后损失率地区特征，按损失率大小作 3 个区间划分：损失率大于 19.7%的地区、损失率在 12.7%~19.7%的地区和损失率小于 12.7%的地区。

如图 5-13 所示，我国粮食产后综合损失率大于 19.7%的地区有 9个，分别是江西、广东、广西、上海、浙江、湖北、福建、海南、湖南，均集中于我国长江流域以南省份，其中湖南的粮食损失率最高，为 24.51%。

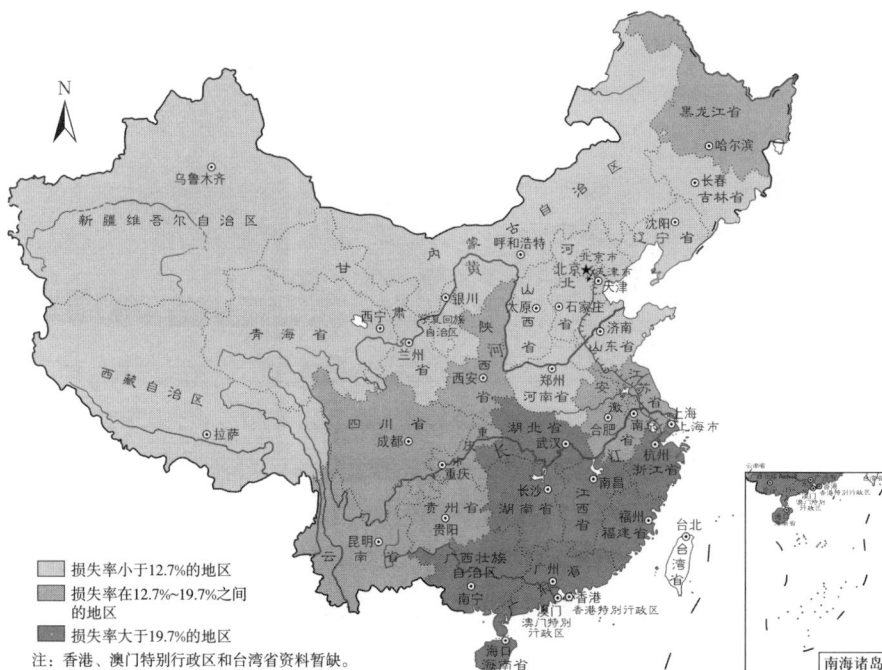

图 5-13 粮食产后损失率的地区差异

长江流域以北省份的损失率均处于 19.7％的水平以下。损失率小于12.7％的地区有 14 个，且分布也较为集中，以新疆、西藏、青海、内蒙古等西部地区以及北部沿海省份为主，其中河北粮食损失率最低，为8.08％。而损失率处于 12.7％～19.6％的区域则除黑龙江外，主要集中在长江以北，黄河以南，包括大部分西南地区省份以及江苏、安徽等 8 个省份。

油料的产后损失率的区域差异情况与粮食产后损失率有较大的不同，区域平均损失率为 14.96％。如图 5-14 所示，损失率在 12.7％～19.7％之间的省份为 18 个，约占全国省份的 68％，并且不同省份的油料损失率较为接近，山东的损失率最小，为 12.75％，重庆的损失率最大，为19.41％。油料损失率大于 19.7％的省份仅有 2 个，分别是云南和贵州，其油料损失率为 25.25％和 25.16％。损失率小于 12.7％的省份分别是黑龙江、吉林、北京、江苏、安徽、广西、海南、天津、湖南、广西 10 个省级区域，其中黑龙江的油料损失率最低，为 4.49％。

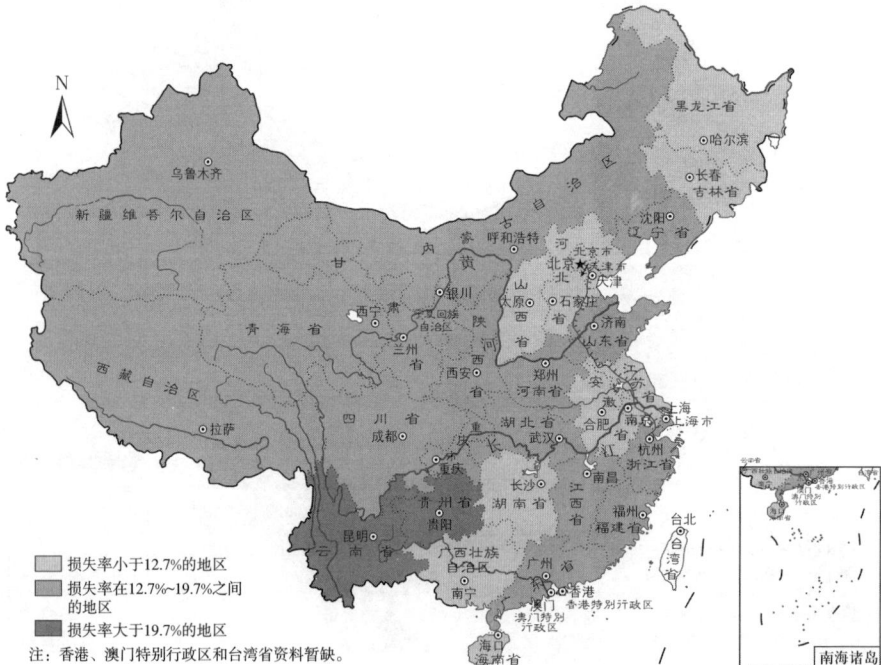

图 5-14　油料产后损失率的地区差异

四、总体情况

据测算，我国粮食产后各环节的综合损失率达到 15.28%，油料产后综合损失率达到 14.97%，三大主粮的综合损失率为 15.53%。表 5-3 描述了我国粮食产后综合损失情况，以 2016 年的粮食产量计算，粮食损失量达到 9 416.35 万吨，三大主粮损失量达到 8 625.8 万吨。整体来看，粮食的加工环节所占损失份额最大，占总损失的 35.17%；其次是收获环节，占总损失的 29.49%；再而是储藏环节占总损失的 21.08%；干燥环节次之，损失份额占总损失的 10.55%；销售环节和运输环节所占损失份额最小，分别占总损失的 2.59% 和 1.12%。

表 5-3　我国粮食产后综合损失情况

单位：万吨

粮食产后环节	粮食（2016 年总产量为 61 625 万吨）					
	损失总量	占产量损失比例	占总损失比例	其中：三大主粮（总产量 5 554.72 亿千克）		
				损失总量	占总产量比例	占总损失比例
总体	9 416.35	15.28%	100%	8 625.8	15.53%	1
收获	2 776.8	4.51%	29.49%	2 531.7	4.56%	29.40%
干燥	993.2	1.61%	10.55%	901.7	1.62%	10.50%
储藏	1 984.8	3.22%	21.08%	1 634.5	2.94%	18.90%
加工	3 312.1	5.37%	35.17%	3 247.0	5.85%	37.60%
运输	105.1	0.17%	1.12%	94.6	0.17%	1.10%
销售	244.4	0.40%	2.59%	216.4	0.39%	2.50%

注：这里损失总量与表 5-2 中数据存在些许出入，是由于在计算方式上存在先后差异。表 5-2 根据分模式损失率进行计算；表 5-3 根据产后综合损失率进行计算。

第三节　与已有评估结果的比较

自 20 世纪 90 年代，粮食产后损失问题受到多方关注，不少研究成果关注粮食产后某些环节的损失，系统分析我国粮食产后损失的成果较少，主要有以下几个结果：一是国家粮食局 2014 年公开发布的结果，指出我国粮食储存、运输和加工环节的损失在 700 亿斤以上。二是中国农业科学院农业信息研究所 2016 年公布的结果，指出我国三大主粮的产后平均损失率为 7.9％。三是中国华粮物流集团北良有限公司 2017 年公布的结果，指出我国粮食产后损失率为 18％，损失量为 2 165.2 亿斤。与本书评估结果相比，在评估范围、评估方法等方面存在很大的差异。为了验证本书评估方法的有效性，对已有的评估结果做系统对比（表 5-4）。

与已有研究成果评估结果相比，本书所获得的粮食产后评估结果具有如下明显的特点：①本书采用"总体设计，分环独立调查"的实地调查法，各环节的调查数据的获得能够进行有机整合，各环节的调查结果能够在一个统一框架下有效衔接。②从粮食产量占比来看，本书调查的粮食品种占据了中国粮食产量的 90％以上，能够很好地刻画我国粮食产后损失情况。③本书所设计的评估调查方法，充分考虑我国粮食产后粮食流通实际，根据粮食农村产后系统以及粮食城市产后系统两个子系统进行设计，能很好地刻画我国粮食流通现状，且能够在保持粮食流通技术水平基本稳定的条件下，随着农户储粮占比的变化，动态反映我国粮食产后损失的变化趋势。④本书对粮食产后综合损失的测算权重体系的设计，采用双层加权权重设置法，一方面可以很好地估算出同类粮食的损失情况，另一方面能为估算粮食损失总量提供更为可靠的测算依据。⑤本书的测算结果是依据分品种、分环节、分模式、分区域调查所建立的粮食产后损失调查数据库，能够更好地识别粮食产后损失的关键点，为粮食产后损失影响因素以及节粮减损工作的推进提供更为科学的决策依据。

表5-4 本书评估结果与已有成果对比分析

对比项目		国粮局（2014）	中国农业科学院农业信息研究所（2016）	中国华粮物流集团北良有限公司（2017）	本书测算结果
总体情况		损失量≥700亿斤	平均损失率7.9%；损失量=768.7亿斤	损失占总产量18.0%；损失量≈2165.2亿斤	损失率15.28%；损失量≈1883.27亿斤
粮食品种		不区分	水稻、小麦、玉米	不区分	区分
考察环节	收获		损失率2.5%		损失率4.43%；损失量555.36亿斤
	干燥	损失率≈8%；损失量≈400亿斤	损失率1.4%		损失率5.2%（农户）；损失率0%（粮库）；损失占粮食产量1.61%；损失量198.64亿斤
	储藏 农户	损失率≈4.5%；损失量≈135亿斤	损失率3.2%	损失占粮食产量4.6%；	损失率10.09%
	储藏 粮库				损失率0.37%；损失占粮食产量3.22%；损失量396.95亿斤
	运输	损失量≈58亿斤 包粮（0.5%）；散粮（2.5%）；成品粮（1.5%）	损失率0.9%	损失占粮食产量1%；损失量≤120亿斤	损失率0.27%；损失量21.02亿斤

（续）

对比项目		国粮局（2014）	中国农业科学院农业信息研究所（2016）	中国华粮物流集团北良有限公司（2017）	本书测算结果
考察环节	加工	• 损失量≥150亿斤；稻谷（2%）；小麦（1.96%）；		• 损失占粮食产量5%；损失量≈600亿斤	• 损失率6.02%；损失量662.42亿斤
	销售				• 损失率0.65%；损失量48.87亿斤
	消费			• 损失占粮食产量5%；损失量≈895.2亿斤	*① 农村居民食物浪费（2.4%）、高校食堂浪费（每餐每人93克）（12.86%）、在外餐饮浪费
调查方法		实地调查/专家测算	间接引用文献	间接引用文献	分环节调查问卷法；
测算算法		按照环节流转量测算损失量	物质流分析法；中位数法；平均法	环节损失量求和后与粮食产量之比得损失率	按照粮食流转分析法；加权平均法

注：①未纳入粮食综合浪费率。a.调查口径不一致。消费环节三个调查主题之间的数据在现有数据的基础上，无法综合为粮食消费环节综合浪费率；b.从调查结果来看，消费环节的浪费主要受主观意识影响，其他环节的损失主要受可控性的因素影响。c.有关粮食消费浪费这部分内容已经出版相关的专题著作。

第六章　粮食产后损失的影响因素

第一节　粮食产后损失的环节因素

粮食产后损失浪费的影响因素非常复杂，不同品种、不同环节、不同模式、不同地区均存在差异。这里主要是依据分环节调查损失报告[①]，梳理粮食分环节损失的主要影响因素。

一、收获环节损失的影响因素

收获环节重点考察了作物品种、地形情况、种植方式、收获方式、收获时的天气、作物成熟度、收获的认真程度、是否捡拾（农户对粮食损失的认知和态度）、清粮方式等，通过计量模型对每种品种的损失率及其影响因素进行了检验，找出了影响粮食损失的几个主要的共性因素。结果表明，影响农户收获环节损失的主要因素包括：①天气情况。恶劣天气往往会引起作物倒伏，特别是夏粮收获时常会伴随着阴雨天气，如果籽粒长时间浸泡在水中，也容易发生霉变发芽；另外，倒伏的水稻或小麦也使机收受到限制，对收割机和操作技术的要求也提高，容易导致漏收。②作物成熟度。当作物过熟时，往往会导致脱落。③农户对粮食损失浪费的重视程度等。④收获方式。目前，机械收割占的比例越来越大，小麦的机收率达到93%，水稻和玉米的机收率还较低。对小麦而言机械收割损失率低于手工收割损失率，两者分别为 2.38% 和 3.19%。同时，马力较大的大型收获机械的损失率低于小马力机械的损失率，机手熟练程度和收割机风门开启的大小直接影响收割损失率。⑤田间运输和清粮（晒场）环节的损失

---

① 有关环节影响因素的分析，具体见《分环节调查研究报告》。分环节均建立相应的计量模型对影响因素进行分析。本书仅根据分报告研究结果，整理影响各环节粮食损失的主要影响因素。

总体不大。对于多数品种的田间运输环节损失很小，而清粮环节，当遇到风沙等恶劣天气时，也会有不小影响。

二、干燥环节损失的影响因素

农户干燥环节基本上为自然晾晒和阴干，受晾晒温度、晾晒时间、晾晒天气、晾晒厚度、翻料次数等因素影响较大，霉变、碎粒、丢损是农户自然晾晒过程中的主要损失组成，占 95％以上，其中稻谷、小麦、玉米等谷物以霉变、丢损为主，大豆以霉变、碎粒为主，马铃薯、甘薯等薯类以发芽为主。晾晒环节损失浪费主要影响因素为晾晒平均厚度（厘米）、晾晒前初始含水率（％）、晾晒平均温度（℃）、晾晒时长，即晾晒平均厚度越高、晾晒前初始含水率越高、晾晒平均温度越高、晾晒时长越长，其损失率越大。此外，晾晒环节脱壳的方式（棍棒击打）、晾晒的地面（泥土地面或马路地面）会导致粮食产生较多碎粒、泥土杂质、丢损，也是影响其损失率的重要因素。

粮库干燥过程均采用机械烘干，烘干效率高、粮食质量好、损失量极小，其中，国有粮库大多采用连续式烘干设备，处理量 300 吨/天到 1 000 吨/天不等，大中型粮食公司采用老式烘干塔和连续式烘干机两种，烘干效率从 10 吨/组到 50 吨/组不等，多为日本进口或我国台湾产设备，主要燃料分为煤炭和稻壳两种，以煤炭为原料的锅炉利用率和费用均较高，而以稻壳为原料的锅炉利用率和费用均较低。机械烘干通过人为控制温度、湿度等因素，能够在不损害粮食品质的前提下，降低粮食的含水量，能够显著降低粮食在干燥环节中的损失。但在干燥过程中，重量损失除了水分还有粮食的干物质。干燥环节的损失率主要受烘干前粮食所含的水分比例以及烘干温度两个因素影响。此外，烘干前后机械输送、车辆运输、扦样、零散抛撒等都会造成粮食在烘干过程的损失。

三、储藏环节损失的影响因素

对于农户储粮而言，农户储粮损失主要是由农民的储粮习惯与技术设施差异引起的。研究结果表明，福建、广东、广西等气候湿热的地区，各品种的农户储粮损失率是比较高的；山东、河南、新疆、湖北、湖南等我国粮食主产区的科学储粮推广力度相对滞后，储粮损失率也偏高。相反，宁夏、河北、天津以及东北三省，因为气候寒冷干燥，科学储粮的推广力度也较大，储粮损失率较低。

对于粮库储藏而言，粮库储粮的损失率远低于农户储粮的损失率。主要受入仓作业方式、储藏技术形式以及储粮生态环境的影响：①入仓作业主要有机械化、半机械化两种方式，半机械化入仓会在人机衔接处造成粮食的洒落，增加损失率。②在储藏技术利用上面，化学熏蒸、冬季通风、拌防护剂、低温、排空间积热等方法的利用对减少和控制粮食在储藏期间的损失有着明显的积极作用。仓房性能的隔热、防潮和气密效果越好，也越有利于降低储藏损失率。除此之外，熏蒸次数、虫口密度与粮库储藏损失率正相关。③我国储粮生态环境分为高温高湿、中温高湿、低温高湿、中温低湿、中温干燥、低温干燥、高寒干燥 7 类。粮库所属地区的湿度和温度对企业的仓储条件有重要的影响，高寒干燥储粮区最适合储粮。

四、运输环节损失的影响因素

粮食运输过程中各个环节设备与条件的好坏，对粮食损耗情况有着很大影响，其中粮食包散形式、运输方式和装卸粮方式是运输环节中粮食损耗的主要影响因素：①包散形式。包粮运输主要采用塑料编织袋、麻袋等方式，储藏环节需要拆包散储，包装物的遗留和装卸、运输过程中的抛洒等都是运输环节粮食损失的主要来源；散粮装卸运输次数的增加出现的倒仓、倒垛损失等也会明显提高粮食运输的损失率。②运输方式。我国目前粮食运输方式主要有公路、铁路、水路三种运输方式，水路运输方式的损失率最小。③装卸粮方式。我国目前的装卸粮方式可以分为半机械化、机械化和气力化。气力化的装卸粮方式能使损失率有效降低。

五、加工环节损失的影响因素

不同粮食品种加工有不同的加工工序，影响损失的因素差异较大：①稻谷加工在碾米阶段的损失率主要与企业的原料质量、碾米设备、碾米次数和技术水平有关；在抛光和色选阶段，损失率的变化来自抛光道数的不同。②小麦加工损失率的影响因素主要包括企业规模、设备、管理者节粮意识和加工精度这 4 个因素。③玉米糁的加工过程主要分为清理、脱皮、碾磨、磁选等，其中清理过程这个工序的损失率较高，且与企业规模呈负相关，造成玉米料清理过程损耗的原因主要包括设备的筛网配置不当、原料颗粒不均等。

六、销售环节损失的影响因素

销售环节主要从粮食装卸搬运、存储和展销三个流程中考察粮食销售商的个体特征、经营特征以及外部公共设施三类因素：①个体特征。随着销售商年龄的增加，粮食损失将显著提升；销售商受教育程度的提高将显著降低粮食损失；销售商从业时间越长粮食销售损失越少。②经营特征。粮食销售店铺与仓库在地理空间相连或相邻能够降低粮食损失；完善的存储设备有利于降低粮食损失；机械化装卸、搬运、存储设备配置决定了粮食销售环节的生产效率，对降低粮食损失具有积极作用。③外部因素。市场公共设施供给的完善与管理水平的提高能显著降低粮食损失。

第二节　粮食产后损失的供应链因素

粮食产后系统包括收获、干燥、储藏、运输、加工、销售等一系列生产环节，是一个受社会、经济、自然、生态和科技等因素制约的复杂系统。粮食流通各个环节之间相互关联、相互影响。围绕粮食核心企业，通过对产业的物流、信息流和资金流的控制，将粮食及产品生产和流通中涉及的农户、粮食收储中心、粮食加工企业、粮食配置中心、零售商以及最终消费者连成一体，这就在粮食生产和流通过程中，从粮食生产资料的采购到粮食的生产、加工，最后到将粮食和服务提供给最终消费者的上、下游所有组织形成了一种有机的网链结构——粮食供应链。正由于粮食供应链各环节之间的关联关系，其整体运行机制也会对粮食产后损失产生影响，这种影响效果则是非常复杂的。

一、粮食供应链设施条件

一般认为，发达和工业化国家拥有先进的收获后基础设施，这些国家的粮食产后损失极低①。供应链基础设施中，比如更好的交通条件可以降低粮食运输成本、改善市场准入，从而加速贸易，减少对农场储存的需求，更好地获得电力改善干燥和加工环境②。可见良好的供应链基础设施可以帮助粮食更好地进入当地市场，同时结合促进消费者购买力的决策，这不仅可以增加国内需求，还可以与国际市场建立充分的关系，促进吸收全部的粮食供应，避免粮食长期积压库存导致的储藏环节损失。然而，需要注意的是，供应链基础设施条件的改善会导致粮食浪费的成本下降，而这则会助长粮食浪费。我国粮食产后损失区域差异较大，不同地区的粮食供应链基础设施条件差异也是主要的原因。

与此同时，粮食供应链基础设施的建设并非一劳永逸，只有扩大粮食产后各环节减损技术的覆盖范围才可能使得粮食供应链价值功能发挥到最大。薄弱的基础设施不仅会因粮食洒落、破碎造成损失，还会增加粮食的浪费，尤其是保质期较短的食物③。先进的粮食流通技术的覆盖程度不足势必也会使得粮食供应链流转效率低下，农业贸易的全球化、粮食援助的增加可以有效帮助缓解发展中国家的粮食供应不足问题④，然而国际农产品贸易需求的新机遇需要现代粮食供应链技术深入覆盖，没有先进技术的支撑，粮食运输过程中的损失仍然会增加。

二、粮食消费市场偏好

随着人们收入水平的提高，粮食消费结构不断升级，消费者盲目追求面粉越白越好，大米越精越好，受消费者习惯的影响，粮食加工业生产越来越精细的米和面。现实中，粮食加工普遍大大超过国家规定的质量标

① Hodges R J，Buzby J C，Bennett B. Postharvest losses and waste in developed and less developed countries：opportunities to improve resource use [J]. The Journal of Agricultural Science，2011，149 (S1)：37.

② Sheahan M，Barrett C B. Food loss and waste in Sub - Saharan Africa [J]. Food policy，2017，70：1 - 12.

③ Cardoen D，Joshi P，Diels L，et al. Agriculture biomass in India：Part 1. Estimation and characterization [J]. Resources，Conservation and Recycling，2015，102：39 - 48.

④ Godfray H C J，Beddington J R，Crute I R，et al. Food security：the challenge of feeding 9 billion people [J]. Science，2010，327 (5967)：812 - 818.

准，导致粮食大大损失。100斤小麦，20年前可以提取85斤面粉，现在只能产出"特一粉"60多斤，"雪花粉"30斤，相当于一年少产288亿斤。按照国家规定的标准加工，面粉加工中全麦粉的出品率接近100%，标准粉约为82%～85%，特一粉一般在60%左右，而要加工成特精粉，出品率不足20%。同面粉加工状况类似的还有粮食加工厂家对大米的加工。100斤稻谷，一般去壳后可产生80斤左右可用的糙米，将糙米磨成白米再损失10斤左右，再加上两次抛光，又损失4斤，即有14斤左右原本可以食用的大米损失掉。除这些一般程序外，为使大米外观更好，加工企业还会进行多道抛光。每增加一次抛光，生产1吨大米就要增加10度电。而对大米、面粉的过度加工，损失的不仅仅是粮食，这些经过过度加工的米面，营养也会流失较多。

一般来说，当年收获的粮食叫作新粮，储存一年以上的粮食叫作陈粮。陈粮与新粮相比，除口感有所下降外，其他品质指标与新粮差不多。随着我国粮食储藏技术水平的不断提升，能够有效延缓粮食劣变，稳定粮食品质。比如氮气储藏通过物理方法从空气中分离提纯出高浓度氮气，再将氮气输入仓内，使粮食处于低氧环境。氮气清洁、无味、对人体无毒，不会污染储粮及粮库周围环境。高氮低氧环境不仅能使害虫处于缺氧状态达到杀虫目的，还能减缓粮食氧化，有效保存粮食原有的新鲜度（包括气味、口感）。但人们粮食消费时更多依然是偏好新粮，这导致很多原本可以用于食用的粮食转而用于其他用途，造成损失。

三、粮食行业标准要求

零售商往往对粮食的外观和质量要求严格，往往在符合粮食行业标准上进一步提出更为严格的标准。例如某些粮食质量不达标，或者外形不美观等，零售商所制定的规范会拒绝这类瑕疵商品的售卖，然而它们实际上是能够被消费的，由此带来的产后损失增加。比如，甘薯和马铃薯在运输过程中，可能由于管理不善、装卸过程中遇到冲击等导致外形部分损害等，在严格的质量门槛下势必会被丢弃从而造成损失。然而实际上由于外形部分不完美导致被丢弃的这部分薯类是可以被食用的。这种由于不完善的运输系统导致粮食包装上面的挤压等缺陷，导致产品质量不满足零售规范被拒绝售卖的现象时有发生，无形中增加了粮食供应链中的损失。

对于不同的粮食制成品，国家制定了相应的行业标准。例如对于挂面，相关文件中指出其主要是以小麦粉为主要原料，经过和面、压片、切条、干燥等工序加工而成的产品。对于挂面的自然断条率、熟断条率、烹调损失率都有明确的规定，色泽、气味等感官要求同样有清晰的界定，按照这种严格标准生产加工的挂面与原料小麦相比，其中的损失势必会随着标准的严格程度提高而加大。

因此，粮食行业标准的提高会通过加工环节的工序增加粮食产后损失，如何在保证食品安全的前提下降低加工环节的产后损失是需要进一步思考的问题。

第三节　粮食产后损失的环境影响因素

粮食产后系统作为一个复杂的开放系统，其所处的环境也会影响粮食产后损失程度。本节主要从经济、社会、自然环境等方面来进行考察。

一、经济环境

（一）粮食价格持续走低

粮食是我们生活最基本的物质资料，其使用价值具有不可替代性。改革开放 40 多年来，城镇居民平均收入增加近 100 倍，而粮食价格仅增长 10 倍。粮价偏低意味着粮食损失成本偏低，导致社会节粮意识薄弱，这种扭曲使得种粮亏损现象频发，粮食流通中的损失问题无法得到有效解决。

图 6-1 描述了居民人均可支配收入和粮食消费价格指数趋势。可以看出 2000 年以来，居民人均可支配收入呈现持续强劲增长趋势，年均增长率达到 11.8%。居民粮食消费价格指数增长相对平缓，年均增长率为 4.5%，不到居民人均可支配收入增长率的一半。可以看出，随着人们收入的增长，粮食消费支出所占比例越来越低，这意味着粮食损失成本越来越低，促进粮食节粮减损的机会成本则越来越高。

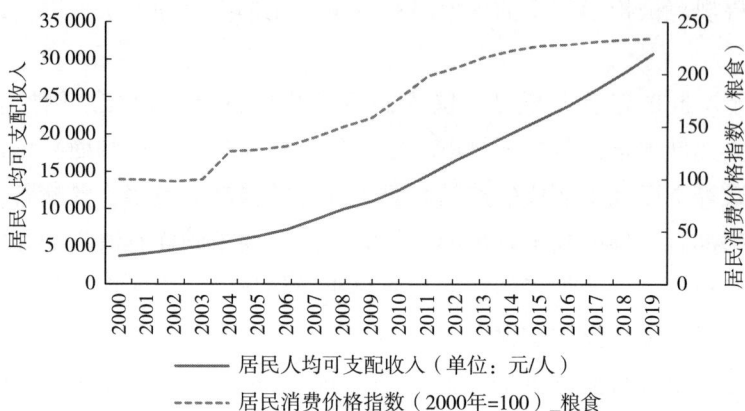

图 6-1　居民人均可支配收入和粮食消费价格指数趋势
数据来源：历年《中国统计年鉴》。

（二）粮食生产机会成本高

随着城镇化水平的提高，非农收入逐渐成为农村居民的主要收入来源（图 6-2），并促使农村中的年轻劳动力向城镇转移，留在农村从事粮食作物种植的多为老年人，其身体素质和专业技能无法满足粮食产后处理环节的作业人员标准，不可避免地导致产后处理环节损失增加。另一方面，粮食收获后处理需要投入大量的劳动力，与非农产业相比，粮食生产所获收益远远低于非农就业，因而粮食产后收获、干燥、农户储藏等这些损失较

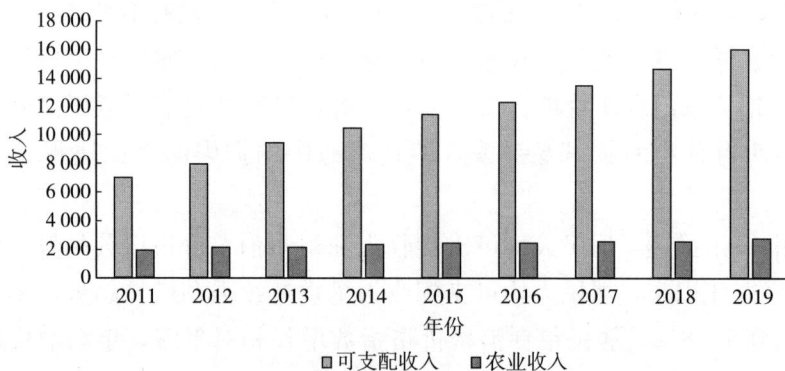

图 6-2　农民可支配收入与农业收入对比（单位：元）
数据来源：历年《中国农村统计年鉴》（2012—2020 年）。

大的环节的经营主体无法形成足够的经济激励，通过田间拾穗、晒场清理、改善储存条件等措施减少粮食损失。

二、自然环境

气候变化会显著影响作物在各环节的损失程度，尤其是储粮环节，不同作物对于储粮温度和湿度的要求也不完全一致。图 6-3 描述了全国各地区的储粮生态区特征，将其划分为高寒干燥储粮区、低温干燥储粮区、低温高湿储粮区、中温干燥储粮区、中温高湿储粮区、中温低湿储粮区和高温高湿储粮区。其中，高寒干燥储粮区有西藏、青海和四川；低温干燥储粮区有新疆、宁夏、甘肃和内蒙古；低温高湿储粮区有黑龙江和吉林；中温干燥储粮区有辽宁、河北、北京、天津、陕西、山西、河南和江苏；中温高湿储粮区有安徽、湖北、重庆、四川、浙江、江西、湖南、福建和上海；中温低湿区有贵州和云南；高温高湿储粮区有广东、广西、云南和海南。

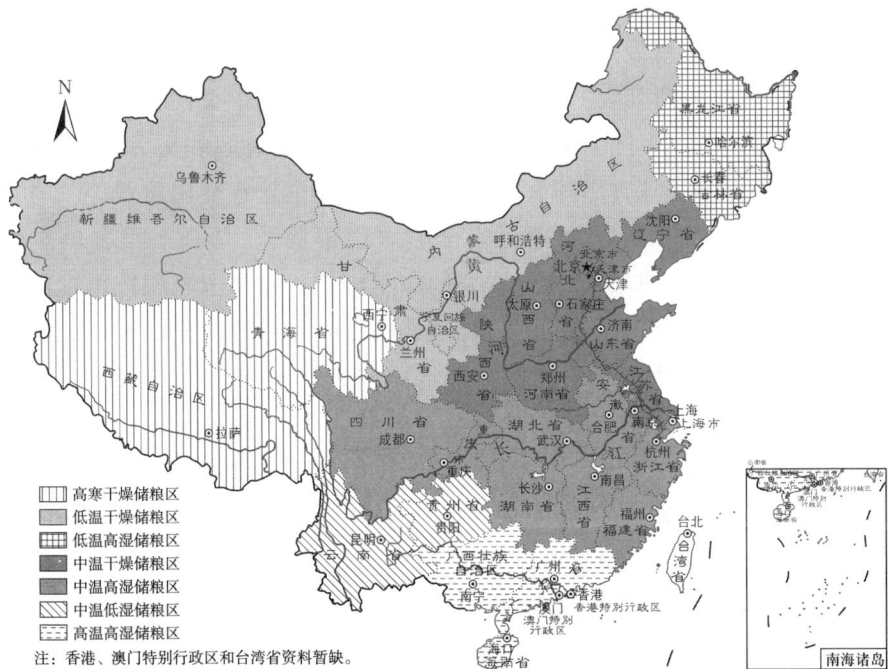

图 6-3　储粮生态区划分

据图 5－13 粮食产后综合损失率与图 6－3 储粮生态区的对比,可以发现在高温高湿和低温高湿的储粮生态区,粮食的产后损失率明显高于其他省份,如广东和广西,均属于高温高湿储粮生态区,其粮食产后损失率显著高于高寒干燥储粮区的粮食损失率。可以发现,在其他影响因素大致相当的情况下,高温高湿地区的粮食产后损失率是显著高于其他地区的粮食损失率的。可以发现当地的生态环境、气温、湿度等自然因素也会对粮食产后损失造成一定程度的影响。

除气候因素外,天气状况同样是粮食产后损失增加的主要因素,其主要是从收获环节和农村干燥环节来影响粮食产后损失。例如在稻谷收获的季节,天气多为雷暴雨状态,不利于农村粮食自然晾晒,突如其来的暴雨会导致农场上晾晒的粮食受潮,从而导致损失增加。

三、社会环境

中国作为世界上最大的粮食生产和消费国,同时也是世界上最大的粮食进口国,粮食供需一直处于紧平衡状态。近年来,随着中美经贸摩擦加剧、新冠肺炎疫情暴发等一系列重大事件,我国面临的发展环境日益复杂,风险与挑战不断升级。以习近平同志为核心的党中央始终高度重视粮食安全,把解决好 14 亿中国人的吃饭问题作为治国理政的头等大事来抓。习近平总书记在多个场合强调,要把保障粮食安全放在突出位置。

粮食储备作为保证国家粮食安全的"稳定器",是调节粮食供求的"蓄水池",是一定时期解决粮食安全的应急措施,也是国家调控粮食市场的重要手段。按照国际通行的评价标准,粮食的库存消费比,即一个国家的库存量占其一年消费量的比例,正常比例大体上为 17％～18％。2021年 5 月 11 日,第七次全国人口普查结果公布,全国人口共 141 178 万人,仍然是世界第一人口大国。人多地少的矛盾始终是粮食安全保障体系构建中的重大问题。我国一直非常重视粮食储备建设,据媒体报道,我国国家粮食储备一直保持较高的水平,库存水平远高于世界平均水平。据国家粮食和物资储备局数据,当前我国粮食库存仍处于历史高位,口粮品种能够满足 1 年以上消费需求,企业商品库存同比增幅超过 20％,农户存粮也有所增加。

　　高储备为我国粮食安全保障提供坚实基础，但需要注意的是，高储备也会给粮食收储、安全储粮和财政负担带来巨大压力，存在巨大的粮食损失风险。如 2013 年 5 月 31 日下午，中储粮黑龙江林甸直属库发生大火，共有 78 个储粮囤表面过火，储量 4.7 万吨；直接损失近亿元。粮库储藏的损失率虽然处于较低水平，但储备规模基数大，粮库储藏条件和安全仓储管理是影响我国粮食产后损失的一个重要因素。

第七章　粮食产后减损对策建议

第一节　中外现行减损措施梳理

一、中国粮食产后减损措施[①]

粮食从生产出来到摆上餐桌的过程中，经历着收获、干燥、储藏、加工、运输、销售等环节，而每一环节中都存在着不同程度的损失。中国是一个资源极度紧缺的国家，粮食供求关系长期偏紧，减少产后损失潜力巨大，具有重要的战略意义，促进节粮减损是保障国家粮食安全和增加粮食有效供给的迫切需要。近十年来，中国政府采取了系列减损措施，取得了良好的效果，并逐渐形成了政府主导、企业实施、全民参与共同行动的节粮减损机制。根据这些措施的不同内容进行划分，大致可分为三类：政策层面的减损措施、技术层面的减损措施和意识层面的减损措施。

（一）节粮减损政策引导有效

中国政府相关部门以国家粮食安全为出发点，以粮食产后减损为目标，发布了一系列重要的文件用于指导节粮减损工作的开展，这些文件涉及粮食产后储藏、加工、运输和消费的各个环节，对节粮减损工作的开展起到了重要的指导意义。表7-1显示了近年来中国政府在节粮减损工作中发布的部分相关通知和政策文件。

2008年11月13日，中国政府发布《国家粮食安全中长期规划纲要（2008—2020年）》，用于指导我国的粮食安全工作。在节粮减损方面，纲要指出要完善粮食流通体系、储备体系和加工体系，推进粮食"四散化"变革，建设粮食现代物流体系，建设和改造储备粮油仓库设施，推广农户

---

①　这一节内容的资料来源于中华人民共和国中央人民政府网站（http：//www.gov.cn/）以及国家粮食和物资储备局网站（http：//www.lswz.gov.cn/）。

科学储粮示范等。

2011年11月23日，国家发展和改革委员会、国家粮食局和财政部三部门印发《农户科学储粮专项管理办法》的通知，用于推进农户科学储粮专项建设工程顺利实施，改善农民储粮条件，减少粮食产后损失。具体要求包括：为符合项目选点要求的农户配置新型储粮装具；为规模化生产的农户和农场建设大容量储粮装具；建立农户科学储粮技术服务体系等。

2015年3月23日，国家发展和改革委员会、国家粮食局和财政部三部门印发了《粮食收储供应安全保障工程建设规划（2015—2020年）》，实施粮食收储供应安全保障工程，即"粮安工程"。"粮安工程"的主要目标之一就是使粮食产后节约减损取得明显成效，具体要求包括每年减少粮食产后流通环节损失浪费1 300万吨以上；损失浪费率下降40％以上；粮食消费更加科学合理；形成全社会节粮减损长效机制等。

2017年9月1日，国家粮食局和财政部印发"优质粮食工程"实施方案的通知。并提供了粮食产后服务体系建设、国家粮食质量安全检验监测体系建设和"中国好粮油"行动计划的具体实施方案。粮食产后服务体系的建设将会进一步推动节粮减损工作。

2019年7月4日，国家粮食和物资储备局印发"优质粮食工程"各子项实施指南的通知，制定了《粮食产后服务体系建设实施指南》，力求整合粮食流通领域的现有资源，建设一批专业化的经营性粮食产后服务中心，形成布局合理、需求匹配、设施先进、功能完善、满足粮食产后处理需要的新型社会化粮食产后服务体系，力争实现全国产粮大县全覆盖。次年，国家粮食与物资储备局在新闻发布会上透露：截至2020年8月底，"优质粮食工程"已完成5 828个项目，建成4 000多个粮食产后服务中心，2020年底将实现全国产粮大县全覆盖，所覆盖区域内的粮食损耗浪费和霉变损失平均降低4个百分点。

2021年4月15日，新修订的《粮食流通管理条例》正式生效，新修订的条例对防止和减少粮食损失浪费提出了要求。例如，粮食仓储设施应当符合标准和技术规范，对品质达到一定限度的粮食要求及时出库，减少粮食储存损耗；运输粮食须严格执行国家粮食运输的技术规范，减少粮食运输损耗。

表 7 - 1　节粮减损重要政策文件和通知列举

颁布时间	政策文件和通知
2008 年 11 月 13 日	《国家粮食安全中长期规划纲要（2008—2020 年)》
2011 年 11 月 23 日	《农户科学储粮专项管理办法》
2015 年 3 月 23 日	《粮食收储供应安全保障工程建设规划（2015—2020 年)》
2017 年 9 月 1 日	《粮食产后服务体系建设实施方案》
2019 年 6 月 13 日	《粮食产后服务体系建设实施指南》
2021 年 4 月 15 日	《粮食流通管理条例》

除了上述列举的重要文件和通知之外，中国还在积极推动《粮食安全保障法》的立法进程、推动地方粮食立法修规工作、适时出台《粮油企业信用监管和联合惩戒办法》等。

（二）节粮减损技术不断改善

粮食收获、储藏、加工、运输环节的技术高低和设备优劣直接影响粮食产后损失的大小。在一系列节粮减损政策文件的支持下，相关企业和部门积极配合国家政策，在政府的引导下，重点从储藏、加工和运输环节改善了节粮减损技术。

1. 储藏环节的节粮减损

粮食储藏环节在粮食损失中占据着最大的比例，这一环节的措施一直以来都是中国政府节粮减损工作的重点。关于储藏环节的减损措施，又可以分为粮库储粮和农户储粮两个方面。

（1）在粮库储粮方面

从 20 世纪 80 年代末到 21 世纪初，我国曾进行了机械化骨干粮库、世行贷款粮食流通项目、利用国债建设中央储备粮库等大规模的粮食仓储设施建设。2015 年"粮安工程"的实施使粮库储粮的减损效应得到进一步发挥。通过对"危老仓库"的改造，基本上解决了基层粮食收储设施陈旧老化严重的问题，改善了仓房潮湿漏雨和气密性差等问题；通过成品粮应急低温储备库的建设，提升了应对突发事件的保供能力；通过杀虫防霉、气调储粮、智能通风、节能低碳烘干等智能储粮技术的推广和应用，提高了仓储管理水平并减少了粮库储粮的损失。

（2）在农户储粮方面

农户储粮的设备简陋，保管水平低，常常会遭遇鼠害、虫害、霉变等问题，针对这些问题，中国政府 2007 年开始实施农户科学储粮专项建设工作并不断深入和推进。2015 年启动实施的"粮安工程"也进一步加强了农户科学储粮技术服务体系建设。实施农户科学储粮最直接的成效就是减少粮食产后损失，增加了农民收入。截至 2015 年底，农户科学储粮专项建设工程共为全国 26 个省区市农户试点配置了近 1 000 万套标准化科学储粮装具，使这些农户的储粮损失率平均下降 6%，每年为农民减少粮食损失 23 亿斤、实现增收 25 亿元以上。

2. 加工环节的节粮减损

（1）开发新型加工装备

先进的粮食加工设备对于粮食加工环节的减损来说具有重要意义。针对粮食加工设备落后的问题，中国正在积极开发新型加工装备，淘汰高耗粮、高耗能、高污染的落后工艺设备，力求通过设备的更迭最大程度地减少粮食加工过程中不必要的损失。一系列拥有自主知识产权的新装备正逐渐被推广应用，如低温升和立式的碾米设备、油脂加工成套装备、小麦磨粉新装备等。这些新装备的应用将大大提升粮食加工的效率。

（2）发展先进加工技术

粮食产后精加工能够最大程度上利用粮食，美国等一些发达国家，采用先进的技术对粮食进行了许多开发，如采用高温热技术以较低的成本利用玉米芯生产乙醇，从而减少了玉米原料浪费。针对粮食加工技术落后的问题，中国正在推进适度加工技术研究，向欧美一些发达的国家汲取经验、学习技术，不断推进谷物蛋白、米糠油、生物材料等技术的开发和应用。先进深加工技术的采用将提高粮食资源的综合利用率，实现节粮减损的目的，并进一步推动我国粮食产业的健康发展。

（3）制定粮食加工标准

统一的粮食加工标准不仅能够规范行业加工，还能一定程度上减少粮食的损失。针对粮食加工标准的不统一的问题，中国政府和一些行业协会主导修订了一系列的国家标准。如 2016 年国家粮食局以"节粮减损、营养健康"为原则，组织修订了大米国家标准，新修订的标准，将大米产品等级由四个等级调整为三个，调减了杂质最大限量等指标，原国家标准中"一级"、"二级"加工精度改为"精碾"，"三级"加工精度改为"适碾"。如果按修改后的新标准测算，每年可减少加工环节大米损失 125 亿千克左右。

3. 运输环节的节粮减损

（1）运输设施设备得到改善

中国一直在积极推广散粮汽车、内河船舶等新型专用运输工具，逐渐应用钢板筒仓等新型中转仓型以及高大平房仓、浅圆仓等散粮进出仓设备，同时也在大力发展面粉散运专用车、散粮成品粮集装箱等集装运输装备及配套装卸设施。新型运输工具的推广和先进运输设施的发展加快推动了传统运输方式的转变和运输效率的提升。这不仅提高了粮食物流科学管理水平，而且也促进了运输线路的优化，缩短了运输周期，减少了运输装卸过程中洒漏、受潮、霉变和污染等问题的出现。

（2）粮食"四散化"运输大力发展

中国一直在大力支持粮食现代物流项目建设，通过不断的努力，东北港口的粮食发运能力和东南沿海的接卸能力有了明显提升，长江通道也已基本形成。粮食现代物流项目建设中，最主要的内容之一就是推进粮食由包粮运输转向散储、散运、散装、散卸"四散化"运输的变革。近些年，中国持续推进粮食流通"四散化"运输，加快了粮食流通现代化进程、提高了粮食流通效率、降低了粮食流通成本，并同时实现了增加农民收入、推动节粮减损工作的重要目的。

（三）公众节粮意识不断提高

1. 节粮减损在政治上被提到了新高度

习近平总书记多次强调"厉行勤俭节约，反对铺张浪费"。2020 年 9 月 15 日，国家粮食和物资储备局就习近平总书记对制止餐饮浪费行为作出的重要指示发布了节粮减损工作的重要通知。通知要求各级组织提高政治站位，充分认识节粮减损工作的重要意义，这为节粮减损工作的实施提供了政治保障。

2. 多彩活动促进节粮意识的提高

党和国家领导人对节粮减损工作的重视推动了各级政府和基层组织节

粮活动的开展。例如，2016 年 10 月由国家粮食局、农业部等共同组织开展了粮食减损增效进农村、进学校、进家庭的"三进"活动，活动期间，有关部门组织学生走进种粮大户、粮库、加工企业、农业科研院所等涉粮组织，开展了粮食种植、收获、储藏等体验，宣传讲解了粮食安全、粮食生产等科普知识，大大提升了学生们的爱粮节粮意识。事实上，我国历来重视节粮教育。我国很早便将每年的"世界粮食日"所在周设为"全国爱粮节粮宣传周"，到 2020 年为止，我国已经举办了 30 个宣传周活动。此外，各级组织还积极举办了粮食科技活动周系列活动，充分利用微信公众号等社会媒体开展丰富多彩的爱粮节粮活动，促进了公众节粮意识的提高。

3. 公众食物消费更加理性

勤俭节约一直以来都是中华民族的传统美德。但是，在食物消费方面，由于请客吃饭讲排场、比阔气等不良消费风气盛行，餐桌上的粮食浪费量令人咋舌。随着众多爱粮节粮活动的大力开展，节约光荣、浪费可耻的思想观念正逐渐深入人心，厉行节约、反对浪费的社会风气也在逐渐形成。公众消费者不再仅仅关注"面子"和"排场"，而更多的关注粮食安全和食物健康问题，公众的食物消费愈发理性。越来越多的人自觉践行"光盘行动"，从行动上防止"舌尖上的浪费"。

二、国际粮食产后减损措施

2020 年 8 月，国家粮食和物资储备局支持联合国世界粮食计划署中国卓越中心连续举办了 3 期粮食产后减损管理网络研讨会，向非洲等地区的发展中国家分享了我国在疫情期间减少粮食产后损失方面的经验。2020 年 11 月 21 日，习近平主席以视频方式出席了二十国集团领导人第十五次峰会第一阶段会议并发表重要讲话。习近平强调，中方倡议适时召开国际粮食减损大会，欢迎二十国集团成员和相关国际组织积极参与。中国在向世界传达本国节粮减损经验的同时，国际组织和世界各国的节粮减损措施也给中国提供了重要参考。

（一）FAO 等国际组织积极推动节粮减损工作

联合国粮食及农业组织（FAO）在国际节粮减损工作中发挥着举足

轻重的作用。1979 年 11 月，第 20 届联合国粮食及农业组织大会决定将 1981 年 10 月 16 日确定为首届世界粮食日，之后每一年的同一天都作为"世界粮食日"在 FAO 各成员国举行相关活动，旨在引起世界各国对发展粮食和农业生产的高度重视。"世界粮食日"的设立在全球范围内促进了各国节粮减损意识的提高。表 7 - 2 为近十届"世界粮食日"的主题。

为了在全世界进一步推动节粮减损工作，减少粮食损失和食物浪费，联合国环境署和 FAO 在 2013 年联合启动了"思前、食后、厉行节约——减少粮耗足迹"行动，即 TES 行动。TES 行动对于全产业链的节粮减损具有重要意义，其具体行动措施涉及粮食收获、加工、存储、运输、销售和消费的各个环节。余倩（2014）对 TES 行动的具体节粮措施做了全面的归纳[1]：在食物供应链的前端，TES 行动期望提供追加投资来改善粮食储运和销售的技术及基础设备，采用新技术来减少粮食各环节的损失，加强对农民的操作规范培训并组织农民加入合作社等；在食物供应链后端，TES 行动建议消费者制定计划理性购物、正确理解食物标签并及时消灭冰箱剩余食物，对于零售商和服务业部门，TES 建议它们设立节约目标、通过浪费审计对高浪费食品进行分析并与生产供应商合作减少浪费等。

表 7 - 2　近 10 届"世界粮食日"的主题

年份	届数	主题
2011 年	31	粮食价格，走出危机实现稳定
2012 年	32	办好农业合作社，粮食安全添保障
2013 年	33	发展可持续粮食系统，保障粮食安全和营养
2014 年	34	家庭农业：供养世界，关爱地球
2015 年	35	社会保护与农业：打破农村贫困恶性循环
2016 年	36	气候在变化，粮食和农业也在变化
2017 年	37	改变移民未来——投资粮食安全，促进农村发展
2018 年	38	行动造就未来——到 2030 年能够实现零饥饿
2019 年	39	行动造就未来——健康饮食实现零饥饿
2020 年	40	齐成长、同繁荣、共持续，行动造就未来

[1]　余倩. TES 行动及对中国减少粮食浪费的启示 [J]. 世界农业，2014 (11)：8 - 11，203.

此外，FAO 还与非洲开发银行开展过合作，在非洲开发银行已实施的农业开发项目中引入节粮减损相关内容，引导投资，并为非洲国家建立减少收获后粮食损耗的项目框架；欧盟在 FAO 节约粮食计划（SAVE FOOD）的框架下逐步完善和落实遏制食物浪费战略，并推动了社会改进食物利用项目；世界粮食安全委员会（CFS）一直高度关注粮食损耗与浪费问题，曾经开展过"可持续粮食体系框架下粮食损耗与浪费"的专题调研工作。众多国际组织的相互合作在推动节粮减损、反对食物浪费工作方面发挥着重要的作用。

（二）发达国家在节粮技术和遏制食物浪费方面做出了突出贡献

欧美等发达国家在粮食全产业链中掌握着重要的节粮减损技术。例如，美国的粮食储备大多采取低温储藏技术。这种技术的应用可以有效防止粮食储藏中的霉变和虫害问题，这样便可以在保障粮食品质的前提下进一步延长粮食的存储年限，在降低储藏成本的同时防止了粮食储备过程中的二次污染。日本是全球粮食干燥机械化程度最高的国家之一，其粮食干燥机械产业拥有悠久的发展历史和深厚的研发实力[1]，日本先进的粮食干燥技术使得粮食能够储备更长的时间，最大限度地防止了粮食霉变造成的巨大经济损失。粮食生产固然重要，而粮食流通管理的重要性也不能忽视。澳大利亚通过不断改革粮食流通体制，加大了对粮食流通环节的支持力度，加强了储存环节的害虫防治，减少了流通环节的损失，这是一种生产与流通并重的新观念，加强粮食流通环节的管理，就等于开发了"无形"粮田[2]。

发达国家节粮减损工作的重点更多地放在遏制食物浪费方面。食物浪费是发达国家在推进节粮减损中面临的主要问题，法律成为制止食物浪费的重要手段。法国于 2016 年颁布了专门的法律禁止食物浪费，是全球首个颁布反食物浪费法律的国家。有了法国的成功实践，意大利、日本、澳大利亚、墨西哥和南非等国也相继响应，例如意大利的《减少食物浪费推

---

① 郭善辉，黄施凯. 中国粮食干燥与日本的对比研究［J］. 农业开发与装备，2018（11）：30，11

② 谢颜，李文明. 澳大利亚粮食生产流通的发展趋势及启示借鉴［J］. 世界农业，2010（7）：69－72.

进法》得到了该国众多参议员的支持，该法要求从生产、制造、销售和消费等环节尽可能地减少食物浪费。除此之外，各国响应 FAO 等国际组织的号召，在政府和相关组织的推动下举办了许许多多的反食物浪费活动。

第二节　目前中国节粮减损工作面临的挑战

一、粮食全链条减损需进一步推进

粮食产后减损不单单需要重视某个环节的减损，而且要注重粮食全链条减损。通过前几章的分析可以发现，在粮食产后的收获、储藏、加工、运输和消费等环节均存在着或多或少的损失和浪费，这说明我国粮食产后减损工作需要进一步加强，尤其是粮食全链条减损的重点工作仍需进一步推进。目前来看，主要面临如下问题：

（一）粮食收获环节缺少全方位支持

第一，粮食收获前缺少专业指导。一方面，粮食收获前缺少准确的天气预报，如遇阴雨天气，将会引起作物的倒伏，对粮食的机械化收割造成困难；另一方面，部分农民缺少专业指导，很难把握最佳的收获时间，如果作物过熟就会脱落造成损失。第二，粮食收获中农机手操作技术不成熟造成粮食损失和浪费。这一问题的解决需要在粮食收获前对农机手进行全面而专业的培训。第三，粮食收获后缺少专业干燥设备的支持。在我国部分地区，粮食收获后仍采用传统的露天晒干模式，露天烘干不仅会造成粮食污染而且粮食也非常容易受潮霉变。日美等发达国家的粮食干燥机械化水平已达 95％以上，相比之下，由于烘干设备一次性投资较大、功能单一、电费较高，我国粮食烘干的机械化率依然很低。

（二）农户科学储粮技术没有得到广泛应用

农户科学储粮技术没有得到广泛应用是多方因素综合影响的结果。第一，由于农民的节粮意识不强，大多数农民只关心粮食生产技术而忽略了粮食储藏技术，使得编织袋、麻袋和围席囤这种简易的储粮装具仍被农民采用，造成了更多的粮食损失和浪费。第二，由于缺乏农户科学储粮培训和相关技术服务体系的建设，使得农户的储粮装具使用不规范、维护跟不上、保养缺力度、宣传不到位，农户储粮效果大打折扣。第三，由于部分地区的地方政府对农户科学储粮问题不重视，使得地方财政配套资金很难落实，农户得不到应有的储粮技术指导，没有获得足够的储粮装具购买支持，"粮食银行"建设也停留在表明而并没有发挥实际功能。除此之外，储粮装具市场缺少监控，装具缺少应有的维修服务、售后服务和技术指导也是重要原因之一。

（三）粮食适度加工推广面临困难

一方面，消费者消费习惯的转变使粮食加工逐步陷入"越细越好"的误区。由于人均收入水平的提高，人们越来越追求更"精"的米和更"细"的面。消费者对精细粮食的需求改变了粮食加工企业的生产方式。另一方面，加工企业受到消费者需求的驱动开始大量生产过于精细的粮食，但这种过度加工的生产方式不仅会造成粮食不必要的损失，而且也导致了粮食营养的流失。就小麦加工而言，一般情况下，小麦出粉率在80%左右，但近些年精加工面粉在市场的比例逐渐提高，70%左右出粉率的面粉越来越多。事实上，越靠近小麦表皮的部分所含营养越丰富，而经过多道工序加工的面粉其蕴含的蛋白质、维生素和膳食纤维等营养元素已经大量流失了。

（四）粮食运输物流效率和物流服务水平有待提高

第一，粮食运输物流效率的提高缺少模范物流企业的引领。从全国范围来看，其他各粮食主产区与东北地区相比，粮食物流组织化和规模化程度不高，粮食物流园区的集约化程度也相对较低，缺乏一些规模大、水平高、技术尖的粮食物流企业作为引领。第二，粮食运输物流效率的提高受到运输方式衔接差的限制。由于存在粮食物流公共信息平台的作用未能充分发挥、粮食物流技术和服务标准体系不够完善等问题，使得我国各种粮食运输方式之间没有合理而有效的衔接，因此，粮食运输物流效率的提升受到限制。

第三，缺乏核心竞争力的粮食物流企业难以提供高质量的粮食物流服务。由于大多数粮食物流企业仅能提供最基本的粮食物流服务功能，却不能形成完整的粮食物流供应链，因此这些企业的核心业务并不突出，功能单一，粮食物流服务水平难以进一步提高。第四，粮食物流区域城乡不协调发展阻碍了粮食物流服务水平的提升。与经济发达的粮食主产区相比，经济实力相对较弱的主产区很明显创新力不足，粮食物流服务水平也较低，且对于农村地区的粮食物流重视程度也远远不够。

二、节粮减损的推动力量不足

（一）体系建设不完善

粮食产后服务体系建设是推动节粮减损工作、促进粮食提质进挡的一项重要工程，自项目实施以来，取得了一系列令人瞩目的成就。但是我国的粮食产后服务体系仍需进一步完善，尤其要将粮食产后服务体系的建设和最新修订的《粮食流通管理条例》结合起来，这样才能更好地发挥粮食产后服务体系的重要作用。目前来看，主要存在建设和考核两方面的问题。第一，粮食产后服务体系的建设缺少各类市场主体的积极参与。各类市场主体的参与不仅有利于合理地利用资源，而且能够发挥"1＋1＞2"的优势。由于部分地区在方案安排和资金分配上的政策不平等，使得一些优秀的农业经营主体、收储企业、加工企业等建设主体未能全力投入到建设中去，未能充分发挥各自优势开展合作建设。第二，粮食产后服务中心的实践效果有待进一步考察。粮食产后服务中心的建设要能够切实保障农民可以享受到由服务中心提供的收获、干燥、储藏、加工、运输和销售等服务，其在推广储粮新装具、解决"地趴粮"霉变问题、提供技术培训与服务、推广节粮减损新技术、开展绿色仓储提升行动等方面发挥的实际效果有待进行全面的考核。

（二）依法按规节粮困难多

第一，缺少相关法律的支撑。粮食安全作为关乎14亿中国人民"饭碗"问题的头等大事，却缺少《粮食安全保障法》的支撑，这使得依法维护国家粮食安全面临实践困难。第二，节粮减损法律法规没有完全落实。2021年我国节粮减损法律法规的修立工作取得重要成果，新修订的《粮食流通管理条例》于2021年4月15日开始施行，新颁布的《中华人民共和国食品安全法》于2021年4月19日正式生效。但是，由于普法工作在短期内没有跟上，使得法律法规的规范作用没有得到充分发挥。第三，粮食适度加工标准和粮食产品质量标准体系亟待制定和修订。在粮食加工环节中，由于缺乏完善的标准体系，过度加工问题在粮食加工业中屡见不鲜，粮食因过度加工造成了不必要的浪费和营养流失。

（三）科技创新力不足

第一，粮食行业人才青黄不接。由于我国粮食产业的供给侧结构性改革正在不断深入，粮食企业也在不断地转型升级，我国粮食行业急需一批既了解粮食行业情况、又掌握粮食机械和贸易等方面的专业人才，而粮食行业人才青黄不接的局面使节粮减损科技创新面临人才短板问题。第二，节粮减损科研创新活动的财政支持力度不够。当前，我国粮食产后各环节依然面临相对严重的损失和浪费问题，对于节粮减损科研创新活动的财政支持力度显然不够，尤其缺少专门针对节粮减损科研创新活动的专项扶持资金，而粮食企业也因为缺少政策资金支持，对于节粮减损科技创新活动的参与热情度不够。第三，缺少节粮减损国际合作。尽管中国在节粮减损方面的进步是逐步的，但是与发达国家相比，仍然有较大的差距，这种差距不仅仅体现在机械化水平上，也体现在管理经验上。

三、全民节粮爱粮行动仍需落实

（一）消费棘轮效应阻碍节粮行动的落实

在理论上，消费的棘轮效应使节粮行动举步维艰。由俭入奢易，由奢入俭难。习近平总书记曾强调，"我们的财力是不断增加了，但绝不能大手大脚糟蹋浪费！要坚持勤俭办一切事业，坚决反对讲排场比阔气，坚决抵制享乐主义和奢靡之风。"尽管我国政府一直厉行节约，反对浪费，但近些年，随着中国人民人均收入水平的提高，享乐主义和奢靡之风逐渐显现。收入的提高使人民有能力去购买更多高质量的食品，追求更高质量的生活，粮食这种相对低价和容易获取的商品并不能引起人们过多地在意。消费的棘轮效应表明，人的消费习惯形成之后在短期内有不可逆性，消费者的消费易于向上调整，即随着收入的增加而提高消费水平；消费者的消费难于向下调整，即难以随着收入的减少而降低消费水平。棘轮效应反应在食品消费上表现为难以在短期内调整消费习惯，减少食物浪费的行为。类似于一次性购买太多食物放冰箱、在餐馆点过多菜品等消费习惯很难在短时间内改变。

（二）基层节粮行动的落实困难重重

在实践中，餐饮企业和消费者践行节粮行动困难重重，《中华人民共和国反食品浪费法》的落实任重而道远。丰富多彩的爱粮活动提高了活动参与者的爱粮意识，但却并没有让活动参与者真正行动起来，一个典型的例子是高校的饭菜浪费程度依然居高不下。大学生响应上级组织的号召，举办了一系列类似于"光盘行动"的爱粮节粮活动，但这些活动究竟让多少大学生在日常生活中养成了节粮的习惯，仍然是一个问号。为了杜绝餐桌浪费，响应厉行节俭的号召，江苏南京、无锡等地在全国较早地出台了"文明餐桌、遏制浪费"的相关规定，主要内容就是要求餐饮企业结合实际对"光盘"的消费者进行奖励、主动提醒消费者不要浪费、主动提供免费的打包餐盒等。这些规定的出发点是好的，但规定的执行效果却得依靠餐饮企业和消费者共同的、自觉的、主动的行动。对于一些较小的餐饮企业而言，一方面有躲过督察的侥幸心理，另一方面也会担心因要求顾客按量点餐而影响消费者对于餐厅的印象。对于一部分消费者而言，在类似于生意饭局上的宴会上打包剩菜可能会"丢面子"，和不熟的人共同用餐后可能会顾忌对方的身体状况而不考虑打包，同时也会因"嫌麻烦"而放弃把剩菜剩饭打包带走。

第三节　进一步推进中国节粮
减损工作的建议

一、全面把握粮食全链条减损

（一）收获环节的节粮减损措施

第一，在粮食收获之前，需要做好天气预报工作并合理安排收获时间。准确的天气预报可以有效解决粮食长时间泡水导致的霉变发芽问题，在合适的时间收获粮食可以防止作物过熟引起的果实脱落问题。第二，研发先进收获机械并大力发展机械化收割。加快淘汰落后的收获机械，鼓励科研机构和生产企业自主研发新型机械，着力解决倒伏粮食和碎片化土地、地块角落的粮食收割问题；进一步推动农机社会化服务，提高联合机械化收获率，为资金不足的农民提供更高效的收割机械服务；鼓励农民购置先进可靠、节能环保的收获机械，充分发挥农机购置补贴的作用。第三，加强农机手的技术培训。农机手的技术熟练程度直接影响粮食机械化收割的损失率，要进一步加强对联合收割机驾驶员的爱粮节粮教育和技术培训，切实提高农机手的职业素养和技能水平，与此同时提高粮食拾遗率，对收割机械遗漏的粮食进行回收和循环利用。

（二）干燥环节的节粮减损措施

第一，加强粮食干燥环节的知识宣传，深化农民对粮食干燥损失的认识，从意识层面推动干燥环节的减损措施。第二，加快发展具有普适性的烘储技术，积极推广热泵和生物质等多种烘干新热源，进一步开展粮食产地烘干设施建设试点工作，从技术层面满足农户的粮食烘干需求。第三，改善农户粮食收获后的晾晒和烘干条件，让农户逐渐摈弃传统露天晒干的粗犷方式，为种粮大户、农民合作社和家庭农场等新型经营主体购买烘干设备提供必要的支持，让干燥环节的节粮减损措施扎实落地。

（三）储藏环节的节粮减损措施

在粮库储粮方面：推进"智慧粮库"的建设，推广粮情检测、机械通风、环流熏蒸和谷物冷却的"四合一"储粮技术，加快提升科学储粮减损能力；进一步对"危老仓库"进行异地重建和优化改造，对全国粮库实行标准化的仓储管理；定期进行仓储量质量检查，保证粮食换旧轮新，降低粮食入库与出库时的质量差别；深入开展无害虫、无变质、无鼠雀、无事故的"四无粮仓"创建活动，进一步提高仓储管理规范化水平。

在农户储粮方面：提高农户的爱粮节粮意识，让农户不再因为关注粮食生产技术而忽略了粮食储藏技术；加强信息化管理技术的应用，将市场动态信息和储粮知识即时发送给农户；充分发挥"粮食银行"统一烘干、加工和储存的专业优势，解决农户储粮不科学和占地等问题；推广"粮食银行"这一农户储粮新模式，推行实用绿色环保的农户储粮新技术；建立县乡村三级粮食产后农户科学储粮服务体系，让农户科学储粮得到应有的服务支持和资金支持。

（四）加工环节的节粮减损措施

第一，从根本上纠正消费者粮食越精细越好的认知误区，加强对消费者的科学教育，在纠正消费者误区的同时也要引导企业放弃粮食加工"越细越好"的追求，精简粮食加工环节，提高粮食成品率和利用率。第二，调整加工企业的规模结构，以粮食产业高质量发展为主线，逐步建立起以大规模企业为主导、以特色中小企业为支撑的粮食加工业体系。第三，完善粮食加工产品的质量标准体系，重点设置粮食加工的营养指标，着力解决我国粮油过度加工导致的营养素流失等问题。第四，加大粮食营养加工和适度加工技术的研发，完善粮食适度深加工的标准体系，针对加工中存在的损失问题改进粮食加工机械，推动粮食加工智能化、精准化和节能化发展。第五，提高饲料营养价值和加工转化率，推进粮油加工副产物的综合利用，提高粮食加工副产品的综合利用率，进一步挖掘豆粕、米糠、大豆蛋白、大米蛋白的综合利用潜力，开展淀粉糖、柠檬酸、氨基酸、无水葡萄糖生产研究。

（五）运输环节的节粮减损措施

第一，完善粮食流通体系，根据粮食供需格局变化对流通体系进行调整，积极应对区域布局的改变，深刻认识"南粮北运"逐渐向"北粮南运"、"中粮西运"的转变。第二，加大对运输环节中储运设施和储运技术的研发投入，尤其在温度和湿度都较高的地区，更要针对气候特征解决储运过程中的技术难题。第三，合理选择粮食运输方式，进一步推广粮食"四散化"运输，减少粮食反复拆装包的次数和重复检查次数。第四，实现粮食的无缝对接运输，既要让运粮火车、卡车、船只和集装箱直接入库，又要让出库的粮食可以直接散装进入火车、卡车、运粮船和集装箱。第五，加强粮食物流园区建设，加强粮食物流园区、粮油企业和专业市场等重要结点之间联系，建设完整的粮食运输物流体系和完善的体制机制，推动粮食物流服务水平的进一步提升。第六，提高粮食物流区域调运管理水平，加快粮食的周转率，优化运输线路，简化运输环节，缩短运输周期，减少储运过程中的在库时间。

（六）消费环节的节粮减损措施

一方面，要做好家庭食物浪费减损工作，通过内容充实、形式多样的爱粮节粮活动加强家庭爱粮意识，发扬勤俭节约的中华传统美德，从小培养子女养成爱粮节粮的好习惯，让家庭节粮减损内化于心，外化于行。另一方面，要做好外出就餐食物浪费减损工作，这需要消费者、餐饮企业、学校和政府部门等各级组织共同努力，消费观念要改变，浪费行为要杜绝，节粮教育要跟上，监督规范要完善。

二、加强国家和政府对节粮减损的引导

（一）加强法律法规的修立和落实

第一，推进节粮减损相关法律和规章制度的制定。例如，积极推动《粮食安全保障法》的立法行动，将节粮减损和制止餐桌浪费纳入立法进程，为节粮减损工作的持续稳定推进提供坚实的法律保障；适时出台《粮油企业信用监管和联合惩戒办法》，进一步完善粮油企业信用管理相关规章制度。第二，加强节粮减损相关法律法规的落实。例如，加快落实2021年新修订的《粮食流通管理条例》，重点加强条例中对防止和减少粮食损失浪费的原则落实；大力开展《中华人民共和国反食品浪费法》的普法活动，运用法律手段遏制消费者、餐饮企业、学校和政府部门等各级组织的浪费行为。

（二）完善节粮减损的政策保障和运行机制

第一，要加快完善粮食安全党政同责的考核制度，将节粮减损纳入"粮食安全省长责任制"的考核细则，把降低粮食产后损失率与稳粮增收视为同等重要的考核目标。习近平总书记在中央农村工作会议上作出重要指示："地方各级党委和政府要扛起粮食安全的政治责任，实行党政同责，'米袋子'省长要负责，书记也要负责。"第二，加大对粮食产后机械设备的研发与投入，为农户科学储粮等节粮减损行动提供更多的资金支持。第三，研究制定"十四五"时期国家节粮减损行动方案，明确节粮减损的目标，制定节粮减损的指标评价体系，带动各级组织开展全面有效的节粮减损行动。第四，抓住粮食收获、干燥、储藏、加工、运输和消费各环节的节粮减损关键点，加大重点领域的节粮减损治理力度，建立全链条多部门的节粮减损分工协同机制。

（三）提高粮食产后服务能力

第一，统筹开展"粮食产后服务体系建设"，鼓励收储企业、加工企业、农民合作社等各类市场主体参与体系建设，提高粮食产后服务的综合能力。第二，完善粮食产后服务中心的建设，对粮食产后服务中心的运行

效果开展综合性评估，第三，整合粮食产后服务资源，形成完整的粮食产后服务链，让粮油企业和种粮农户获得专业化水平更高的粮食产后服务。

（四）加强节粮减损教育引导

第一，开展一系列节粮减损宣传行动，发挥好国家和政府在节粮减损工作中的引领作用，努力营造政府引领、企业执行、全民参与节粮减损的良好氛围。第二，在全国各级组织开展形式多样、内容丰富、参与感强的节粮减损科普活动，提高各级组织的节粮减损意识。第三，健全粮食安全教育体系，把"食育"纳入中小学教育，积极推进爱粮节粮进课堂、进课本、进家庭活动。第四，政府部门和事业单位要做节粮减损的排头兵，带头开展节粮减损活动，尤其要在单位食堂减少食物浪费的工作上为各级企业做好表率。

三、促进粮食产业的稳定健康发展

（一）深化粮食产业的政策改革

第一，完善粮油企业资本市场化补充机制，提高财政资金支持粮食产业发展的使用效率。第二，加大财政资金对节粮减损新技术和新设施的投入，重点支持发展新型粮油加工等领域，并对这些领域的粮食产业发展提供更多的财政金融支持。第三，加强发展大型粮食集团延伸产业链的政策导向，将粮食产业链上的生产者、粮食流通企业、粮食加工企业、粮食销售企业进行重组和并购，组建具有国际竞争力的粮油企业集团，集中资金发展粮油深加工、收储、批发、零售、物流等为一体的粮食产业集群。

（二）加快现代粮食加工产业的发展

第一，建设粮食加工产业示范园区，实现粮食加工产业的现代化和规模化。第二，鼓励粮食加工关键技术通过入股和转让等方式进入企业，促进科技成果转化为生产力推动粮食加工产业发展。第三，继续推进主食产业化建设，支持主食加工企业建设配送中心、直营店、网店，努力探索适合主食加工企业的电子商务运作模式。第四，依托大型集约化粮食加工企业的优势资源进行创新技术开发，进一步加大粮食加工副产品综合利用的力度。第四，充分利用粮食加工过程中产生的多种含有丰富营养物质、微量元素和生物活性物质的副产品，自主研发先进实用的粮油加工技术和设备，提高粮食加工产品的附加值含量。

（三）促进现代粮食流通产业的发展

第一，各地各部门要尽快建立健全促进粮食流通产业发展的制度体系，务必确保《粮食流通管理条例》中的各项规定能够得到有效落实。第二，重点培育新型粮食物流市场主体，整合粮食流通产业的现有资源并精简冗余环节，鼓励多种经济成分参与粮食物流通道和物流节点的规划与建设。第三，加快推动 5G、物联网、大数据和人工智能技术在粮食流通产业的应用。第四，完善粮食销售市场的行政管理体制，规范粮食市场和农贸市场的运行，支持粮食销售商加强仓储设施和运输设备等硬件投入。

（四）加快粮食现代物流体系建设

第一，以全国主要粮食物流节点为依托，大力培育跨区域粮食和物资的物流战略联盟，强化物流设施功能建设，完善物流骨干网络，有效减少粮食流通转运环节。第二，以散粮物流水、铁、公无缝转运为目标，通过散粮汽车、散粮船舶、散粮集装箱等运输工具、装载工具、输送工具、接卸工具等装备的研发和投放，实现粮食物流全过程的散储、散装、散卸和散运。第三，构建完善的粮食流通信息系统，引导粮食产销直接对接，积极推动"线上＋线下"的销售模式，开展从基层粮库、产区农户到销区粮食客户之间的门到门配送业务，提高粮食流通的合理性及效率。

四、推动粮油企业节粮减损工作的落实

（一）完善对粮油企业开展节粮减损工作的政策支持

第一，为企业节粮减损工作设立财政专项资金，并充分发挥专项资金的引导作用，鼓励企业开展节粮减损科技创新活动，引导企业重点加强对良种培育、耕地保护、粮食储运、粮食综合利用等关键技术和设备的研发。第二，积极培育多层次资本市场使财政性资金的使用效率达到最大，解决粮油企业在节粮减损过程中的资本短缺问题。第三，转变财政扶持政策的着力点，进一步扩大农村金融供给，改善粮油企业的融资环境；加快农村金融机构的改革深化，对提供贷款给节粮减损企业项目的农村金融供给主体给予奖励。第四，鼓励本国粮油企业与世界各国企业交流节粮减损工作经验，学习发达国家先进的节粮减损技术和实用的管理经验，对积极

参与国际交流与学习的粮油企业给予必要的政策支持。

（二）制定节粮减损的技术标准

第一，完善粮食收获、干燥、储存、运输、加工、销售的行业或国家损耗标准和技术要求。制订粮食产后系统收获、干燥、储藏、运输、加工、销售等环节的相关技术设备的技术标准以及作业标准，完善现行成品粮油标准体系，提升粮食资源的利用效率。第二，完善粮油适度加工标准体系的建立。围绕粮油加工健康升级，以大力发展粮油食品加工业为重点，建立基于粮油营养健康品质评价指标体系的粮油适度加工标准体系，让粮油适度加工标准成为保障粮食加工质量、降低粮食加工损耗的"硬约束"。第三，加强对粮食产后减损的行政监管。逐步建立粮食产后损失监测、调查和风险评估制度，对粮食利用效率不达标的单位，施行相应的惩罚措施。

（三）加大节粮减损科技支撑

第一，加强节粮减损课题的基础研究。针对粮食产后系统中引致粮食损失的关键问题，制订基础科学研究规划，通过国家科学基金对相关研究课题给予重点支持。第二，积极推动粮食产后高效节粮新技术、新工艺、新装备的研发。针对各环节所存在的因粮食机械装备而发生严重粮食损失的问题，从装备关键零部件的材质入手，对关键零部件可靠性、制造工艺合理性等进行研究。开展节粮减损成套技术及装备研发，完善粮食收获、干燥、储藏、运输、加工装备从原理设计到制造及性能测试的技术链条，推动粮食设备制造向自动化、精准化、智能化、光电一体化、节能化方向发展。第三，加强节粮减损投入的政策支持。充分利用财政、金融、税收等政策手段，降低节粮减损研发投入、技术装备投入的风险。

（四）引导粮油企业积极节粮减损

第一，依法开展日常经营工作，确保《粮食流通管理条例》和《中华人民共和国反食品浪费法》等法律法规能够在企业的日常生产销售工作中落到实处；第二，服从粮食市场和各级组织的监管，严格执行《粮油仓储管理办法》、《粮油储藏技术规范》、《粮油储存安全责任暂行规定》、《粮油安全储存守则》等行业规定，深入落实储粮质量安全责任制管理措施。第三，积极应用最新的节粮减损技术成果，如新型谷物收获机械和移动式绿色环保烘干设备、低温成套技术、新型储粮药剂和储粮生物药剂、粮油适度加工技术成果，大力推进各类拥有自主知识产权装备的应用；第四，在企业内部积极开展节粮减损知识科普和教育宣传活动，在企业内部形成良好的节粮减损氛围。

五、加强其他主体的节粮减损工作

（一）让高校成为节粮减损的重要阵地

一方面，涉粮高校作为粮食后备人才的培养基地，要在国家政策的引导下，完善粮食安全和粮食流通的学科教育体系，集中力量培养一批学历层次高、专业实力强、创新能力足、既掌握现代粮食经济理论与方法又懂得粮食先进科学技术的专业人才，进而解决粮食领域人才青黄不接的尴尬局面。与此同时，政府要加大对节粮减损优秀人才的奖励，引领涉粮高校、用人单位和社会共同构建粮食领域优秀人才的奖励体系，为节粮减损科技自主创新储备人才。

另一方面，高校作为食物浪费最严重的地方之一，要积极开展爱粮节粮宣传活动，如"光盘行动"、"世界粮食日"宣传活动等，采取一系列针对食物浪费的减损措施，如针对不同的学生提供不同的饭菜量、提升食堂的饭菜质量、使用分装餐盘盛放饭菜、积极推广半份菜和小份菜模式等。

（二）让餐饮企业成为减少食物浪费的主力军

第一，餐饮企业要引导消费者理性点餐和文明用餐。在顾客点餐前，主动向顾客介绍饭菜量，向顾客推荐适合用餐人数的点单方式；在顾客用餐后，主动建议顾客将吃剩的饭菜打包带走，避免不必要的浪费。第二，餐饮企业要发展和完善供餐方式，如向顾客提供标准化菜品，提供各种饭菜量的套餐供顾客选择，提供小份菜等。第三，餐饮企业要创建节粮减损的餐厅文化，如在餐厅墙面的显著位置张贴节粮减损的宣传标语或漫画、在餐桌上摆放杜绝浪费的提示牌等。

（三）让政府和企事业单位成为减少食物浪费的排头兵

第一，各级政府和企事业单位要带头遵守《中华人民共和国反食品浪费法》，加强餐饮浪费的自我约束管理，在单位食堂实行精细化管理，多供应小分量食品方便用餐人员适量选取，对造成浪费的行为要进行批评教育。第二，杜绝公务消费和用餐浪费，坚决执行《党政机关厉行节约反对浪费条例》，推行公务简餐和标准化用餐模式，对违反条例的组织和个人严厉处罚。

（四）让消费者成为减少食物浪费的推动者

第一，继续创建爱粮节粮教育社会实践基地，组织中小学生开展爱粮节粮教育实践活动。第二，创新世界粮食日、全国粮食安全宣传周和粮食科技活动周等宣传方式，把节粮减损工作重心逐渐推移到基层乡镇。第三，积极利用微信公众号、抖音等新媒体宣传方式，切实提高居民爱粮节粮的认知度和参与度。第四，倡导健康生活、适度消费、科学饮食的生活方式，引导消费者调整膳食结构，不盲目追求过于精细的粮食。第五，发扬艰苦奋斗、勤俭节约的美德，让节粮减损、反对浪费的行动落于实际，让"舌尖上的浪费"不再出现。

参 考 文 献

白旭光，王若兰，周立波．农户储粮损失调查统计方法评介［J］．粮食科技与经济，2006
　　（1）：7-10.

白玉兴，王金水．河南省粮油产后损失调查及减少损失的对策［J］．粮食储藏，1999
　　（2）：47-50.

包中平，刘涛，陈志刚，江夏帆，颜伟才，陶琳岩．华南地区玉米保质减损技术集成应用
　　试验［J］．粮食储藏，2017，46（3）：13-17.

曹宝明，姜德波．江苏省粮食产后损失的状况、原因及对策措施［J］．南京经济学院学
　　报，1999（1）：21-27.

曹宝明．粮食产后损失的测定与评价方法［J］．南京经济学院学报，1997（1）：31-35.

曹崇炬，胡晓东，胡新胜，刘海林，丰晓强，吴金美，安英伟，刘云海．贮粮害虫危害损
　　失的调查［J］．植物检疫，1998（6）：19.

曹利强，李荣英．粮食产后损失不容忽视［J］．中国统计，2009（3）：34-35.

曹阳．依靠科技创新减少粮食产后损失［J］．中国农村科技，2014，7.

曹昱．建立粮食节约减损机制［N］．江淮时报，2014-05-30（005）.

常钦．耕好节粮减损的"无形良田"［N］．人民日报，2020-09-16（005）.

常志强，何超波，李林鹤，武小燕．玉米机械化收获减损技术［J］．农业工程，2020，10
　　（9）：17-20.

陈波，王雅鹏．粮食机会损失形成与补偿研究［J］．华中科技大学学报（社会科学版），
　　2007（2）：44-48.

陈冬贵．立足湖南实际　扛稳抓牢粮食安全重任［J］．中国粮食经济，2021（2）：
　　60-63.

陈梦博．湖北省粮食加工节粮减损措施与国外经验借鉴研究［D］．武汉：武汉轻工大
　　学，2016.

陈顺成，傅正兵，徐洋，王南兵，邵庆余．适度加工节能减损生产健康米［J］．农业机
　　械，2013（29）：23-25.

陈哲，邓义，张顺蜜，胡玲燕，王新华．我国粮食加工环节损失浪费问题现状与对策研究
　　［J］．粮食科技与经济，2018，43（5）：96-99.

陈执 . 找回产后损失的 3 000 亿 ［J］. 农产品市场周刊，2016 (15)：26 - 27.

池仁勇，王以廉 . 利用经济控制论模型减少粮食产后损失 ［J］. 北京农业工程大学学报，
　　1995 (4)：1 - 3.

池仁勇 . 粮食产后损失行为调控模型的研究 ［J］. 科技通报，1997 (3)：51 - 54.

邓会超，董梅，苑昕，郑刚，高树成，王德华，刘长生，曹赞，陈百会 . 玉米产后流通中
　　减损降耗应关注的主要环节 ［J］. 粮食流通技术，2009 (1)：7 - 8, 27.

邓精华，饶楚奎，张利斌 . 加强农户储粮管理　减少农村产后损失 ［J］. 粮油仓储科技通
　　讯，2002 (1)：44 - 46.

邓世飚 . 解析水稻机收减损技术 ［J］. 农业与技术，2017, 37 (17)：67 - 68.

丁建武，兰盛斌，张华昌 . 减少粮食产后损失对确保我国粮食安全的重要性 ［J］. 粮食储
　　藏，2005, 34 (2)：49 - 50.

丁声俊 . 标本兼治，做好"节粮、减损"两篇文章 ［J］. 黑龙江粮食，2020 (12)：
　　25 - 28.

杜明华，商永辉，丁团结，耿祝杰 . 平房仓 1.1kW 双向轴流风机通风降温节能减损应用
　　试验 ［J］. 粮油仓储科技通讯，2018, 34 (5)：25 - 28.

樊琦，祁华清 . 既要重视粮食生产　更要做好粮食产后节约减损 ［J］. 中国粮食经济，
　　2014 (7)：63.

范盛良，罗家宾，杨天明，魏瑶，王建闯 . 粮食保管过程中的损耗因素及减损措施 ［J］.
　　粮油仓储科技通讯，2015, 31 (1)：16 - 18.

冯华 . 保障粮食安全减损和节约同样重要 ［N］. 中国食品安全报，2014 - 11 - 20 (A02).

冯天伟 . 产后减损佑粮安 ［J］. 农村工作通讯，2014 (20)：42 - 43.

付乾坤，付君，陈志，任露泉 . 玉米摘穗割台刚柔耦合减损机理分析与试验 ［J］. 农业机
　　械学报，2020, 51 (4)：60 - 68.

高洪儒，张君，赵北平，马军韬，张丽艳，邓凌韦，王永力 . 优质粳稻新品种松 836 特征
　　特性、高产栽培及机械收获减损配套技术 ［J］. 北方水稻，2020, 50 (5)：36 - 38.

高利伟，许世卫，李哲敏，成升魁，喻闻，张永恩，李灯华，王禹，吴晨 . 中国主要粮食
　　作物产后损失特征及减损潜力研究 ［J］. 农业工程学报，2016, 32 (23)：1 - 11.

高利伟 . 中国主要粮食作物供应链损失和浪费特征及其减损潜力研究 ［D］. 北京：中国
　　农业科学院，2019.

高树成，董殿文，周云，赵学工，董梅，王德华 . 辽宁农户玉米产后损失现状分析与对策
　　建议 ［J］. 粮食加工，2008 (5)：69 - 70.

高兴超，符世莹，吴永平，王玮，郑志华 . 高原地区稻谷保水减损技术的研究 ［J］. 粮油
　　仓储科技通讯，2015, 31 (6)：9 - 11, 29.

谷英楠，孙鸿雁，毕洪文，段新宇，王敬元，何晶丽，姜莹，刘国玲，李金鸿 . 黑龙江水

稻机械收获对产后损失的影响分析 [J]. 农业展望, 2020, 16 (7): 114-118.

关付新. 粮食属性及其衍生机理——基于系统和历史的二维视角 [J]. 河南社会科学, 2017, 25 (11): 45-50.

韩宝珍. 牵引式联合收割机 减少茎秆裹粮及清选损失的改装 [J]. 农业机械资料, 1976 (1): 14-17.

韩越, 胡月英. 新型农业经营主体储粮减损技术采纳意愿研究 [J]. 河南工业大学学报 (社会科学版), 2020, 36 (3): 37-42, 74.

郝立群, 东北平原玉米产区农户储粮减损技术集成与示范 [P]. 辽宁省, 辽宁省粮食科学研究所, 2006-09-15.

何静. 遏制现阶段中国粮食浪费措施的有效性分析 [J]. 商, 2014 (5): 197-201.

贺梦娇. 厉行节约, "粮食全产业链"减损在行动 [J]. 农村·农业·农民 (A版), 2020 (10): 29-31.

侯玲, 罗艳萍, 侯晓静, 罗冬玉, 韦巧, 李洪菊, 周家华, 靳德明, 王富, 王雄. 几种抗旱剂在水稻生产抗旱减损中的应用效果比较 [J]. 湖北农业科学, 2020, 59 (17): 16-18.

胡冰川. 促进粮食减损增效需大处着眼小处着手 [N]. 粮油市场报, 2016-10-18 (A01).

胡海兰. 油品车间多举措减损降耗显成效 [J]. 石油石化节能, 2018, 8 (10): 16.

胡盛安. 粮食加工中的节粮减损策略研究 [J]. 食品界, 2018 (6): 159.

胡伟. 离开机械化难以做到粮食减损 [J]. 农机质量与监督, 2020 (10): 46.

胡越, 周应恒, 韩一军, 徐锐钊. 减少食物浪费的资源及经济效应分析 [J]. 中国人口·资源与环境, 2013, 23 (12): 150-155.

黄庭凯. 粮食产后损失知识图谱的构建及建模分析研究 [D]. 南京: 南京财经大学, 2019.

黄新平. 种粮大户粮食产后减损与安全储藏技术探索 [J]. 粮油仓储科技通讯, 2018, 34 (5): 7-9.

蒋和平, 蒋辉. 促进我国节粮减损刻不容缓 [N]. 粮油市场报, 2015-10-31 (B03).

蒋向, 王策. 浅析 2017 年河南小麦倒伏原因及防倒补救减损技术措施 [J]. 中国农技推广, 2017, 33 (8): 9-10.

靳祖训, 兰盛斌. 减少粮食产后损失是确保粮食安全的重要途径——从《B模式》看粮食安全和粮食储藏科技的发展方向 [R]. 2004.

景桂文. 关于粮食产后减损的思考 [J]. 粮食储藏, 2013, 2: 54-56.

景后寅. 减少产后损失也是增收 [N]. 中国县域经济报, 2012-08-23 (001).

瞿长福. 节粮减损新机制该如何建 [N]. 经济日报, 2014-10-22 (014).

康红凡．小麦机械化收获减损技术［J］．农民致富之友，2015（23）：174.

寇光涛，卢凤君．我国粮食产业链增值的路径模式研究？——基于产业链的演化发展角度［J］．农业经济问题，2016，37（8）：25-32，110.

兰盛斌，三大平原农户储粮减损技术集成与示范［P］．四川省，国家粮食储备局成都粮食储藏科学研究所，2010-10-11.

黎万武，任敏．应用科学保粮　减少储粮损失［J］．四川农业科技，1999（6）：31.

黎晓东，林春华，贺克军，任炳华．粮食减损降耗综合控制措施［J］．粮油仓储科技通讯，2020，36（2）：32-34，38.

李传杰．储粮减损降耗技术的相关思考［J］．粮食科技与经济，2020，45（6）：72-73.

李海东，马伟波，高媛赟，张孝飞，赵立君，王楠，燕守广．生态环保扶贫减损增益和"绿水青山就是金山银山"转化研究［J］．环境科学研究，2020，33（12）：2761-2770.

李红．油菜籽产后减损技术研究［D］．南京：南京财经大学，2012.

李焕喜．推广农户科学储粮技术努力减少粮食产后损失［J］．粮油仓储科技通讯，2011（3）.

李孟泽，闵炎芳，章波，王飞，张檬达．不同通风方式对储粮保水均温减损效果研究［J］．粮油仓储科技通讯，2018，34（5）：16-20，28.

李世玉，何丹，张景晗，白丽．农户视角下稻谷收获及产后损失的成因与减损策略——来自吉林省4个主产区的调查研究［J］．河南农业，2020（2）：8-10.

李世玉，何丹，张景晗，白丽．农户视角下稻谷收获及产后损失的成因与减损策略——来自吉林省4个主产区的调查研究［J］．河南农业，2020（2）：8-10.

李雯雯．全链条推进　营造节粮减损新风尚［J］．中国粮食经济，2021（2）：21-22.

李英军．粮食流通环节减损节约对策［J］．江西农业，2016（19）：112.

李植芬，夏培焜，汪彰辉，万善杨，何勇．粮食产后损失的构成分析及防止对策［J］．浙江农业大学学报，1991（4）：52-58.

梁录瑞，刘启文，彭珂珊，王天义．我国粮食产后系统中的人为损失与减免对策［J］．经济地理，1993（1）：92-96.

廖少廉．发展中国家粮食作物的产后损失［J］．世界农业，1990（5）：5-7.

林丽宾．科学储粮实现农民减损增收［N］．铁岭日报，2011-07-27（007）.

凌薇．如何建立一个更有弹性的粮食系统？［J］．农经，2018（1）：92-97.

刘北辰．如何减少粮食产后损失［J］．中国粮食经济，2009（3）：61.

刘慧．向节约减损要粮食安全［N］．经济日报，2021-01-29（011）.

刘俊，哈向阳，黄永志．用系统思维发展粮食物流［N］．粮油市场报，2015-05-30（B03）.

刘立军．玉米产后流通中减损降耗需重点关注的两个环节［J］．粮食流通技术，2011

（5）：49-51.

刘启觉. 稻谷减损增效智能加工装备与关键技术［P］. 湖北省，武汉工业学院，2013-
04-07.

刘文勇. 立足多个环节，系统减少粮食浪费［N］. 粮油市场报，2020-09-01（B03）.

刘小雪. 河南省夏玉米干旱灾损评估与减损措施研究［D］. 南京：南京信息工程大
学，2014.

刘晓军. 农产品产后减损是实现保供给增效益的重要抓手［J］. 中国农业信息，2012
（18）：13-15.

刘艳芳. 夯实农产品初加工项目 减少产后损失［J］. 新农业，2017（15）：42-43.

刘源. 储粮通风保水减损技术的探讨及应用［J］. 农业与技术，2017，37（24）：56.

刘振江，李飞. 减少粮食产后损失的对策分析［J］. 决策咨询，2011（4）：73，77.

鲁珂君，张成志. 我国节粮减损的理念和实践［J］. 中国粮食经济，2021（1）：14-16.

吕国强. 河南省农户贮粮现状及虫害损失情况调查［J］. 河南农业科学，1992（8）：
21-22.

吕宁，彭静，赵瑞平. 冀西北坝上窖藏马铃薯损耗成因及减损对策［J］. 农家参谋，2018
（3）：55，11.

罗智洪，卢兴稳. 粮食保管过程中损失损耗的发生因素及减损降耗措施［J］. 粮油仓储科
技通讯，2014，30（3）：4-6，38.

马爱平. 减少粮食产后损失等于建设无形良田［J］. 粮食科技与经济，2020，45（8）：
6-7.

毛春霞，褚崇胜，陈林，支兴. 毕节试验区农产品产后减损原因及对策［J］. 现代农业科
技，2014（16）：311，313.

莫恭武，金诚谦，陈满，张光跃. 谷物联合收割机智能化节粮减损检测装备研发现状浅析
［J］. 江苏农机化，2020（6）：15-18.

农业部新闻办公室. 小麦机械化收获减损技术［N］. 河北科技报，2015-06-09（B06）.

潘佳，杨雪花，杨菲，黄思华. 高大平房仓储粮减损增效探索［J］. 粮食科技与经济，
2014，39（4）：49-52.

彭珂珊. 触目惊心：我国成品粮的人为损失［J］. 中国国情国力，1992（5）：21-24.

饶茜，周芬，梁正芬，宗焕青. 粮油加工环节的节粮减损问题［J］. 江西农业，2019
（12）：121-122.

任正晓. 产后节约减损是保障国家粮食安全的战略选择［N］. 经济日报，2016-10-12
（008）.

沈嘉伟. 相互交流贮粮技术，减少粮食损失——记联合国粮农组织"粮食贮藏技术讲习
班"在沪交流情况［J］. 粮食贮藏，1980（4）：59-60，58.

沈瑾，农村粮食绿色减损保质收储关键技术装备研发集成与推广应用［P］. 北京市，农业部规划设计研究院，2017－10－01.

盛强，李浩杰，曹志帅. 储粮保水减损技术的探讨及应用［J］. 粮油仓储科技通讯，2016, 32（5）: 52－56.

宋洪远，张恒春，李婕，武志刚. 中国粮食产后损失问题研究——以河南省小麦为例［J］. 华中农业大学学报（社会科学版），2015（4）: 1－6.

孙英威，杨守勇. "餐前损耗"远超"舌尖上的浪费"——我国粮食产后损失浪费现象盘点［J］. 农村. 农业. 农民（A版），2014（5）: 11－12.

孙中叶. 解读粮食安全问题的新视角: 开源节流并举——兼论河南家庭粮食消费损失现状及对策［J］. 河南工业大学学报（社会科学版），2009, 5（3）: 1－4.

覃世民. 加强节粮减损　保障粮食安全［N］. 粮油市场报，2020－08－25（B03）.

唐福元，冯家畅，严晓婕，杨文生，程绪铎，温吉华，杨大明，单贺年. 经溜槽装入筒仓的玉米减损效果试验［J］. 中国粮油学报，2015, 30（12）: 98－101.

唐黎标. 可持续粮食系统背景下粮食损失与浪费［J］. 现代食品，2015（20）: 1－3, 15.

唐为民. 我国粮食产后损失原因及减少损失的有效措施［J］. 粮食流通技术，1998（1）: 1－5.

唐学军，陈永红，马顺义，许哲华，宋锋，马文兵，兰盛斌，严晓平，许胜伟，周浩. "减损"就是增收——荆门市农户储粮现状调查与思考［J］. 粮油仓储科技通讯，2007（5）: 11－13.

田雨军. 从损失浪费粮食的惊人数据看我国爱粮节粮的重大意义［J］. 中国粮食经济，2008（8）: 36－38.

王宝堂，李建智，严梅，王继停，孙仲琰. 控制储粮温度实现保水减损试验［J］. 粮油仓储科技通讯，2017, 33（2）: 23－26.

王晨阳. 京粮集团嵌入粮食产业链的竞争力研究［D］. 北京: 中国农业科学院，2014.

王建华，王思瑶，吴林海. 政府监管与地方规治: 粮食销售减损中的主体行为研究［J］. 江南大学学报（人文社会科学版），2017, 16（5）: 114－122.

王金水，李松伟，张奕群，叶海军，刘进吉. 浅谈大型浅圆仓节能减损储藏试验［J］. 粮食储藏，2015, 44（3）: 18－22.

王晶磊，胡韬纲，徐威，白春启. 偏高水分玉米保水减损通风技术的研究［J］. 粮食与食品工业，2014, 21（2）: 58－61.

王晶磊，肖雅斌，李增凯，张盼盼. 粮食储藏保水减损技术的研究与应用［J］. 粮油仓储科技通讯，2014, 30（5）: 15－17.

王琳. 当前粮食产业链面临的突出问题与对策［J］. 当代经济，2017（4）: 54－56.

王若兰，华北平原小麦产区农户储藏减损技术集成与示范［P］. 河南省，河南工业大学，

2006 - 09 - 15.

王若兰. 河南省粮食储藏损失现状及分析 [J]. 粮食科技与经济, 2009, 34 (3): 38 - 40.

王舒娟, 赵霞. 中国粮食流通环节减损节约对策研究 [J]. 粮食科技与经济, 2015, 40 (4): 3 - 4, 25.

王涛, 黄信, 李星星. 南方储粮减损降耗实验 [J]. 粮食科技与经济, 2013, 38 (6): 46 - 47.

王婷, 毛德华. 中国主要粮食作物虚拟水——虚拟耕地复合系统利用评价及耦合协调分析 [J]. 水资源与水工程学报, 2020, 31 (4): 40 - 49, 56.

王希卓, 白丽, 张孝义, 舒坤良. 马铃薯贮藏减损潜力评价方法体系的构建及应用 [J]. 农机化研究, 2016, 38 (3): 1 - 7.

王新华, 胡怡华, 邓义. 粮油加工环节的节粮减损问题研究 [J]. 粮食科技与经济, 2017, 42 (1): 8 - 10.

王鑫, 魏刚, 李伟, 周佳远, 潘治, 杨永生, 杨刚. 储粮通风减损技术在滇西地区的应用 [J]. 粮食流通技术, 2012 (3): 28 - 31.

王亚平. 信息技术在粮食物流系统中的应用 [J]. 粮食科技与经济, 2020, 45 (8): 77 - 78.

王志民, 贾明芳. 河南农村粮食产后损失的调查 [J]. 中国减灾, 1995 (4).

王志民, 游培良, 贾明芳. 河南农村粮食产后损失的调查 [J]. 中国减灾, 1995 (4): 30 - 31.

魏祖国, 尹国彬, 邸坤. 我国粮食物流运输损失评估及减损对策 [J]. 粮油仓储科技通讯, 2016, 32 (2): 55 - 56.

吴芳, 朱延光, 严晓平, 杨玉雪. 发展中国家农户储粮减损研究现状 [J]. 粮食储藏, 2018, 47 (6): 15 - 24.

吴子丹, 储备粮减损生物测防新技术和仪器研发. 北京市, 国家粮食局科学研究院, 2012 - 05 - 22.

席玛芳, 应铁进. 浙江省粮食产后损失的分析与对策 [J]. 科技通报, 1991 (2): 97 - 100.

郄建伟, 全国粮食产后损失现状及对策研究 [P]. 河南省, 河南工业大学, 2012 - 09 - 20.

肖笃. 粮食产后损失浪费严重 [J]. 乡镇论坛, 1989 (Z1): 1.

徐瑞财. 储粮损耗原因及减损措施 [J]. 粮油仓储科技通讯, 2014, 30 (6): 12 - 14.

许胜伟, 周浩, 兰盛斌, 黎万武, 严晓平, 丁建武, 张娟. 我国三大平原农户储粮减损集成技术 [J]. 粮食储藏, 2008 (2): 10 - 12.

薛军，董朋飞，胡树平，李璐璐，王克如，高尚，王浥州，李少昆．玉米倒伏对机械粒收损失的影响及倒伏减损收获技术［J］．玉米科学，2020，28（6）：116-120，126.

鄢敏．我国粮食生产环节减损问题分析及对策［J］．现代农业，2015（8）：64-65.

严翔，吴桂果，杨枫，王进刚．跨省移库玉米减损经验探索［J］．粮油仓储科技通讯，2017，33（6）：49-50.

杨静．可持续粮食系统背景下粮食损失与浪费［J］．商，2015（17）：84.

杨茂，张跃东．我国粮食产业链组织结构分析［J］．河南工业大学学报（社会科学版），2014，10（4）：5-8，17.

杨琴，刘清，沈瑾，谢奇珍．我国农户玉米产后损失现状及原因分析［J］．农业工程技术（农产品加工业），2012（4）：46-49.

杨雪花，谢维治．高大平房仓稻谷储存减损降耗应用试验［J］．粮食科技与经济，2013，38（5）：37-39，55.

杨阳．降耗：稻谷收储运保质减损［J］．中国农村科技，2018（9）：63-67.

杨迎亚，翟书斌．粮食产业链整合优化模式研究［J］．粮食科技与经济，2014，39（6）：28-30.

姚成胜，殷伟，李政通．中国粮食安全系统脆弱性评价及其驱动机制分析［J］．自然资源学报，2019，34（8）：1720-1734.

姚磊．节粮减损　科技当先［J］．中国粮食经济，2020（10）：56-58.

姚锡鹏，舒在习，贾温倩，李豫强．粮食控温储藏与保质减损技术研究进展［J］．粮食科技与经济，2020，45（1）：55-58.

易文裕，程方平，卢营蓬，余满江，王春霞，王攀．四川粮食收后减损技术模式探讨［J］．南方农机，2020，51（23）：3-6.

尹成林，吴龙剑．粮食节约减损要建立长效机制［J］．中国粮食经济，2014（1）：59-62.

尹国彬．近年我国粮食产后损失评估及减损对策［J］．粮食与饲料工业，2017（3）：1-3.

应霞芳，郑文钟，何勇．粮食产后处理模式的系统分析与优化［J］．浙江大学学报（农业与生命科学版），2005，31（3）：337-340.

于晗笑．基于用户画像的粮食产后损失分析研究［D］．南京：南京财经大学，2018.

于素平，储备粮堆湿热调控减损关键技术和设备研究与示范［P］．北京市：北京东方孚德技术发展中心，2012-05-11.

于晓芳，雷娟玮，高聚林，马达灵，王志刚，胡树平，孙继颖，青格尔，屈佳伟，王富贵．提升土壤肥力可实现玉米机械粒收增产减损［J/OL］．中国生态农业学报（中英文）：1-15. https：//doi.org/10.13930/j.cnki.cjea.200695.

余吉庆，雷永福，梁晓松，车敬，刘俊，张玲，杨阳．稻谷储藏环节的保水减损技术集成

试验 [J]. 粮油仓储科技通讯，2015，31 (6)：15 - 21.

余志刚，郭翔宇. 主产区农户储粮行为分析——基于黑龙江省 409 个农户的调查 [J]. 农业技术经济，2015 (8)：35 - 42.

曾勇军，吕伟生，石庆华，谭雪明，潘晓华，黄山，商庆银. 水稻机收减损技术研究 [J]. 作物杂志，2014 (6)：131 - 134.

詹琳，杜志雄. 统筹食品链管理推动粮食减损降废的思考与建议 [J]. 经济纵横，2021 (1)：90 - 97.

詹玉荣. 全国粮食产后损失抽样调查及分析 [J]. 中国粮食经济，1995 (4)：44 - 47.

张保霞，付婉霞. 北京市餐厨垃圾产生量调查分析 [J]. 环境科学与技术，2010，33 (S2)：651 - 654.

张翻华. 农产品产后减损情况的调研报告 [J]. 基层农技推广，2015，3 (3)：91 - 92.

张浩，姚咏涵. 河南省饭店粮食消费损失现状调查研究 [J]. 粮食科技与经济，2009，34 (3)：16 - 18.

张宏明，鞠永平，冯锡仲. 农户粮食产后减损效果和组织管理方法的探讨 [J]. 粮油仓储科技通讯，2010，26 (5)：2 - 6.

张宏明. 加强农户储粮专项建设 切实做到减损增产增收 [J]. 中国粮食经济，2011 (6)：56 - 58.

张会民. 减少粮食收储过程中损失损耗的对策分析 [J]. 粮食流通技术，2014 (5)：22 - 25.

张健，傅泽田，李道亮. 粮食损失的形成和我国粮食损失现状 [J]. 中国农业大学社会科学学报，1998 (4)：59 - 63.

张磊，段嘉欣，李世玉，白丽. 水稻产后减损研究综述 [J]. 现代食品，2020 (4)：44 - 46.

张强. 减损是确保粮食安全的重要途径 [J]. 农村工作通讯，2016 (21)：50.

张天明. 小粮仓储粮减损 [J]. 当代贵州，2011 (29)：20.

张文光. 深入实施农户科学储粮建设大力减少粮食产后损失 [J]. 农村经济与科技，2017，28 (10)：23 - 24.

张晓军. 河南：救灾减损 助农增收 [J]. 农业发展与金融，2016 (7)：36 - 37.

赵红雷. 我国粮食损失的发生机制与治理举措分析 [J]. 中国农业资源与区划，2016，37 (11)：92 - 98.

赵姜，王志丹，张琳，等. 新时期保障我国粮食安全的战略思考 [J]. 中国农业资源与区划，2012 (5).

赵洁. 粮食烘干小环节 农民增收大问题 [N]. 农民日报，2014 - 01 - 09 (008).

赵守疆. 减少联合收割机清粮损失的相关调节 [J]. 农业机械，1995 (1)：16.

赵霞，曹宝明，赵莲莲. 粮食产后损失浪费评价指标体系研究 [J]. 粮食科技与经济，

2015, 40 (3): 6 - 9.

赵旭, 庄重, 曹毅, 王秀丽, 武毕克, 李佳, 陈刚, 纪禹. 两种控温储粮技术对东北粳稻保质减损储藏效果研究 [J]. 粮食储藏, 2019, 48 (3): 10 - 13, 55.

赵永进. 糙米集装储运减损技术和设备研发与示范 [P]. 江苏省, 无锡中粮工程科技有限公司, 2012 - 06 - 05.

赵予新. 产粮大省粮食产业链优化研究 [J]. 农业经济, 2014 (1): 20 - 22.

赵源. 减少粮食产后损失的对策 [J]. 中国粮食经济, 2007, 2.

郑伟. 农村产后粮食损失评估及对策研究 [J]. 粮油仓储科技通讯, 2000 (4): 47 - 51.

郑元欣, 蔡庆春, 钟伟先, 胡广明, 魏海山. 储粮减损降耗技术探讨 [J]. 粮油仓储科技通讯, 2016, 32 (5): 1 - 4.

钟楚. "保水减损" 储粮技术 [N]. 粮油市场报, 2013 - 11 - 07 (B04).

周恒祥. 从粮食人的视角看如何健全节粮减损机制 [J]. 中国粮食经济, 2014 (12): 64 - 65.

周伟, 生态减损型采排复一体化理论与技术 [P]. 内蒙古自治区, 神华准格尔能源集团有限责任公司, 2013 - 11 - 27.

周晓梅. 小麦加工环节损失及影响因素的实证研究 [D]. 武汉: 武汉轻工大学, 2019.

朱江平. 减损节约＝增产——确保我国粮食安全的另一重要途径 [J]. 农村工作通讯, 2011 (8): 10 - 13.

朱礼好. 主粮机收损失率低 继续减损需多管齐下 [J]. 中国农机监理, 2020 (10): 41 - 42.

朱万军. 农户储粮损失调查统计方法评介 [J]. 科技信息 (科学教研), 2007 (28): 324.

邹成佳, 李晓. 玉米暴雨灾后减损措施 [J]. 四川农业科技, 2018 (7): 45.

Abass A B, Ndunguru G, Mamiro P, et al. Post - harvest food losses in a maize - based farming system of semi - arid savannah area of Tanzania [J]. Journal of Stored Products Research, 2014, 57: 49 - 57.

Adenso - Díaz B, Mena C. Food industry waste management [J]. Sustainable Food Processing, 2013: 435 - 462.

Affognon H, Mutungi C, Sanginga P, et al. Unpacking postharvest losses in sub - Saharan Africa: a meta - analysis [J]. World Development, 2015, 66: 49 - 68.

Atanda S A, Pessu P O, Agoda S, et al. The concepts and problems of post - harvest food losses in perishable crops [J]. African Journal of Food Science, 2011, 5 (11): 603 - 613.

Basavaraja H, Mahajanashetti S B, Udagatti N C. Economic analysis of post - harvest losses in food grains in India: a case study of Karnataka [J]. Agricultural Economics Research Review, 2007, 20 (347 - 2016 - 16 622): 117 - 126.

Beretta C, Stoessel F, Baier U, et al. Quantifying food losses and the potential for reduction in Switzerland [J]. Waste management, 2013, 33 (3): 764 - 773.

Bourne M C. Selection and use of postharvest technologies as a component of the food chain [J]. Journal of Food Science, 2004, 69 (2): crh43 - crh46.

Bradford K J, Dahal P, Van Asbrouck J, et al. The dry chain: reducing postharvest losses and improving Food Safety in humid climates [J]. Trends in Food Science & Technology, 2018, 71: 84 - 93.

Buchholz F, Kostić T, Sessitsch A, et al. The potential of plant microbiota in reducing postharvest food loss [R]. 2018.

Buzby J C, Farah - Wells H, Hyman J. The estimated amount, value, and calories of postharvest food losses at the retail and consumer levels in the United States [J]. USDA - ERS Economic Information Bulletin, 2014 (121).

Chaboud G, Daviron B. Food losses and waste: navigating the inconsistencies [J]. Global Food Security, 2017, 12: 1 - 7.

Chaboud G. Assessing food losses and waste with a methodological framework: insights from a case study [J]. Resources, Conservation and Recycling, 2017, 125: 188 - 197.

FAO G. Global food losses and food waste - Extent, causes and prevention [J]. SAVE FOOD: An Initiative on Food Loss and Waste Reduction, 2011.

FAO. Food wastage footprint: impacts on natural resources [M]. FAO, 2013.

García - Herrero L, De Menna F, Vittuari M. Food waste at school. the environmental and cost impact of a canteen meal [J]. Waste Management, 2019, 100: 249 - 258.

Gustavsson J, Bos - Brouwers H, Timmermans T, et al. FUSIONS Definitional framework for food waste - full report [R]. 2014.

Gustavsson J, Cederberg C, Sonesson U, et al. Global food losses and food waste. FAO, Rome [J]. Retrieved March, 2011, 20: 2018.

Henz G P, Porpino G. Food losses and waste: how Brazil is facing this global challenge? [J]. Horticultura Brasileira, 2017, 35 (4): 472 - 482.

Hodges R J, Bernard M, Knipschild H, et al. African postharvest losses information system - a network for the estimation of cereal weight losses [C] //Proceedings of the 10th International Working Conference on Stored Products Protection, 27 June to 2July 2010, Estoril, Portugal. 2010: 958 - 964.

Hodges R J, Buzby J C, Bennett B. Postharvest losses and waste in developed and less developed countries: opportunities to improve resource use [J]. The Journal of Agricultural Science, 2011, 149 (S1): 37.

Hodges R, Bernard M, Rembold F. APHLIS - Postharvest cereal losses in Sub - Saharan Africa, their estimation, assessment and reduction [R]. 2014.

Kader A A. Increasing food availability by reducing postharvest losses of fresh produce [C] //V International Postharvest Symposium 682. 2004: 2169 - 2176.

Kader A A. Postharvest quality maintenance of fruits and vegetables in developing countries [M] //Post - harvest Physiology and Crop Preservation. Springer, Boston, MA, 1983: 455 - 470.

Kaminski J, Christiaensen L. Post - harvest loss in sub - Saharan Africa—what do farmers say? [J]. Global Food Security, 2014, 3 (3 - 4): 149 - 158.

Kiaya V. Post - harvest losses and strategies to reduce them [J]. Technical Paper on Post-harvest Losses, Action Contre la Faim (ACF), 2014, 25.

Kitinoja L, Saran S, Roy S K, et al. Postharvest technology for developing countries: challenges and opportunities in research, outreach and advocacy [J]. Journal of the Science of Food and Agriculture, 2011, 91 (4): 597 - 603.

Koester U. Food loss and waste as an economic and policy problem [J]. Intereconomics, 2014, 49 (6): 348 - 354.

Kuiper M, Cui H D. Using food loss reduction to reach food security and environmental objectives - a search for promising leverage points [J]. Food Policy, 2021, 98: 101915.

Kumar D, Kalita P. Reducing postharvest losses during storage of grain crops to strengthen food security in developing countries [J]. Foods, 2017, 6 (1): 8.

Kummu M, De Moel H, Porkka M, et al. Lost food, wasted resources: global food supply chain losses and their impacts on freshwater, cropland, and fertiliser use [J]. Science of the Total Environment, 2012, 438: 477 - 489.

Lemaire A, Limbourg S. How can food loss and waste management achieve sustainable development goals? [J]. Journal of Cleaner Production, 2019, 234: 1221 - 1234.

Liu G. Food losses and food waste in China: a first estimate [R]. 2014.

Neff R A, Kanter R, Vandevijvere S. Reducing food loss and waste while improving the public's health [J]. Health Affairs, 2015, 34 (11): 1821 - 1829.

Obayelu A E, Obayelu E. Postharvest losses and food waste: the key contributing factors to African food insecurity and environmental challenges [J]. African Journal of Food, Agriculture, Nutrition and Development, 2014, 14 (2): 1 - 8.

Opara U L. A review on the role of packaging in securing food system: adding value to food products and reducing losses and waste [J]. African Journal of Agricultural Research, 2013, 8 (22): 2621 - 2630.

Parfitt J, Barthel M, Macnaughton S. Food waste within food supply chains: quantification and potential for change to 2050 [J]. Philosophical Transactions of the Royal Society B:

Biological Sciences, 2010, 365 (1554): 3065 – 3081.

Parmar A, Hensel O, Sturm B. Post – harvest handling practices and associated food losses and limitations in the sweetpotato value chain of southern Ethiopia [J]. NJAS – Wageningen Journal of Life Sciences, 2017, 80: 65 – 74.

Parpia H A B. Postharvest losses—impact of their prevention on food supplies, nutrition, and development [J]. Nutrition and Agricultural Development, 1976: 195 – 206.

Porat R, Lichter A, Terry L A, et al. Postharvest losses of fruit and vegetables during retail and in consumers' homes: quantifications, causes, and means of prevention [J]. Postharvest Biology and Technology, 2018, 139: 135 – 149.

Principato L, Ruini L, Guidi M, et al. Adopting the circular economy approach on food loss and waste: the case of Italian pasta production [J]. Resources, Conservation and Recycling, 2019, 144: 82 – 89.

Prusky D. Reduction of the incidence of postharvest quality losses, and future prospects [J]. Food Security, 2011, 3 (4): 463 – 474.

Rembold F, Hodges R, Bernard M, et al. The African postharvest losses information system (APHLIS) [J]. European Union, Luxembourg, 2011.

Salihoglu G, Salihoglu N K, Ucaroglu S, et al. Food loss and waste management in Turkey [J]. Bioresource Technology, 2018, 248: 88 – 99.

Shafiee – Jood M, Cai X. Reducing food loss and waste to enhance food security and environmental sustainability [J]. Environmental Science & Technology, 2016, 50 (16): 8432 – 8443.

Singh V, Hedayetullah M, Zaman P, et al. Postharvest technology of fruits and vegetables: an overview [J]. Journal of Postharvest Technology, 2014, 2 (2): 124 – 135.

Spang E S, Moreno L C, Pace S A, et al. Food loss and waste: measurement, drivers, and solutions [J]. Annual Review of Environment and Resources, 2019, 44: 117 – 156.

Tefera T. Post – harvest losses in African maize in the face of increasing food shortage [J]. Food security, 2012, 4 (2): 267 – 277.

Tesfaye W, Tirivayi N. The impacts of postharvest storage innovations on food security and welfare in Ethiopia [J]. Food Policy, 2018, 75: 52 – 67.

Zorya S, Morgan N, Diaz Rios L, et al. Missing food: the case of postharvest grain losses in sub – Saharan Africa [R]. 2011.

后　记

经过 5 年多时间，书稿得以出版，感慨良多。本书的顺利完成得益于粮食公益性行业科研专项项目"粮食产后损失浪费调查及评估技术研究"（No：201513004）的支持。

该项目由南京财经大学牵头，中国农业大学、国贸工程设计院、武汉轻工大学、中储粮成都储藏研究院、江南大学、国家粮食局科学研究院等参与单位共同完成。项目负责人曹宝明教授，执行负责人赵霞教授，各任务负责人分别是武拉平教授、祁华清教授、严晓平教授、郑沫利教授级高级工程师、吴林海教授、李丰教授、鞠兴荣教授、亢霞研究员。项目组成员包括了来自不同承担单位的朱俊峰、石爱民、朱延光、邓义、杨崑、王建华、赵艳珂、李腾飞、毛波、王凌、吴利亚等将近 50 名专职科研人员和数百名研究生，正是在项目组各成员的精诚合作下，经过 3 年多时间的艰辛工作，才得以形成"粮食产后损失浪费调查数据库"，这正是本书得以完成的重要数据基础。

项目组成员虽然来自不同的单位，但在项目执行过程中，结下了深刻的友谊，这是一个庞大又充满友爱互助精神的科研团队！作为项目组成员中的一员，我深深引以为豪！

南京财经大学粮食和物资学院硕士研究生张久玉、涂正健、翁天玺等参与了第四章、第五章的数据处理以及第七章的素材收集及整理，特别值得一提的是，南京财经大学粮食和物资学院院长曹宝明教授在本书的写作过程中提出了宝贵意见。中国农业出版社的闫保荣老师也为本书的顺利出版付出了辛劳的汗水，在此一并致谢！

2021 年 6 月于南京

图书在版编目（CIP）数据

中国粮食产后损失研究 / 赵霞著. —北京：中国
农业出版社，2021.10
　　ISBN 978-7-109-28850-8

　　Ⅰ.①中… Ⅱ.①赵… Ⅲ.①粮食行业－研究－中国
Ⅳ.①F326.11

中国版本图书馆 CIP 数据核字（2021）第 210835 号

国审字（2021）第 7398 号

中国农业出版社出版
地址：北京市朝阳区麦子店街 18 号楼
邮编：100125
责任编辑：闫保荣
版式设计：杜　然　　责任校对：沙凯霖
印刷：北京通州皇家印刷厂
版次：2021 年 10 月第 1 版
印次：2021 年 10 月北京第 1 次印刷
发行：新华书店北京发行所
开本：700mm×1000mm　1/16
印张：13.5
字数：210 千字
定价：80.00 元
